예수님의 삼 년 반 : 《하모나이즈드 네 복음서》 읽기

Jesus's Three and a Half Years : Reading 《The Harmonized Four Gospels》

예수님의 삼 년 반 : 《하모나이즈드 네 복음서》 읽기
Jesus's Three and a Half Years: Reading 《The Harmonized Four Gospels》

초판 1쇄 발행 2024년 5월 3일

지은이 곽병국
펴낸이 장길수
펴낸곳 지식과감성#
출판등록 제2012-000081호

교정 김지원
디자인 이현
편집 이현
검수 이주희
마케팅 김윤길, 정은혜

주소 서울시 금천구 벚꽃로298 대륭포스트타워6차 1212호
전화 070-4651-3730~4
팩스 070-4325-7006
이메일 ksbookup@naver.com
홈페이지 www.knsbookup.com

ISBN 979-11-392-1798-8(03230)
값 12,000원

예수님의 삼 년 반 :
《하모나이즈드 네 복음서》 읽기

Jesus's Three and a Half Years:
Reading 《The Harmonized Four Gospels》

곽병국 지음

지식과감성#

일러두기

이 책《예수님의 삼 년 반》은《하모나이즈드 네 복음서(개역개정)》(곽병국 엮음, 지식과 감성#, 2023년 5월 12일 발행)를 독자들과 같이 읽어 내려가며 설명하고 있습니다. 따라서 이 책을 읽을 때《하모나이즈드 네 복음서》를 옆에 두고 필요할 때마다 펴 보아야 효과적입니다.

하네복: 이 책의 본문에 '하네복'은《하모나이즈드 네 복음서》의 쪽 번호를 나타내기 위해 사용한 약자입니다. 예를 들면 '하네복 73쪽'은《하모나이즈드 네 복음서》 73쪽이라는 뜻입니다.

유대력: 예수님 당시 하나님께서 출애굽 시에 정하고 지시하신 연월일 달력 시스템을 사용한 것으로 보입니다(출 12:2). 예수님 당시 유대의 연월일을 지금의 연월일 표기(그레고리력)와 구분하기 위해 '유대력'을 연월일 앞에 사용하였습니다.

칠병이어: '오병이어'에 대비되는 떡 일곱 개와 작은 생선 두어 마리로 사천 명을 먹이신 사건을 편의상 '칠병이어'로 표기하였습니다.

병행 본문(구절):《하모나이즈드 네 복음서》에서 같은 (옆)줄에 나란히 있는 네 복음서 본문(구절)을 병행 본문(구절)이라고 하였습니다.

','와 '/': 본문에서 다루는 복음서 절과 절 사이에 쉼표(,)로 구절과 구절을 구분하였지만, 병행 본문일 경우 사이에 빗금(/)으로 구분·나열하였습니다.

본문 중의 한글 성경은『성경전서 개역개정판』을 사용하였습니다.

이스라엘 지도(예수님 시대)

예수님의 공생애 일람도표(V.2)

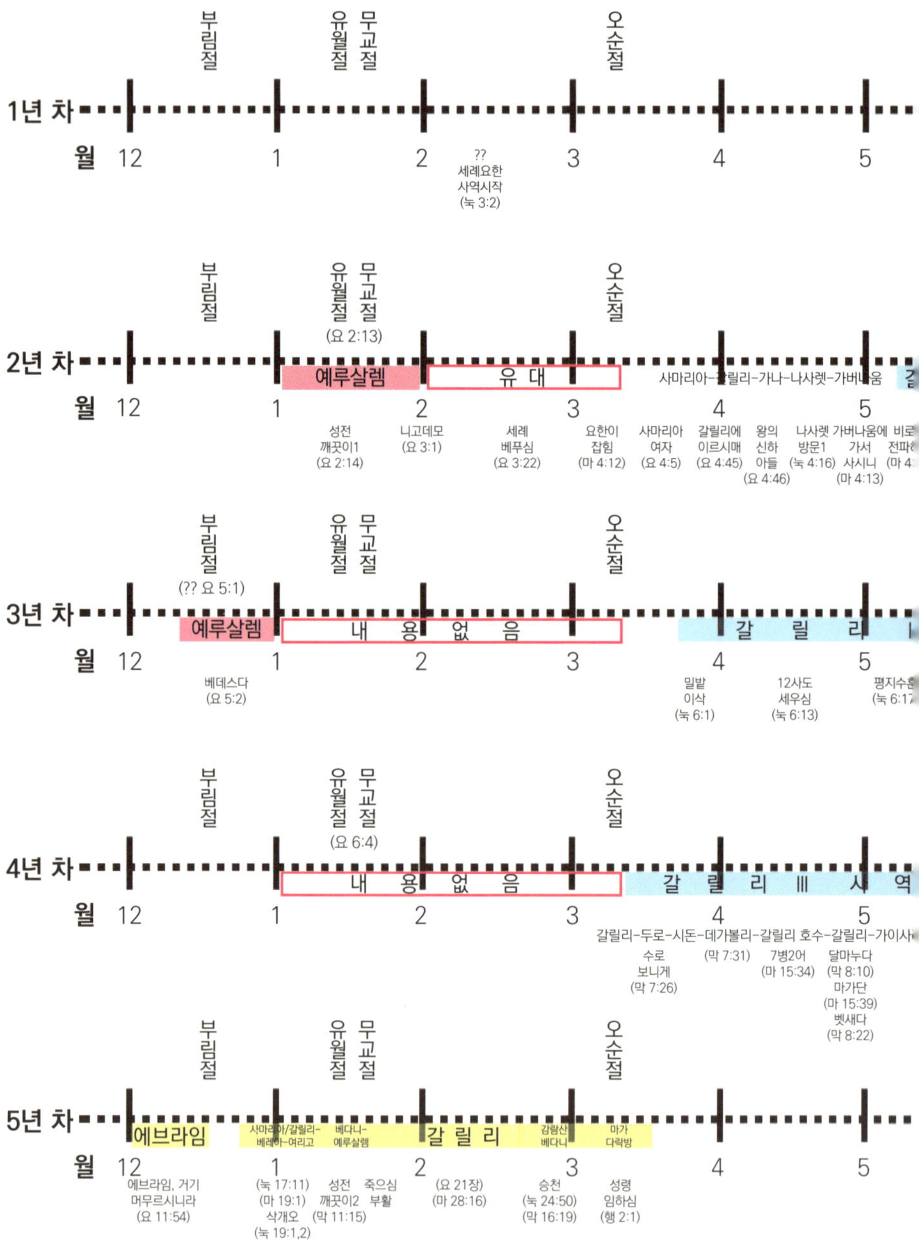

✔ 1-12월, 예수님 당시 사용한 유대인의 월력입니다.

✔ 1-5년 차, 각 년 차에 있었던 사건들을 순서적으로 배열하였습니다. 각 사건이 해당 월에 있었던 것은 아닙니다.

✔ 지면이 좁아서 주요 사건만 표시하였습니다. 내용의 뒤에 있는 숫자는 2회 이상 있었던 사건을 구분하는 의미입니다.

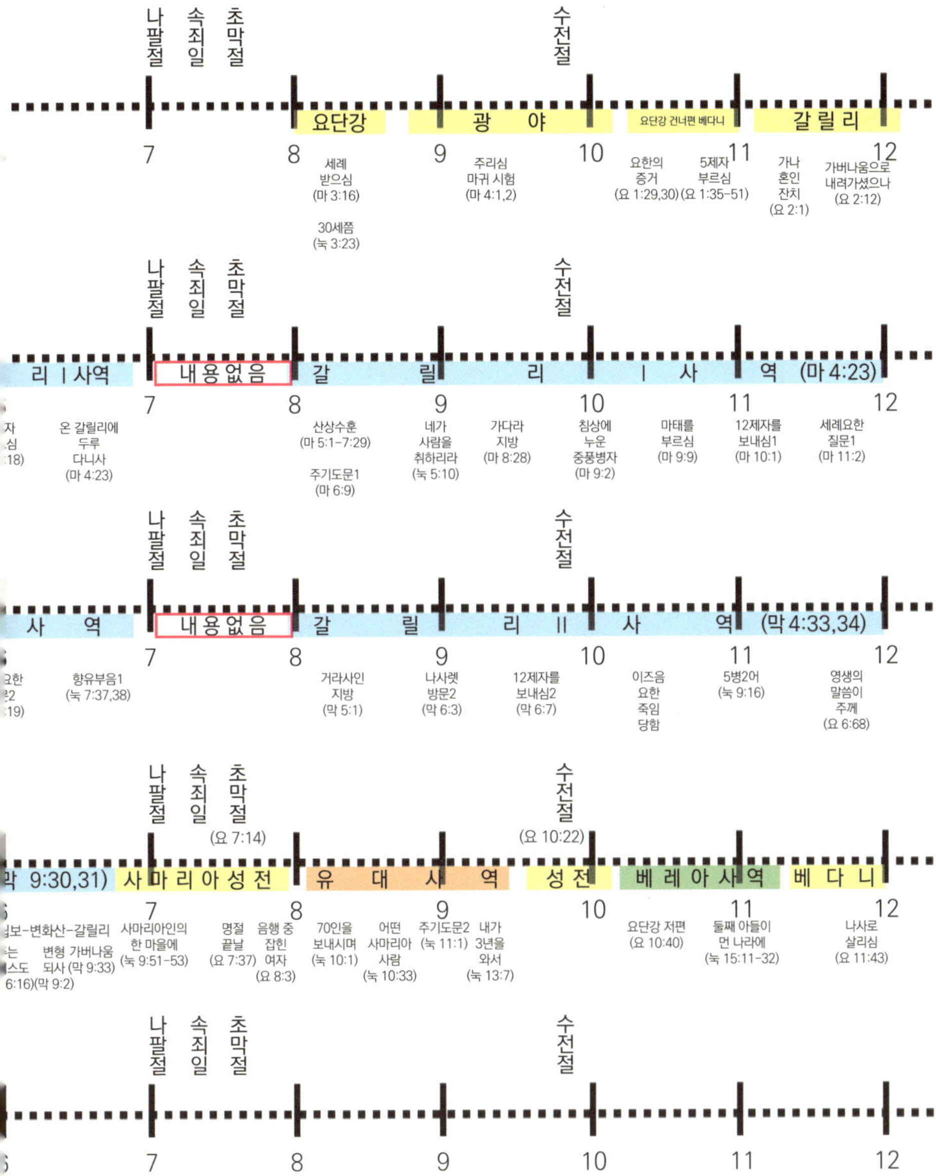

목차

머리말

2023년 5월 12일에 《하모나이즈드 네 복음서(개역개정)》(곽병국 엮음, 지식과감성#)를 출판하고 이 책에 대한 사람들의 반응을 살펴 왔습니다. 이하 줄여서 《하모나이즈드 네 복음서》로 합니다. 많은 사람이 이 책 읽기를 기대하고, 이 책의 '네 복음서에 대한 새로운 제안'에 대해 다양한 의견을 듣고 싶었습니다. 여러 교회와 방송국에서 강의하고, 성경 토론에 나가고, 많은 사람과 일대일, 혹은 그룹으로 이 책을 같이 읽고, 등등 바빠질 줄 알았습니다. 그런데 세상이 조용하였습니다. 대학 동기인 한 교회의 장로만이 《하모나이즈드 네 복음서》를 직접 읽고 네 번 전화로 내용에 관한 질문을 해 왔고, 결국 '이 책이 맞다'고 공감을 해 주었습니다. 친구는 책 여섯 권을 구입하여 주위에 나누어 주었습니다. 친구의 관심과 격려가 큰 힘이 되었습니다. 그 외에는 8개월이 지나도 아무도 책에 대한 공감 표시가 없었고, 새로운 제안에 반대를 해 오지 않았습니다. 공감을 기대하지만, 반대 의견이라도 있으면 좋으련만, 너무 조용했습니다. 누구나 직접 읽고 이 책이 무슨 말을 하는가를 알게 되면, 놀라움으로 가만있을 수 없는 책입니다. 그러나 질문해 주는 사람도 없고, 책 판매도 저조하고, 《하모나이즈드 네 복음서》를 실제로 읽는 사람은 더 없어서 그런 것으로 생각했습니다. 그래서 기다리기보다 내가 해야 할 일을 해야겠다 싶어서 이 책 《예수님의 삼 년 반: 《하모나이즈드 네 복음서》 읽기》를 서둘러서 쓰게 되었습니다. 본래는 독자들로부터 질문을 받으면 하려 했던 말들을 미리 책에다 옮겨 놓아야겠다고 생각했습니다.

책 제목을 《예수님의 삼 년 반: 《하모나이즈드 네 복음서》 읽기》로 하였습니다. 이하 줄여서 《예수님의 삼 년 반》으로 합니다. 이러한 제목으로 나온 책이 있는가? 국내, 국외를 살펴보았지만 없었습니다. 처음에는 《하모나이즈드 네 복음서》 없이도 읽을 수 있는 《예수님의 삼 년 반》을 생각했지만, 내용 중에 《하모나이즈드 네 복음서》를 설명하는 것이 대부분이다 보니 결국 《하모나이즈드 네 복음서》를 옆에 놓고 같이 읽어 가는 책이 되어 버렸습니다.

이미 기존에 예수님의 공생애를 풀어서 쓴 책들이 많이 있어서 이 책 또한 그러한 책으로 비칠까 봐 노파심이 있습니다. 이 책은 《하모나이즈드 네 복음서》를 읽어 내려가면서 필요한 설명을 하는 점에 있어서 그 중심에 《하모나이즈드 네 복음서》가 있습니다.

독자가 《하모나이즈드 네 복음서》를 읽고, 의미(네 복음서에 대한 새로운 제안)를 스스로 발견하길 기대합니다. 설혹 독자들이 놓치기 쉬운 부분과 본 저자가 먼저 읽은 사람으로서 하고 싶은 얘기들을 《예수님의 삼 년 반》에 담고자 합니다.

《하모나이즈드 네 복음서》는 성경입니다. 《하모나이즈드 네 복음서》가 새로 창작된 책은 아니지만, 네 복음서의 본래 위치를 잡아 조화된 질서를 보여 준다는 점에서 정말 중요합니다.

《하모나이즈드 네 복음서》와 《예수님의 삼 년 반》을 엮고 구성하는데 많은 책의 도움을 받았습니다. 그 중에서 '네 복음서 대조표'는 저자가 이러한 작업을 할 수 있게 된 동기부여를 했습니다. 《톰슨성경》(톰슨성경편찬위원회, 기독지혜사, 1985년 8월 25일 발행)에 삽입된 자료로 있던 〈사복음서 대조표〉를 보고 그 표에 있는 대로 네 복음서 병행 본문을 동시에 따라 읽다가 직접 《하모나이즈드 네 복음서》를 엮게 되었습니다. 이 〈사복음서 대조표〉는 그 후 《톰슨성경》 재판본들에서는 편집에서 제외되어 자료가 없습니다. 그다음 김용호(Joseph Kim) 박사의 유튜브 성경 지도 강의입니다. 김 박사는 《Satellite Bible Atlas Historical Geography of the Bible》(2nd Edition, William Schlegel, Schlegel Publisher, 2013)을 사용하여 성경 지도 강의를 하였습니다. 강의에서 이스라엘이 편평한 단조로운 땅이 아니며 산지와 골짜기, 광야, 쉐펠라(평지, 구릉), 등 지형이 다양하다는 것, 그리고 족장의 길, 해변 길, 왕의 대로와 같은 길이 있다는 것을 알게 되었습니다. 또 《초기 그리스도교의 사회사》(에케하르트 슈테게만/볼프강 슈테게만, 도서출판 동연, 2008년)는 예수님 당시 시대의 네 복음서의 배경을 이해하는 데 도움을 받은 책입니다. 《유대 전쟁사》(요세푸스, 도서출판 달산, 1991년)로 당시 사회 배경을 익혔고, 갈릴리 호수 주위 지명에 관한 중요 자료를 확인했습니다. 《신약의 세계》(브루스 J. 말리나, 솔로몬, 1999년)와 《하나님 나라》(조지 엘던 래드, CH북스, 2016년)에서 예수님의 오심과 활동으로 하나님의 나라가 확장되는 개념을 배웠습니다. 또, 《예수와 그 목격자들》(리처드 보컴, 새물결플러스, 2015년)의 도움을 받았습니다. 이 외에도 많은 책의 도움으로 예수님이 일하시던 시대를 알게 되었고, 네 복음서를 풍성하게 이해하게 되었습니다만, 꼭 필요한 경우가 아니면, 일일이 인용을 밝히지 않고자 합니다.

본 책 《예수님의 삼 년 반》에서는 《하모나이즈드 네 복음서》를 읽음으로써 새롭게 알게 되는 내용을 중심으로 책을 만들고자 합니다. 마태, 마가, 누가, 요한복음을 각각 읽어서 얻은 기존의 지식을 되도록 여기서 반복하지 않으려 합니다. 따라서 어느 정도 네 복음서에 대해 아는 독자들을 기준으로 만들어졌습니다. 《하모나이즈드 네 복음서》를 읽게 될 때 생각해 봐야 하는 점들을 설명하면서 예수님의 공생애 삼 년 반을 정리한 것입니다. 그러나 네 복음서를 처음 접하는 분들도 《하모나이즈드 네 복음서》로 네 복음서 읽기를 시작하실 수 있으며, 동시에 이 책 《예수님의 삼 년 반》으로 도움을 받을 수 있습니다. 독자로서 《하모나이즈드 네 복음서》와 《예수님의 삼 년 반》을 읽다가 의문이 있으면 주저 없이 이메일 주기를 원하며, 더 좋은 것은 《하모나이즈드 네 복음서》를 온/오프라인으로 본 저자와 같이 읽어 나가면 좋겠습니다. 저자의 이메일(dbkkwak@gmail.com)로 요청하여 주십시오.

《하모나이즈드 네 복음서》가 주님의 때에 세계 모든 언어로 번역 출판되고, 네 복음서에 있는 조화와 질서를 발견하는 놀라움을 주님의 백성들이 체험하기를 바라며, 하나님께서 이 일로 영광을 받으시기를 원합니다.

저자 **곽 병 국**

2024년 2월 12일

1. 네 복음서의 조화(하모니)

본 저자를 포함한 모든 독자는 네 복음서의 저자가 하나님이시라는 것을 기억해야 합니다(벧후 1:21, 딤후 3:16). 모든 성경은 하나님께서 우리에게 주신 계시의 말씀입니다. 그런데 하나님을 배제하고, 마태, 마가, 누가, 요한만을 저자라고 하면, 네 복음서를 일반 책처럼 평가·비평할 수 있기 때문입니다. 그러면 네 복음서는 2000년 된 고문서가 됩니다. 일반 고문서를 조사하듯이 '누가 저자인지?', '언제 기록되었는지?', '이천 년을 지나오며 원본에 더해지거나 빠진 것은 무엇인지?'. '네 복음서 안에 예수님에 관한 많은 내용이 실제 내용인지?', '후에 누군가 덧붙인 것은 아닌지?', 이러한 의문이 생길 것입니다. 또한, 우리는 네 복음서가 구전과 전승의 과정을 거치다가 나중에 제3자가 복음서를 썼다는 가정을 배제합니다. 오히려 하나님께서 기록자들을 체험하게 하시고, 목격자와 말씀의 일꾼 된 자들이 전한 그대로 기록하게 하셨다고 생각합니다(눅 1:1-3). 만일 구전과 전승으로 전해 오던 내용들을 제3자가 글로 남겼다면 불일치와 오류들이 네 복음서에 많이 남아 있을 것입니다. 그러나 하나님께서 우리에게 주신 계시의 말씀이라면 불일치와 오류가 없어야 합니다.

네 복음서의 기록자가 마태, 마가, 누가, 요한인 것은 틀림이 없을까요? 이것에 대하여 우리가 아는 것이 극히 일부인 것 같습니다. 역사적으로 사도들이 다 죽고, 이어지는 사도들의 제자들이나 교부 시대에 기록된 자료가 거의 없어서 언제, 누가, 어떻게 네 복음서를 기록했는지에 대한 확실한 자료가 거의 없습니다. 그래서 오늘날 기록자와 기록 연대에 관한 여러 이론과 가정들만 있을 뿐입니다. 네 복음서 안에도 누가 기록자인지 나타나 있지 않습니다. 우리는 각 복음서가 마태, 마가, 누가, 요한에 의해 기록되었다는 전래대로 믿고 그렇게 부릅니다. 마태복음, 마가복음, 누가복음은 AD 70년 이전에 기록되었다고 생각합니다. 왜냐하면, 공관복음에 예수님께서 성전 파괴에 대해 말씀하시고, 제자들이 언제 그러한 일이 있게 되는지 묻습니다. 특히 예수님은 AD 70년과 그 전에 있을 환난을 마가복음(막 13:9-13)과 누가복음(눅 21:12-24)에서 설명하십니다. AD 70년과 그 전에 있을 일들이 앞으로 있을 일들로 기록되어 있으므로, 공관복음이 AD 70년 이전에 기록되었다고 생각합니다. 그러나 요한복음에는 이 말씀의 내용들이 기록되지 않았습니다. 요한복음은 AD 90년에서 AD 100년 사이에 기록되었다고 생각합니다.

네 복음서를 읽으며 기대하는 것은 예수님이 누구이신지를 알게 되는 것입니다. 네 복음서를 가장 잘 나타내고 예수님에 관하여 잘 요약한 구절은 마가복음 1:1 "하나님의 아들 예수 그리스도의 복음의 시작이라"라고 할 수 있습니다. 예수님이 제자들을 가르치시는 정점에서 베드로의 고백도 마태복음 16:16 "… 주는 그리스도시요 살아 계신 하나님의 아들이시니이다"였으며, 예수님 자신도 산헤드린 공회에서 시인하신 것은 누가복음 22:70 "… 그러면 네가 하나님의 아들이냐 대답하시되 너희들이 내가 그라고 말하고 있느니라", 요한복음의 결론도 20:31 "오직 이것을 기록함은 너희로 예수께서 하나님의 아들 그리스도이심을 믿게 하려 함이요 …"입니다. 이처럼 네 복음서가 내용 면에 있어서 일치하고 조화를 이룹니다. 하나님의 아들이신 예수님이 그리스도로서 인간이 되셔서 세상에 오신 것이 복음입니다. '성육신'이란 하나님이 인간을 죄와 심판의 사망에서 구하시고, 하나님의 나라로 인도하시고자, 하나님이 인간이 되신 사건입니다. 창세기 1, 2장에 기록된 창조 사건과 더불어 온 우주에서 가장 큰 사건입니다. 이 예수님을 직접 본 자들과 그들의 증거로 남긴 기록이 네 복음서입니다.

네 복음서에는 예수님의 탄생과 성장, 공생애, 죽음, 부활, 승천의 증언들이 담겨 있습니다. 네 복음서의 기록자인, 마태, 마가, 누가, 요한은 자신들이 직접 보고 들은 것과 다른 증인들의 증언을 각자의 복음서에 기록하여 후대에 전하였습니다(눅 1:1-3). 네 복음서는 성령의 감동하심을 받은 사람들이 하나님께 받아 말한 것(벧후 1:21)이므로 틀림이 없고, 정확하고, 반드시 서로 모순 없이 조화할 것입니다.

역사적으로 네 복음서를 조화(하모니, 병행 본문, 복음서 대조)시키려는 시도가 많이 있었습니다. 가장 오래된 작업은 타티안(Tatian)이 약 AD 160년경에 만든 《디아테사론(Diatessaron)》으로 알려져 있습니다. 이 책은 네 복음서를 그대로 보여 준 것이 아니라 취합·편집하여 다른 하나의 복음서로 만들었습니다. 한동안 이 새로운 복음서는 인기를 누렸습니다만 그 후 읽히지 않았습니다. 또, 3세기에 알렉산드리아의 암모니우스(Ammonius)가 마태복음 본문을 기준으로 하여 마가, 누가, 요한복음의 상응하는 구절들을 옆에 대조시키는 작업을 하였습니다. 4세기에는 가이사랴의 유세비우스(Eusebius)가 독자들이 네 복음서들의 병행 본문을 쉽게 찾아 볼 수 있도록 10개의 목록을 작성하였습니다.

중세 시대 약 1,000년이 지나고 종교 개혁의 시대부터 또 많은 책과 연구가 있었습니다. 카롤루스 몰리니우스(Carolus Molinaeus)의 1565년, 폴 크렐(Paul Crell)의 1566년 작품들은 네 복음서의 불일치를 해소하고자 하였습니다. 마르티노 켐니츠(Martino Chemnits)가 1593년에 《Harmony of the Gospels》, 요한네스 클레리쿠스(Johannes Clericus)가 1699년에 《Harmonia Evangelica》를 출간하였습니다. 현대에 와서는 에드워드 로빈슨(Edward Robinson)이 헬라어(1845년)와 영어(1846년)로 《Harmony of the Gospels》를 출판하였습니다. 알버트 훅(Albert Huck)은 1892년에 3개의 공관복음서들 마가, 마태, 누가복음을 병행 본문으로 배열한 책 《Synopsis of the First Three Gospels》을 출간하였습니다. 이 책은 장과 절을 편집하였습니다. 브로더스(Broadus)가 1893년에, 스티븐스(Stevens)와 버톤(Burton)이 1893년에, 제임스(James)가 1901년에, 커(Kerr)가 1903년에 복음서들의 하모니를 시도하였습니다. 1922년에는 로버트슨(A. T. Robertson)이 브로더스의 《A Harmony of the Gospels》를 재편집하여 복음서 대조서를 썼습니다. 이 책은 장과 절을 편집해야 했습니다. 버튼 스록모턴 2세(Burton Throckmorton, Jr)에 의해 1949년 《Gospel Parallels》가 출판되었는데, 알버트 훅의 책을 기초로 제작하였습니다. 이 책은 3개(마태, 마가, 누가)의 공관복음서 본문을 대조하였으며, 장과 절을 편집하였습니다. 커트 알란드(Kurt Aland)에 의해 헬라어로 (공관) 네 복음서가 1963년에 출간되어 1967년, 1976년, 1978년에 새로운 판을 냈고, 1982년에는 영어판 《Synopsis of the Four Gospels》을 출간하였습니다. 지금까지 이러한 시도들은 복음서 네 권을 편집하여 한 권으로 만들거나, 요한복음을 제외해야 했으며, 혹은 복음서들의 장과 절의 위치를 바꿔야 하는 편집을 해야만 했습니다.

국내에서도 일일이 언급하지는 않겠지만 십여 권의 대조 복음서가 출판되었습니다. 그러나 장과 절을 바꾸어 복음서를 편집해야만 했던 외국의 한계를 넘지 못했습니다.

이처럼 네 복음서의 하모니를 위한 시도가 많이 있었지만, 예배에서 공적으로 사용되는 데까지 이르지 못했습니다. 본 저자가 생각할 때 그 이유는 앞선 모든 경우가 네 복음서를 편집하였기 때문이라고 생각합니다. 하모니를 이루기 위해 편집을 하면 독자들은 이 편집된 성경을 받아들이는 데 큰 부담을 가질 것입니다. 따라서 지금까지 네 복음서의 하모니 작업 결과들이 대중적 공감을 받지 못한 것 같습니다.

《하모나이즈드 네 복음서》는 편집 없이 불일치 없이 네 복음서를 조화되도록 엮은 첫 책입니다. 본 저자는 우연한 기회에 네 복음서의 하모니에 대해 살펴보다가 2023년에 《하모나이즈드 네 복음서(개역개정)》를 출판하였습니다. 한 면(쪽)에 4열로 네 복음서의 같은 사건을 시간과 사건 순서대로 엮어 출판된 네 복음서 성경입니다.

1-1. 《하모나이즈드 네 복음서》 소개

《하모나이즈드 네 복음서》는 네 복음서만 인쇄된 성경입니다. 마태복음, 마가복음, 누가복음, 요한복음을 한 지면에 나란히 4열로 배열하여 동시에 같은 사건을 읽을 수 있습니다. 네 복음서의 장과 절의 순서를 바꾸지 않고, 편집하지 않았습니다. 네 복음서는 자연스럽게 시간과 사건 순서대로 배열되었고 내용이 없으면 비워 두었습니다. 따라서 이 책에는 여백이 많습니다. 예수님의 공생애 삼 년 반을 시간과 사건의 순서대로 읽게 되므로 예수님 사역을 전체적으로 조망할 수 있습니다.

누가복음 1:1-4은 아주 짧은 내용이지만 누가복음의 기록 배경을 분명히 알려 줍니다. 본 저자는 《하모나이즈드 네 복음서》를 구성하여 읽으면서 네 권 복음서를 한 권으로 보는 시각을 제안합니다. 즉, 누가복음에만 있는 기록이지만 마태, 마가, 요한복음에도 적용할 수 있다고 생각합니다. 《하모나이즈드 네 복음서》를 한 권의 예수님에 관한 전기로 보려고 합니다. 그 안에 있는 모든 내용을 (교집합이 아니라) 합집합으로 보려고 합니다. 즉 공통적으로 있는 내용만을 받아들이는 것이 아니라 한 복음서에만 있어도 네 권 전체에 있는 것으로 생각합니다. 당시 이루어진 일에 대하여(눅 1:1) 처음부터 목격자와 말씀의 일꾼들이 전하여 준 그대로 내력을 저술했다는 것입니다(눅 1:2). 즉, 누가가 그렇게 하였고, 마태, 마가, 요한이 그렇게 했다고 생각하는 것입니다. 마가복음 1:1 "하나님의 아들 예수 그리스도 복음의 시작이라", 이 마가복음 서언의 말씀이 《하모나이즈드 네 복음서》 전체의 서언이라고 생각하고 읽습니다. 요한복음 맨 끝에 있는 21:25 "예수께서 행하신 일이 이

외에도 많으니 만일 낱낱이 기록된다면 이 세상이라도 이 기록된 책을 두기에 부족할 줄 아노라" 이 말씀도 《하모나이즈드 네 복음서》 전체에 대한 말씀이라고 생각합니다.

또한, 누가는 당시에 이루어진 사실들을 차례대로 썼다고 합니다(눅 1:3). '차례대로'를 공동번역에서는 '순서대로 정리하여'로 번역하였습니다. 예수님이 행하신 일과, 가르치신 말씀을 시간 순서대로 정리한 것이라고 보아야 할 것입니다. 우리가 일견해 봐도 네 복음서 모두 예수님의 탄생, 세례 요한의 사역의 시작과 죽음, 예수님의 초기 사역과 (중간의 예수님 공생애 사역을 제외하더라도) 예수님의 십자가를 지심, 죽으심과 부활, 승천은 모두 시간 순서인 것을 인정합니다. 본 저자는 '차례대로'라는 표현을 시간 순서대로 정리되었다는 뜻으로 받아들여, 고증하기 어려운 '중간의 예수님 공생애 사역'도 시간 순서로 기록되었을 것으로 생각합니다. 더 나아가, '차례대로'라는 표현이 없는 마태, 마가, 요한복음이 누가복음과 조화될 수 있는지, 조화시키는 작업을 시도하여 보았습니다. 처음 《하모나이즈드 네 복음서》를 엮을 때, 누가복음이 기준이 되어서 누가복음과 마가복음을 먼저 엮었고, 이어서 요한복음과 엮어 보았습니다. 다음으로 이미 엮어진 누가-마가-요한복음에 마태복음을 엮었습니다. 엮은 원칙과 작업 과정은 《하모나이즈드 네 복음서》에 있으며 이 곳에 보완하여 인용합니다.

《하모나이즈드 네 복음서》를 엮은 원칙과 작업 과정

1. 누가복음 1:3 "… 차례대로 써 보내는 것이 …"에 근거하여 누가가 예수님의 사역을 시간 순서대로 기록한 것으로 이해하였습니다.

2. 마태, 마가, 요한복음에는 차례대로 기록했다는 내용이 없지만, 차례대로 기록된 누가복음과 조화·일치시키고자 하였습니다. 먼저 마가복음을, 이어서 요한복음을, 끝으로 마태복음을, 장과 절 순서의 바꿈 없이, 편집 없이, 누가복음의 내용과 일치시켰습니다.

3. 예수님의 생애에 1회만 존재할 수 있는 사건들(예를 들면, 탄생, 세례와 시험받음, 변형됨, 나귀 타고 입성, 새 언약, 체포됨, 죽음과 부활, 승천 등)은 어느 복음서에 있든지 동일한 사건에 대한 기록이라고 판단하였습니다. 이 사건들의 내러티브들은 우선적으로 동일한 줄에 나란히 (병행 본문으로) 고정·배치하였습니다.

4. 그다음 수준에서 단회성 동일 사건으로 볼 수 있는 사건들(예를 들면, 갈릴리 가나 혼인 잔치, 4제자를 부름, 산상수훈, 마태를 부름, 12사도를 세움, 평지수훈, 오병이어, 칠병이어, 베드로의 신앙 고백, 70인을 보냄, 나사로를 살림 등)을 내용으로 볼 때 1회만 있었을 것으로 판단하고 같은 줄에 나란히 (병행 본문으로) 배치하였습니다.

5. 앞의 3, 4번의 나란히 배치 후 그 사이사이의 나머지 내용들을 상호간에 일치시켰습니다. 이 때 네 복음서 간에 서로 내용이 비슷하다고 하여 같은 줄에 배치하기 위한 장과 절을 바꾸는 일(편집)을 절대로 하지 않았습니다.

6. 각 복음서에서 한 이야기의 맺음과 이어지는 내용에 (시간적) 연결성이 있는지를 살펴보았습니다. 연결성이 있는 경우, 앞뒤로 이어진 두

이야기(내러티브)에 시간적 연속성이 있다고 판단하였습니다. 그러면 엮는 작업을 할 때에 두 이야기는 한 묶음으로 여겨질 수 있습니다.

예1) 마가복음 1:29 "회당에서 나와 곧 …" 이 표현으로 28절과 29절 사이에 연속성이 있다고 판단함.

예2) 마태복음 12:46 "예수께서 무리에게 말씀하실 때에 …" 이 표현으로 45절과 46절 사이에 연속성이 있다고 판단함.

7. 육하원칙에 따라서 각 복음서의 사건들이 동일한 사건인지 아닌지를 살폈습니다. 이 때 바르게 조화되었는지 (병행 본문을 비교하여) 검증을 할 수 있었습니다.

8. 복음서 안에 예수님 말씀은 수집·기록된 모음집(어록) 형태로 존재하지 않습니다. 특정 장소와 시간의 내러티브 안에서 사람들에게 하신 말씀으로 존재합니다. 따라서 사건과 하신 말씀 내용이 네 복음서 간에 비슷하더라도 전후 및 당시 시점의 내러티브의 맥락을 살펴서 같은 사건인지 다른 사건인지를 판단하였습니다. 또, 이 때 바르게 조화되었는지 (병행 본문을 비교하여) 검증을 할 수 있었습니다.

9. 전체 본문의 각 내러티브에서 안식일, 절기, 지역, 장소, 듣는 자 등을 살폈습니다.

10. 예수님은 유대인으로서 율법을 따라 사셨으므로(갈 4:4) 유월절(무교절), 칠칠절, 초막절에 예루살렘에 올라가셨으리라고 생각하였습니다(출 23:17, 34:23, 신 16:16).

11. 예수님의 공생애 기간을 삼 년 반으로 생각하였습니다(눅 13:7, 〈예수님의 공생애 일람도표〉).

12. 네 복음서는 네 기록자가 독립적으로 성령의 감동으로 기록하였으며(벧후 1:21, 딤후 3:16), 하나님이 우리에게 주신 계시의 말씀입니다. 모든 내용과 단어 하나에도 틀림이 없다는 사실을 수용하였습니다.

위 내용은 전체 작업 과정을 짧게 골자를 설명한 것으로서 독자들이 짧은 시간에 다 이해하기는 쉽지 않습니다. 1-12번으로 순서가 있지만 엮는 작업을 할 때는 12가지 원칙이 동시에 고려되어 작업이 이루어졌습니다. 관심 있는 독자는 반복해서 자세히 읽어 본다면 《하모나이즈드 네 복음서》가 만들어진 과정을 이해하게 될 것입니다. 그래도 알기 어려운 부분이 있다면 본 저자에게 문의해 주시기 바랍니다.

본 저자는 이렇게 엮은 후에도 계속 읽어 가며 《하모나이즈드 네 복음서》의 각 말씀이 바른 병행 본문의 위치를 잡도록 하였습니다. 그리고, 이것이 과연 바르게 엮어진 것인가 (병행 본문을 비교하여) 검증을 해 왔습니다. 비슷한 사건들(네 복음서에 비슷해 보이는 사건이 아주 많습니다)이 '다른 사건일까? 같은 사건일까?'를 결정하는 것은 수학 문제를 풀고 검산하듯이 검증하였습니다. 검증하는 방법은 해당 말씀(병행 본문)의 내용을 육하원칙에 따라 비교하고, 또한 전후 배경을 살펴보았습니다. 《하모나이즈드 네 복음서》 이전에는 같은 사건이라고 판단했던 것들이, 모두 비슷해 보이지만 다른 사건임을 확인하였습니다. 즉, 검증을 통해 병행 본문 간에 모순이 없는 것을 확인하였습니다. 본 저자는 《하모나이즈드 네 복음서》를 하나의 책으로 보는 것에 주저하지 않으며, 또 그렇게 독자들이 읽어 내려갈 것을 권합니다. 마태, 마가, 누가, 요한복음 모두 시간 순서대로 기록되었다고 단정하게 되었습니다.

《하모나이즈드 네 복음서》를 읽다 보면 '공관복음으로 불리는 마태, 마가, 누가복음이 어쩌면 이렇게 서로 똑같이 기록되었을까?' 하고 놀라게 됩니다. 이미 많은 신학자들이 이 사실을 인지해 왔습니다. 그러나 이러한 사실에 대해 일부 신학자들은 공관복음에서 어느 복음서가 어느 복음서를 베꼈다고 판단하였습니다. 한 신학자는 이것을 한 학생이 과제를 해 오고 나머지 학생 모두는 베낀 것이라고 비유하며 설명합니다. 신학자가 아니라도 누구나 《하모나이즈드 네 복음서》를 읽어 보면, 마태, 마가, 누가복음에 같은 사건을 기록한 내용(병행 본문)이 서로 너무도 닮아서 놀랍니다. 우리는 그전에는 이것을 어렴풋이 알았지만 《하모나이즈드 네 복음서》에서 마태, 마가, 누가복음에 같은 줄에 나란히 기록된 내용을 보면 쉽게 확인할 수 있습니다. 그러나 요한복음은 전혀 다릅니다. 마태, 마가, 누가복음에 같이 기록되어 있는 내용이 요한복음에는 기록이 없고, 또 반대도 그렇습니다. 설혹 같은 줄에 있어서 같은 내용을 기록한 것(병행 본문)을 보아도 요한복음이 전혀 다른 사람의 글임을 알 수 있습니다(예: 오병이어, 요 6:1-71). 마태, 마가, 누가가 서로 베꼈을까요? 누구는 숙제를 제대로 했고, 다른 누구는 베꼈을까요? 하나님을 배제하고 사람이 저자라고만 하면 이렇게 유추하는 것이 자연스럽습니다. 누구는 숙제를 해 오고 다른 누구는 숙제해 온 것을 베꼈다고 하는 것이 가장 합리적인 설명이 됩니다. 그러나 하나님이 이러한 모습으로 네 권을, 그 중에 세 권은 아주 비슷한 모습으로, 우리에게 주셨다고 생각하는 것이 옳습니다.

그러면, '왜 복음서가 네 권이나 존재하는가?' 아니면 '왜 공관복음이 이렇게 같은데 세 권씩이나 되는 기록을 우리에게 주셨는가?' 이런 질문을 많이 합니다. 이미 여러 신학자나 저작들이 '각 복음서의 다양성', '기록자의 다양성', '관점의 다양성', '다양성 속의 조화' 등을 말합니다. 본 저자는 이런 설명 외에 한 가지를 덧붙이고자 합니다. 그것은 '네 권의 예수님 증거'라고 말하고 싶습니다. 성경에도 두세 사람의 증인과 증거를 받아들이는 것(마 18:16)이 말씀되어 있는 것처럼, 네 복음서로, 네 증인으로, 네 증거로, 네 계시로 예수님이 하신 일들을 증거한다고 생각합니다. 예수님은 공생애를 감당하시는 중에 여러 번 유대인들로부터 '하나님의 아들이라는 증언(증거)'을 대라는 요구를 들으셨습니다. '하나님의 아들'이심의 증거에 대해 예수님이 직접 설명하시는 것이 요한복음에 두 번(요 5:31-46, 8:12-20) 나옵니다. 요한복음 5:31-46에서 아버지께서 보내신 증거는 '예수님이 하시는 역사'(5:36), '아버지께서 친히'(5:37) 그리고 '성경'(5:39)이 증언한다고 하십니다. 이 때 '성경'은 구약 성경입니다. 구약 성경은 예수님에 대해 증언하였습니다. 이와 마찬가지로 네 권의 복음서는 (신약 성경을 받은) 우리에게 네 개의 목소리로 예수님이 '하나님의 아들'이심을 증언합니다.

그런데 지금까지는 네 권에 불일치와 오류가 있다고 생각해 왔습니다. 그것은 서로 다른 사건 이야기를 같은 사건이라고 오해한 데서 생겨난 것이었습니다. 《하모나이즈드 네 복음서》를 통해서 불일치가 말끔히 해소되었고, 기록을 남긴 네 증인의 증언을 바르게 들을 수 있게 되었습니다. 우리는 지금까지 네 권의 복음서를 하나씩 하나씩 읽어 왔고, 성실한 독자는 다른 세 권에서는 어떻게 기술하고 있는가 찾아 읽었습니다. 《하모나이즈드 네 복음서》에서는 같은 사건을 동시에 읽어 내려갈 수 있습니다. 네 복음서를 바르게 읽는 일에 많은 장애 요소들이 모두 소멸되고, 해소되어 비로소 《하모나이즈드 네 복음서》가 세상에 나온 것입니다.

《하모나이즈드 네 복음서》는 네 복음서가 조화된 책입니다. 조화된 네 복음서 본문을 동시에 읽을 수 있게 된 것은 네 복음서를 받은 우리에게 처음 있는 일입니다. 독자들이 마음 놓고 편하게 읽기 바랍니다. 독자들의 할 일이 많습니다. 《하모나이즈드 네 복음서》을 읽어서 얻어지는 새롭고 중요한 내용들을 찾아 보기 바랍니다.

이렇게 배열된 《하모나이즈드 네 복음서》가 맞는지 틀리는지, 네 복음서가 말씀하는 것에서 하나라도 어긋난 것이 있는지 살펴보십시오. 만일 잘못되었다면 《하모나이즈드 네 복음서》는 폐기되어야 마땅하다고 생각합니다. 그러나, 《하모나이즈드 네 복음서》가 네 복음서가 각각 갖는 본래 말씀하는 것에 아무 손상이 없고, 거기다 더하여 기존의 네 복음서만으로 알기 어려웠던 상태에서 '새로운 것'을 우리에게 말씀한다면 그 가치가 말할 수 없이 크다고 생각합니다. '새로운 것'이란 네 복음서가 우리에게 주어졌을 때부터 이미 우리가 받은 것이지만, 그 동안 알아채지 못하다가 《하모나이즈드 네 복음서》가 나옴으로 인하여 비로소 깨닫게 되는 내용들이므로 '새로운 것'이라는 표현을 썼습니다.

그런데 이 책은 이제 막 나왔고 이 책의 옳고 그름을 먼저 판단하고 읽어 나가려면 많은 시간이 소요됩니다.

《하모나이즈드 네 복음서》를 설명하며 읽어 내려가는 이 책 《예수님의 삼 년 반》은 독자들과 읽어 내려가며 검토와 검증을 하고, 그 위에 더하여 예수님에 관하여 새로운 내용들을 발견해 나가고자 합니다. 독자들은 편안한 마음으로 이 읽기에 같이 동참해 주기를 바라며 이 책을 씁니다.

《하모나이즈드 네 복음서》가 옳다면 하모니가 된 상태로 읽을 때 각각 하나씩 읽을 때보다 무엇을 알 수 있는가? 하모니 읽기의 장점이 무엇인가? 이 질문은 동료들과 읽기를 시작할 때 한 동료가 한 질문입니다. 이 질문을 받았을 때 저는 미리 생각하지 못한 것이어서 잠시 당황하였습니다. 급히 떠오르는 생각으로 '하나님은 질서의 하나님이시다'라고 답하였습니다. 《하모나이즈드 네 복음서》에 하나님께서 본래 계획하셨던 조화와 질서가 있다고 생각하였기 때문입니다. 우리는 지금까지 네 복음서가 조화되지 않고 각각 자기 목소리만 낸다고 생각해 왔습니다. 그러나, 조화와 질서가 있음이 《하모나이즈드 네 복음서》에서 드러났기 때문입니다. 지금 생각해 봐도 아주 좋은 답이라고 생각합니다. 그 후에 미국에 있는 선교사에게 《하모나이즈드 네 복음서》를 같이 온라인으로 매주 시간을 정해서 읽자고 제안했을 때, 그는 "《하모나이즈드 네 복음서》를 같이 읽게 되면 내가 어떤 것들을 배우게 될까요?"라는 질문을 해 왔습니다. 이것은 문자로 질문을 받은 것이어서 오래 답을 생각할 수 있었습니다. 그러나 답할 시간이 많이 주어져서 하나하나 일일이 이로운 점을 설명한다 해도 그 중요성을 제대로 표현하기에 초라해 보였습니다. 우리는 예수님에 관하여 조그만 사실 하나라도 깨닫게 되면 그렇게 기쁠 수 없이 즐거운데, 이 《하모나이즈드 네 복음서》에는 그러한 내용이 무궁무진하게 발견됩니다. 그러니 그 하나하나를 문자로 설명하자니 구차해졌습니다. 그래서 그 후에 전화 통화에서 "이 책은 굉장히 중요한 책이다"라고 말하였습니다. 그래서 저는 《하모나이즈드 네 복음서》에 대하여, '하나님은 (조화와) 질서의 하나님이시고, 이 책은 굉장히 중요하다'고 말합니다.

일반 독자의 관점으로 《하모나이즈드 네 복음서》가 주는 이로운 점을 말해 보겠습니다. 교회 예배에 성실히 출석해 온 사람이라면, 네 복음서의 내용을 알고 있고 지금까지 내용을 통해 충분히 은혜를 받아왔기 때문에 '무슨 은혜를 더 받을 수 있겠는가? 《하모나이즈드 네 복음서》가 무슨 의미가 있을까? 그렇게 중요하면 벌써 나왔었겠지' 이렇게 생각합니다. 이것에 대하여 본 저자는 '물론 은혜도 더 받지만, 더 중요한 것은 예수님의 공생애 전체를 조망하므로 비로소 예수님이 사역을 행하신 지혜와 계획, 파노라마와 같은 실행, 사람들의 반응, 무리와 제자의 차이점, 반복 교육하시는 주님, 제자들에게 교육하시는 내용의 전개, 예수님의 사역이 네 복음서에 얼마나 우리에게 기록 전달된 것인지 등등 새로운 것을 알게 됩니다'라고 정리하고 싶습니다. 이와 더불어 예수님의 행하심과 말씀의 기록인 네 복음서 간에 불일치와 오류가 많다고 오해를 해 왔는데, 이 오해를 말끔히 없애 줍니다. 네 복음서는 일점일획도 틀림이 없는 성령의 감동으로 만들어져, 예수님이 하나님의 아들이시며 그리스도이신 것을 증언하는 책입니다(벧후 1:21,

딤후 3:16). 그러므로 불일치가 있을 수 없습니다. 《하모나이즈드 네 복음서》는 그 네 복음서가 서로 모순 없이 조화롭게 말씀하시는 것입니다.

다시 정리하면 《하모나이즈드 네 복음서》로 얻는 장점은 첫째, 시간 순으로 예수님의 사역을 관찰할 수 있습니다. 둘째, 네 복음서 내의 불일치에 대한 답을 줍니다. 셋째, 반복 교육하셨다는 것을 알게 됩니다. 넷째, 비슷한 사건이 많이 기록된 것을 알게 됩니다. 다섯째, 네 복음서의 기록을 분석하여 며칠간의 내용인지, 각 복음서가 어느 사건에 얼마의 기록을 남겼는지 정량분석을 할 수 있습니다. 정량분석을 보면 요한복음 21:25 "예수께서 행하신 일이 이 외에도 많으니 만일 낱낱이 기록된다면 이 세상이라도 이 기록된 책을 두기에 부족할 줄 아노라", 이 말씀을 실감할 수 있습니다. 이러한 내용들은 뒤에서 자세히 언급하겠습니다.

본 저자는 성경 본문과 성경 주변의 자료들을 사용하여 네 복음서 하모니 작업을 해 왔고, 출간된 책 《하모나이즈드 네 복음서》을 읽어가면서 새로이 알게 되는 내용들을 이 책 《예수님의 삼 년 반》에 담고자 합니다.

1-2. 네 복음서의 문학 형식

신학적으로 네 복음서의 문학적 성격(장르)에 대한 결론이 통일되지 않은 것 같습니다. 신학자들은 네 복음서를 '예수님의 전기'라고 말하기를 주저합니다. 아마도 그 이유는 예수님의 일대에 대해 시간 순서대로 기록되지 않았고, 어린 시절의 내용이 적고(빈약하고), 공관복음 간에도 내용이 서로 다르고 (불일치하다고 판단), 역사적 뒷받침도 못 받고, 등등의 이유로 전기로 분류하기를 주저합니다. 그러나 본 저자가 보기에 《하모나이즈드 네 복음서》는 이러한 문제들이 문제가 아님을 알게 해줍니다. 예수님의 어릴 적 성장에 대해 기록이 있고 연대기적이며, 역사적 시대 배경이 기록되어 있고(눅 1:5, 2:1-2, 3:1-2), 예수님의 공생애가 준비·시작에 관한 내용과 갈릴리 Ⅰ·Ⅱ·Ⅲ 사역, 유대 사역, 베레아 사역, 모든 인류를 위한 대속의 십자가를 지시는 끝이 있습니다. 네 복음서가 모순 없이, 불일치 없이 조화롭게 증거합니다. 따라서, 네 복음서는 문학적으로 '예수님의 전기'이며, 또한 성경의 문학적 분류로서 '역사서'입니다.

마태, 마가, 누가, 요한은 네 복음서의 모든 내용을 예외 없이 본인이 직접 증인(목격자)이거나, 말씀의 일꾼 된 자들이 전하여 준 그대로 기록한 것입니다(눅 1:2). 리처드 보컴은 그의 책 《예수와 그 목격자들》에서 네 복음서를 '증언'으로 이해하고 접근할 것을 제안합니다. 네 복음서는 모두 기록자가 직접 관찰한 것인지, 증언을 들어서 기록한 것인지 구분하지 않고 일관된 관점에서 기록합니다. 네 복음서는 모두 제3자 관찰자 관점(방식)으로 전개됩니다. 즉, 예수님 자신의 관점도 아니고,

어느 한 제자의 관점도 아니며, 제3자가 확실한 사실을 증언하고 있습니다. 네 권의 예수님에 대한 증언은 정확하고 모순됨이 없이 서로 조화를 이룹니다.

또한, 네 복음서 안에는 구성하는 여러 형식의 글이 있습니다. 1) 분량으로 볼 때 가장 많은 것은 육하원칙에 따라 기술되는 예수님의 활동 기록(이야기)입니다. 그리고 그 이야기 안에서 예수님은 말씀하십니다. 예수님이 말씀하실 때는 항상 배경과 듣는 이가 있습니다. 네 복음서는 시편이나 잠언과 같은 형식의 예수님의 말씀 어록집이 아닙니다. 2) 기록자의 믿음의 고백, 기록자의 결론, 기록자의 판단, 등의 내용이 있습니다(막 1:1, 요 1:1-18, 요 20:30-31, 21:24-25). 3) 기록자가 글 작성 배경, 동기, 방법을 밝히는 부분이 있습니다(눅 1:1-4). 4) 예수님의 족보와 구약 성경 말씀을 인용하는 경우입니다(마 1:1-17, 마 3:1-3/막 1:2-4, 눅 3:3-6, 눅 3:23-38, 마 12:15-21, 요 12:14-15, 38-41 등등). 5) 당시 세계 통치자와 정세 정보를 기록합니다(눅 1:5, 2:1-2, 3:1-2). 6) 기록자가 당시 상황, 풍습을 설명하는 것도 있습니다(눅 2:21-24, 눅 3:18-20, 요 2:21-25, 요 4:2, 요 5:3-4, 눅 8:29, 마 14:3-12/막 6:17-29, 요 6:23, 막 7:3-4, 요 7:22, 39, 9:7, 11:2, 51-52, 12:37-43, 눅 23:51, 요 20:9 등등). 7) 단어의 뜻을 번역, 설명하는 경우도 있습니다(요 1:38, 1:41-42, 19:13, 17, 막 15:22, 요 20:16 등등). 이러한 다양한 형태의 글 내용들이 모여서 된 것이 네 복음서입니다.

1-3. 네 복음서 읽기에 요긴한 것들

네 복음서를 읽을 때 알면 요긴한 것들이 있습니다.

이스라엘의 간단 역사

이스라엘 나라의 시작은 하나님께서 아브라함을 부르심으로부터 시작됩니다(창 12:1-5). 하나님께서는 아브라함(이삭과 야곱)에게 가나안 땅을 네 자손에게 주시겠다는 언약을 하십니다(창 15:18, 17:8, 26:3-4, 35:11-12). 이스라엘은 애굽에서 큰 민족이 되고, 출애굽하여 시내 산에서 모세를 통하여 율법을 받고, 하나님은 언약을 주십니다(출 24:1-8). 이 언약으로 이스라엘은 하나님의 백성임이 확인되었고, 그 나라의 법을 받았습니다(출 19:5-6). 이스라엘은 가나안 땅에 들어가 국가를 세웁니다. 그러나 아직 하나님이 그들의 왕이 되시지 못하였고(삼상 8:7), 약속하신 유프라테스 강에서 애굽 강까지 땅을 확보하지 못하였습니다. 하나님께서는 다윗을 보시고 왕으로 세우셨습니다. 다윗에게 "… 그의 나라를 견고하게 하리라, …, 네 집과 네 나라가 내 앞에서 영원히 보전되고 네 왕위가 영원히 견고하리라 …"(삼하 7:12, 16)라고 언약하셨습니다.

이와 같이 살펴본바, 일시적으로 가나안 땅과 그 안에 수많은 이스라엘 백성과 그 안의 법(율법)과 왕과 왕위가 다 이루어졌지만, 이스라엘은 율법을 따라 살지 못하고 하나님의 백성이 되지 못하여 멸망하고 맙니다. 북이스라엘은 앗수르 제국에 멸망(BC 722)하고 사마리아에 이방인들이 들어와 살게 됩니다(왕하 15:29, 17:6, 24). 남유다는 바벨론 제국에 의해 멸망(BC 586)하고 포로로 끌려갑니다.

유다 백성은 70년이 차서 바벨론에서 돌아와 성전(스룹바벨)을 다시 세우고, 하나님의 말씀은 말라기서를 끝으로 이후 약 400년을 하나님의 말씀이 없이, 보내시는 선지자가 없이 어두운 세월을 보내게 됩니다.

바벨론이 망하고, 메대와 바사가 일어나나 망하고, 헬라 제국이 일어났습니다. 유대는 계속 이 제국들의 속국이 되어 통치를 받아야 했습니다. 잠깐의 독립(BC 165-BC 63, 마카비 혁명과 하스모니안 왕조)이 있었고, 다시 로마 제국의 통치를 받아야 했습니다(BC 63부터).

이런 가운데 이스라엘은 아브라함에게 주신 언약을 바라며, 다윗 왕과 같은 메시야가 와서 이스라엘을 구원해 주길 바라는 간절한 마음이 모든 백성들에게 있었습니다. 이러한 역사적 배경 가운데 하나님의 아들께서 메시야(그리스도)로 오십니다.

이스라엘의 지리

예수님 당시의 이스라엘 지형은 아브라함 때, 여호수아 때, 왕국 시대, 제국들에 속국 시대와 다르지 않습니다. 그러나, 통치 행정 구역, 지명 등은 다르므로, 성경을 읽을 때마다 해당하는 시대에 맞는 지도를 보면서 성경을 읽어 가면 큰 도움이 될 것입니다. 우리가 접하기 쉬운 일반지도는 평면적입니다. 땅의 고저, 골짜기, 산지, 등의 정보를 알려면 입체지도를 보면 좋겠습니다. 이 책에서 이러한 지형을 설명하기에는 이 책에서 전달하고자 하는 범위를 넘어섭니다. 그러나 가장 기본적인 것을 설명한다면, 유대와 사마리아와 갈릴리에 산지가 있다는 것입니다. 이 산지들은 해발 700m~1,000m 정도입니다. 서쪽으로 지중해, 동쪽으로 갈릴리 바다, 요단 강, 사해가 있습니다. 그러므로 갈릴리, 사마리아, 유대 지방의 가로 절단면을 보면 큰 소쿠리를 엎어 놓은 것 같습니다. 겨울철에 서쪽(지중해)에서 바람이 불어와 높은 산지를 넘고 다시 내려가서 갈릴리 바다, 요단 강, 사해에 다다릅니다. 이 때 지중해의 수분을 머금은 바람은 산지를 따라 올라가며, (유대 지역의 서쪽 면에) 비를 내리지만 산지의 꼭대기 수계점을 지나면 (동쪽 면에) 비를 내리지 않습니다. 그래서 서쪽 면에는 식물이 자라지만 동쪽 면은 광야 지대입니다. 이 산지의 꼭대기 수계점에 주요 도시들이 있습니다. 예를 들면 남쪽에서부터 브엘세바, 헤브론, 베들레헴, 예루살렘, 벧엘, 실로, 세겜입니다. 이 도시들을 연결하는 능선길 도로가 '족장의 길'입니다 (《이스라엘 지도》).

또, 예수님 당시에 명절에 유대인들이 갈릴리에서 예루살렘에 가기 위해 많이 다니던 길이 있습니다. 이 길은 따로 뭐라 불렀는지 모르겠습니다. 중간에 있는 사마리아 땅을 (그 곳 주민들의 저항이 있어서, 눅 9:52-53) 지나가지 못하고 멀리 요단 강을 건너갔다가 다시 건너오는 경로입니다. 이렇게 사마리아를 지나지 않고 돌아서 가면 하루가 더 소요되었습니다. 예수님이 마지막으로 유월절에 십자가를 지시기 위해 예루살렘에 올라가셨던 길이 이 길입니다. 뒤에서 좀 더 자세히 언급될 것입니다.

통치 행정 구역

통치 권력은 예수님의 탄생 시와 공생애 시에 조금 달라집니다. 예수님의 탄생 시에는 이스라엘 전체가 로마 제국에 속국 상태였고, 그 땅

전체를 로마에 의해 임명된 헤롯 대왕이 통치하고 있었습니다. 예수님이 30세쯤 되어 공생애를 시작하실 때는 그 땅 행정 구역이 남쪽에서부터 유대, 사마리아, 갈릴리, 그리고 요단 강 건너편 베레아로 나누어져 각각 다른 통치자들이 있었습니다. 유대와 사마리아는 로마에서 파견된 빌라도 총독이 통치하고 있었고, 갈릴리와 요단 강 건너편 베레아 땅은 헤롯 안디바(네 복음서에는 헤롯으로 나옴)가 분봉 왕으로 통치하고 있었습니다. 그리고 헬라의 도시 지역인 데가볼리가 있었습니다(《이스라엘 지도》). 데가볼리에는 이방인들이 살고 있었고 10개 도시들을 포함하는 넓은 지역입니다. 대부분 9개 도시는 요단 강 건너 동쪽에 있었지만 한 도시 스키토폴리스만은 요단 강 서쪽으로 혓바닥처럼 들어와 있습니다. 이 특이한 데가볼리의 모양 때문에 갈릴리에서 예루살렘으로 가기 위한 여정에 대해 재미있는 상상을 하게 해 줍니다. 이것에 대하여는 예수님의 마지막 예루살렘을 향해 가시는 여정에서 같이 생각해 보겠습니다.

유대 달력

성경에서는 해가 지는 때를 기준으로 하루가 지나갑니다. 구약 성경 시대에도 그렇고 예수님 시대에도 그렇습니다. 그래서 하루는 '밤이 먼저 있고 이어서 낮'이 있습니다. 밤 시간은 넷(1경, 2경, 3경, 4경)으로 나누었고, 낮 시간은 열두 토막(12시간)으로 나누었습니다. 한 주는 7일이고, 요일은 따로 이름이 없던 것 같고 첫째 날, 둘째 날, …, 일곱째 날(안식일), 이렇게 부른 것 같습니다. 한 달은 달의 초승달, 보름달(15일), 그믐달까지, 달이 차고 기우는 것이 1달입니다. 우리 음력과 같습니다. 출애굽기에서 하나님께서 이스라엘에게 알려 주신 대로 한 해의 시작은 보리 추수하는 초실절이 있는 달이 해의 첫 달이며(출 12:2, 레 23:9-14), 달의 차고 기우는 것에 맞추어 한 달씩 1년에 모두 열두 개의 달(12달)이 있습니다. 정해진 연주기(1년 주기)에 12월 윤달을 두어 1월의 계절이 변하지 않도록 한 것 같습니다. 1월은 지금의 계절로 치면 3, 4월쯤 됩니다.

그 땅에서의 농사는 초실절에 보리 추수, 칠칠절에 밀 추수, 여름에 무화과, 포도, 감람, 종려 열매의 추수가 이어지고, 초막절(수장절)에 추수된 것을 저장하는 일이 끝납니다. 여름에는 비가 오지 않고, 겨울에 비가 오는데, 겨울 초입에 비(이른 비)가 오기 시작하여 봄까지(늦은 비) 옵니다. 따라서 보리와 밀의 파종(씨 뿌림)은 이른 비가 온 후에 있게 됩니다.

절기(명절)로는 유대력 1월에 유월절(유대력 1월 14일), 무교절(유대력 1월 15~21일), 초실절이 있으며, 초실절에서 7주가 지나면 유대력 2월 혹은 3월에 칠칠절(오순절)이 있으며, 유대력 7월에 나팔절(유대력 7월 1일), 속죄일(유대력 7월 10일), 초막절(유대력 7월 15~21일)이 있습니다. 그리고 수전절(유대력 9월 25일), 부림절(유대력 12월 14~15일)이 나중에 명절에 추가되었습니다.

또 성회가 있습니다. 성회는 일곱째 날 안식일, 무교절 첫날과 일곱째 날, 칠칠절, 나팔절, 속죄일, 초막절 첫날과 여덟째 날입니다(레 23:1-44). 성회에는 성회로 모이고 아무 노동도 하지 말라고 하셨습니다(레 16:31, 23:3, 7-8, 21, 24-25, 28, 31-32, 35-36, 39). 이 중에 속죄일에 대해서는 (주간 일곱째 날 안식일이 아님에도) 직접 '안식일'이라고 기록하고 있습니다(레 16:31, 23:32, 39).

사회와 문화

또한, 사회문화적 제도와 풍습으로서 성전, 제사장 제도, 산헤드린 공회, 바리새인, 사두개인, 서기관, 세리, 창기 등의 제도와 기관과 인물들이 있습니다. 당시 유대는 로마의 총독이 통치하고, 어느 정도 종교와 자치가 인정받은 사회였다는 것을 알 필요가 있습니다.

헤롯 성전, 예수님 당시의 예루살렘에 있는 성전은 헤롯 대왕이 기존의 스룹바벨 성전을 크게 수리하고 있는 중이었습니다. 요한복음 2:20에 예수님이 공생애 맞는 첫 유월절 때에 유대인들이 말하길 46년 동안 지었다고 합니다. 약 BC 19년부터 공사를 시작하여 약 AD 63년에 공사가 끝났다고 합니다. 그리고 AD 70년에 파괴됩니다.

성전과 회당, 성전은 예루살렘 한 곳에만 있었고 성전에서 제사와 예배가 있었습니다. 회당에서는 희생 제사가 없었습니다. 슈테게만의 《초기 그리스도교의 사회사》에 따르면 회당은 토라의 낭독과 율법 강의, 어린이 교육 공간 등의 장소였습니다. 기도, 공동식사, 법률적 결정의 장소로 쓰였는지는 불확실합니다. 이스라엘 땅뿐 아니라 멀리 타국 땅에도 유대인이 있는 곳은 회당이 있었습니다. 네 복음서에서 보면 예수님께서 유대 사역 하실 때 한 회당에 들어가셨으며(눅 13:10), 갈릴리에서도 여러 도시와 고을에 회당이 있었습니다. 가버나움과 작은 나사렛에도 회당이 있었습니다. 예수님은 주로 안식일에 회당에 들어가셨고, 병을 고치셨고 가르치셨습니다.

산헤드린 공회, 로마 제국의 속주 상황에서 유대인들의 최고 기관이며, 가장 주된 기능은 사법 기능으로 보이며, 그 외에도 자치적인 기능도 갖고 있었던 것으로 보입니다. 네 복음서(개역개정)에서 산헤드린은 '공회'로 번역(요 11:47, 마 26:59/막 14:55, 막 15:1, 눅 22:66)되거나, '대제사장들과 서기관들과 장로들'로 표현됩니다(막 15:1, 눅 22:66).

서기관과 율법사와 율법교사, 네 복음서에 어떤 경우는 서기관으로 어떤 경우는 율법사와 율법교사로 기록되어 있습니다. 병행 본문에서 마태복음 9:3 '서기관들'/마가복음 2:6 '서기관들'/누가복음 5:17 '율법교사들'/누가복음 5:21 '서기관'으로 기록되어 있고, 누가복음 11:45-54 한 문단 안에서 율법교사(11:45-46, 52)와 서기관(11:53)이 같이 사용되어서, 서기관, 율법사, 율법교사가 모두 같은 역할을 하는 사람들에 대한 표현으로 보입니다. 대부분은 바리새인과 같이 언급되어, 바리새파의 교리를 갖고 있으며 가르치는 사람들로 보입니다.

바리새인과 사두개인, 구약 성경에는 나타나지 않으나, 네 복음서에 등장하며 각각 바리새파와 사두개파에 속한 사람들입니다. 구약 성경에 대한 입장이 다르고, 서로 성경을 다르게 해석하고 있습니다. 사두개인은 당시 예루살렘의 지배적인 상위층이었고(행 5:17), 바리새인들도 비교적 상위층이었습니다. 바리새인은 갈릴리, 예루살렘과 유대, 베레아, 즉 유대인들이 살고 있던 이 지역들에서 바리새인들이 있었던 것이 네 복음서에서 관찰됩니다.

헤롯당, 헤롯당(막 3:6, 마 22:16/막 12:13)은 네 복음서에 많이 등장하지 않습니다. 당시 헤롯 왕조(혹은 헤롯 가문)를 지지하고, 로마의 통치에 호의적인 집단입니다.

세리, 동족 유대인으로부터 세금을 거두어 로마에 바치는 일을 했던 사람들입니다. 이들은 동족 유대인들로부터 멸시를 당했습니다.

결혼 풍습, 요셉과 마리아가 약혼(정혼)한 상태에서 동거하기 전에 성령으로 잉태되심이 기록되어 있습니다. 약혼(정혼)한 상태로 일정 기간이 지나면 신랑은 신부의 집으로 가서 신부를 데려와 혼인 잔치를 벌이고 동거한 것으로 보입니다.

장례 풍습, 사람이 죽으면 시체를 바로 무덤에 둔 것으로 보입니다. 여러 날 집 안에 시체를 두지 않았습니다.

화폐

예수님 당시에는 로마 제국의 다스림을 받았으며, 헬라 제국과 로마 제국에서 계속 권장된 헬라 문화의 영향으로 이스라엘에 헬라 문화가 많이 침투한 상황이었습니다. 따라서 예수님 당시에는 로마 화폐와 헬라 화폐가 주로 통용되고 있었습니다. 예루살렘 성전에서는 특별히 제조된 화폐(세겔?)가 통용된 것으로 보입니다. 네 복음서 본문에서도 예수님이 말씀하실 때, 로마와 헬라의 다양한 화폐 이름이 등장합니다. 또 성전에는 성전에서 사용할 수 있는 화폐(세겔?)로 교환하기 위한 환전상들이 있었던 것도 기록되어 있습니다. 아래와 같은 무게 혹은 화폐 단위가 네 복음서에 등장합니다.

무게 단위

달란트(마 18:24, 25:15-18, 20, 22, 24-25, 28), 히브리, 금 혹은 은, =3,000세겔(무게)

므나(눅 19:13, 16, 18, 20, 24-25), 헬라, 은, =100드라크마

화폐(은화)

세겔(마 17:24, 27), 히브리, 은화, =4데나리온, =4드라크마, 마태복음 17:24, 27의 헬라어 본문에 '세겔'이 아니라 각각 didrachmas, four-drachma에 해당하는 헬라어 단어가 쓰이고 있음

드라크마(눅 15:8-9), 헬라, 은화, =데나리온

데나리온(눅 7:41, 요 6:7, 막 6:37, 마 18:28, 눅 10:35, 마 20:2, 9-10, 13, 요 12:5, 마 22:19/막 12:15/눅 20:24, 막 14:5), 로마, 은화, 하루 품삯, =64고드란트

화폐(동전)

앗사리온(마 10:29, 눅 12:6), 로마, 동전, =1/16데나리온

고드란트(막 12:42), 로마, 동전, =1/4아사리온, 헬라어 마태복음 5:26에 '고드란트'가 있음

렙돈(막 12:42/눅 21:2), 헬라, 동전, =1/2고드란트, 헬라어 누가복음 12:59에 '렙돈'이 있음

2. 《하모나이즈드 네 복음서》 차례대로 읽기

여기서는 네 복음서가 조화되었을 때 《하모나이즈드 네 복음서》에서 새롭게 발견되는 내용을 주로 살펴보겠습니다. 기존의 네 복음서로 이미 읽고 배워 온 내용들은 되도록 언급하지 않을 것입니다. 그러나 예수님의 전체 전기를 다룬다는 측면에서 어떤 내용을 통째로 빼는 것이 균형을 잃게 될 우려가 있습니다. 따라서 우리가 이미 잘 알고 있는 성경 본문들은 요약하는 정도로 할 것입니다.

2-1. 예수님의 탄생·성장

(하네복 1-3쪽) 네 복음서의 서언

네 복음서는 모두 '서언' 부분을 갖습니다. 마가복음 1:1과 요한복음 1:1-18의 서언은 기록자가 예수님을 체험하고 깨달은 '예수님은 누구신가?'에 대한 답을 책의 맨 앞에 기록하였습니다. 마태복음 1:1-17의 서언은 예수님이 어떻게 아브라함과 다윗의 자손이신지, 즉, 아브라함과 다윗에게 주신 언약의 성취로 오신 분이심을 족보로 설명합니다. 아브라함에게는 "네 씨로 말미암아 천하 만민이 복을 받으리니 …"(창 22:18)라고 언약하셨고, 다윗에게는 "… 네 몸에서 날 네 씨를 네 뒤에 세워 그의 나라를 견고하게 하리라"(삼하 7:12)라고 언약하셨습니다. 이것이 예수님이 아브라함과 다윗의 자손이심이 중요한 이유입니다. 누가복음 1:1-4의 서언은 복음서를 어떻게 작성하게 되었는지 동기와 방법을 기록합니다. 누가복음 1:2-3 "처음부터 목격자와 말씀의 일꾼된 자들이 전하여 준 그대로 내력을 저술하려고 붓을 든 사람이 많은지라 그 모든 일을 근원부터 자세히 미루어 살핀 나도 데오빌로 각하에게 차례대로 써 보내는 것이 좋은 줄 알았노니"에 복음서의 기록을 남기기 위해 누가가 어떻게 했는지 알 수 있습니다. 누가는 들려오는 전승이나 소문을 들어서 누가복음을 기록한 것이 아니라, 처음부터 목격자를 직접 만나서 증언을 들었습니다. 말씀의 일꾼들, 예수님에게서 직접 듣고 예수님의 사역을 눈으로 보았던 사도들과 제자들의 증언을 직접 들어서 복음서를 기록했을 것입니다. 이렇게 네 복음서는 각각 독특한 서언을 갖고 있습니다. 서로 중복되지 않고 조화되며 요긴한 정보를 전해 줍니다.

네 복음서가 각각의 서언을 갖고 있지만 모두 함께 《하모나이즈드 네 복음서》의 한 서언이라고 봐도 좋을 듯합니다. 그러면, 이런 내용이 됩니다. '아브라함과 다윗에게 언약을 주신 하나님이 하나님의 때에 하나님의 아들을 그리스도로 이 땅에 보내 주셨다. 이분은 태초에 계신 말씀이시며 하나님이시며 만물을 지으신 분이시다. 그 이름을 믿는 자는 하나님의 자녀가 된다. 이에 이 이루어진 사실을 다음과 같이 기술한다.' 이처럼 네 개의 서언이 조화되고 꼭 필요한 내용을 담고 있습니다.

(하네복 3-10쪽) 예수님의 잉태·탄생·성장

이야기는 세례 요한의 잉태로부터 시작됩니다. 때는 유대 왕 헤롯 때 일입니다(눅 1:5). 보통 헤롯 대왕이라고 불립니다. 네 복음서 중에 시대에 대한 정보는 누가복음에 많이 나옵니다. 예를 들면 누가복음 1:5, 2:1-2, 3:1-2에는 네 복음서가 역사 기록임을 알려 줍니다.

부부 모두 제사장 가문에, 나이는 많으나 자식이 없던 사가랴와 엘리사벳이 요한을 잉태하고 출산하는 이야기와 유다 지파의 요셉과 소속 지파에 대한 정보가 없는 마리아의 예수님을 잉태하는 이야기가 이어집니다. 마리아와 엘리사벳은 친족 지간입니다(눅 1:36).

예수님의 탄생 이야기는 가이사 아구스도의 영에서 시작됩니다(눅 2:1-2). '천하로 다 호적하라', 이 호적 명령에 따라 모든 사람이 호적하러 각각 고향으로 가야 했습니다. 구레뇨가 수리아 총독이 되었을 때 처음 한 것입니다. 누가복음 2:1-2은 시대에 대해 기록합니다. 로마 제국 시대 로마의 속국이었던 유대(이스라엘)에, 구레뇨가 수리아의 총독이었던 때에, 황제인 가이사 아구스도의 호적 명령이 있었습니다. 누가복음의 이 기록은 네 복음서가 역사적 사실임을 밝힙니다.

이 호적 명령에 상응하는 역사적 사실은 확정되지 않았습니다. 당시 로마의 관행으로 인구 조사를 한 것이면 남자와 여자를 모두 인구 조사했을 수도 있습니다. 로마의 조공은 한 가정의 남자는 만 14세부터, 여자는 만 12세부터 조공의 의무가 있었고, 매년 한 데나리온을 납부해야 했을 것입니다(초기 그리스도교의 사회사, 199쪽). 그러나 유대의 관행을 따랐다면 20세 이상의 남자만 조사했을 법합니다.

네 복음서에서 알 수 있는 몇 가지 정보를 가지고 마리아와 엘리사벳의 관계를 유추해 보겠습니다. 첫째, 네 복음서 중 마태복음 1:1-17과 누가복음 3:23-38에 각각 족보가 있습니다. 이 족보의 가장 큰 역할은 요셉이 아브라함과 다윗의 자손이라는 것입니다. 그런데 마태복음과 누가복음의 족보가 서로 다릅니다. 둘 다 아브라함과 다윗이 들어 있습니다. 그러나 다윗 이후에 솔로몬을 통해 요셉(마리아)에 이어지는 마태복음의 족보와 다윗 이후 나단(나단도 다윗의 아들입니다, 삼하 5:14)을 통해 요셉에 이어지는 누가복음의 족보가 있습니다. 두 족보 중 하나는 마리아의 친부의 족보일 가능성을 말하는 책들이 많이 있습니다. 즉, 마리아가 유다 지파라는 뜻입니다. 좀 조심스럽지만, 예수님은 형식적으로는 아브라함과 다윗에게 언약을 주신 대로 유다 지파의 아들로 세상에 오셨습니다. 그러나 성령으로 잉태되신 것이지 요셉의 유전적 혈통을 이어받은 것은 아닙니다. 형식적으로는 요셉의 친부의 혈통으로나, 마리아의 친부의 혈통으로나 모두 '아브라함과 다윗의 자손'이라는 예언과 하나님의 언약을 성취합니다.

둘째로, 마리아는 호적 등록을 위해 임신한 몸으로 베들레헴에 가야만 했던 이유는 무엇일까요? 이 인구 조사가 로마의 관행을 따르는 인구 조사라면 마리아도 요셉처럼 (다윗의 집 족속이므로, 눅 2:4) 베들레헴에 가야 했을 것 같습니다. 그러면 마리아가 베들레헴에 갔으므로 유다 지파라는 뜻이 됩니다. 반면에, 이 인구 조사가 이스라엘의 관행에 따른 인구 조사라면 마리아가 갈 이유가 없었을 것입니다. 그럼에도 베들레헴에 가야만 했다면 그 이유가 있을 법합니다. 이유를 찾는다면, 추정입니다만, 마리아의 아버지가 아들 없이 딸만 있었다면 (아니면 외동딸이라면) 마리아가 가야만 했을 수 있습니다. 유업으로 받은 땅이 계속 유다 지파에 속하게 하기 위하여 유다 지파 남자에게 시집을 가야 했을 것입니다. (성경에는 가나안 땅에 들어갈 때 아들 없이 딸들만 낳고 죽은 므낫세 지파의 슬로브핫 이야기가 5차례 나옵니다. 하나님은 죽은 슬로브핫이 받을 땅을 이 딸들에게 주도록 하시며 다만 이들이 같은 므낫세 지파의 남자와 결혼하여 각 지파의 유업으로 받은 땅을 므낫세 지파가 이어 가게 하십니다. 민수기 26:33, 27:1-11, 36:2-11, 여호수아서 17:3-6, 역대상 7:15) 인구 조사가 로마의 관행을 따르거나, 이스라엘의 관행을 따르거나 마리아가 베들레헴에 갔다는 뜻은 마리아가 유다 지파라는 추정을 굳히게 합니다.

요셉은 유다 지파로서 정상적이라면 베들레헴에 물려받은 농사짓는 땅이 있어야 합니다. 앞서 추정한 대로 마리아의 부친도 유다 지파라면 베들레헴에 물려받은 땅이 있었을 것입니다. 그런데 이들은 베들레헴에 살지 못하고 갈릴리 나사렛에 와서 살아야 했습니다. 아마도 룻기에 나오는 나오미의 가족과 같은 상황이었을 수 있습니다. 로마 통치기에는 농부들이 땅을 빼앗기고 빚을 지는 일이 많았다 합니다. 즉, 어떠한 이유로 베들레헴의 조상 대대로 물려받은 땅에서 농사지을 수 없는 상황이었을 수 있습니다. 여하간 두 사람 모두 유다 지파이고 베들레헴이 원래 고향이었습니다. 그래서 호적 명령이 났을 때, 요셉뿐 아니라 마리아도 베들레헴에 가야 했을 수 있습니다. 요셉은 갈릴리 나사렛에 와서는 자기 땅이 없었으므로 목수로 생계를 이어 가야 했을 것입니다. 어쨌거나 예수님이 성경에 예언(미 5:2)된 대로 베들레헴에서 나시게 되었습니다.

예수님이 유다 지파의 다윗의 가문으로 오셨지만, 혈통적으로 요셉과 마리아에게서 유전적인 아들로 오신 것이 아니라 성령으로 잉태되신 것입니다. 두 가지 족보가 있는 이유도 요셉의 족보로 보나 마리아의 족보로 보나 예수님은 유다 지파에 다윗의 자손으로 오셨다는 것을 더욱 분명히 할 뿐입니다. 이것을 복음서의 이·삼중 증거(Gospels' double or triple testimony)의 하나로 볼 수 있을 것 같습니다.

셋째로, 유다 지파(추정)의 마리아와 제사장 가문의 엘리사벳은 친자매(한국식으로 2촌)일 수 없습니다. 그 외에 한국식 촌수 계산으로 3촌, 4촌 등등의 모든 친족 관계가 가능합니다. 대부분 기독교계 내에서는 4촌 관계를 많이 추정합니다. 그러나 마리아는 이제 결혼 적령기였지만, 엘리사벳은 나이가 많습니다. 아마도 3촌 관계로 이모나 고모 정도가 적당합니다. 그런데 엘리사벳이 아론의 자손이므로 고모는 아닙니다. 이모라고 할 때, 임신하여 6개월인 이모 집에 조카가 3개월을 와서 있어도 자연스럽지 않습니까? 3촌 관계, 즉 마리아의 이모의 가능성이 두 사람의 나이 차이로 볼 때 가장 자연스럽고 가능성이 높다고 추정합니다.

따라서, 이러한 사실들을 종합하면 마리아와 엘리사벳의 친족 관계를 추정하여 다음 그림으로 그릴 수 있습니다(그림 1).

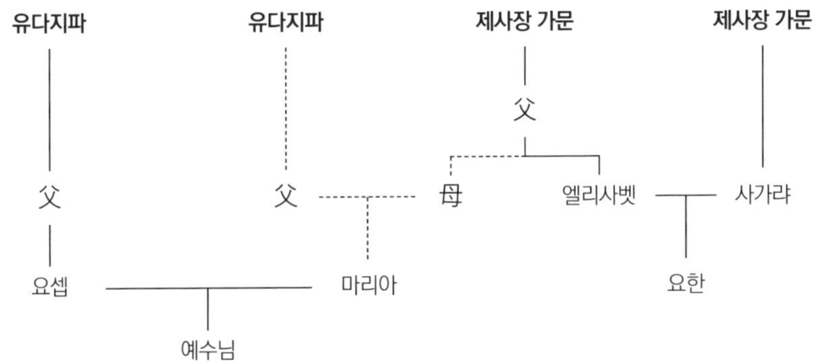

그림 1) 마리아와 엘리사벳 추정 가계도. ----- 추정 — 확정

이 그림 1에서 마리아는 유다 지파이며, 엘리사벳은 제사장 가문입니다. 엘리사벳은 마리아의 이모입니다. 세례 요한은 제사장 가문이고, 예수님은 유다 지파이며, 굳이 따지면 5촌 지간입니다. 이것은 네 복음서를 통해 우리가 할 수 있는 추정입니다.

마리아가 약혼하고 동거하기 전에 예수님이 성령으로 잉태되셨습니다(마 1:18). 마리아가 유대 산골에 엘리사벳을 찾아가서 만났습니다. 이 때 마리아가 찬양합니다. 누가복음 1:55 "우리 조상에게 말씀하신 것과 같이 아브라함과 그 자손에게 영원히 하시리로다 하니라". 또한 사가랴가 아들 요한을 얻은 후 찬송합니다. 누가복음 1:72-73 "우리 조상을 긍휼히 여기시며 그 거룩한 언약을 기억하셨으니 곧 우리 조상 아브라함에게 하신 맹세라". 두 찬송 시에서 하나님께서 아브라함에게 주신 언약(창 15:5, 18, 17:8, 22:17-18)이 비로소 예수님을 통하여 성취됨을 찬양하고 있습니다. 하나님의 신실하심을 배웁니다. 아브라함에게 약속을 주시나 그의 생애 안에는 이삭만을 주시고, 누가복음의 족보(눅 3:23-34)에 따르면 아브라함부터 예수님까지 56세대가 지난 후에 하나님은 진정한 '네 씨', '여자의 후손'(창 3:15)을 보내 주십니다.

마리아는 엘리사벳과 3개월을 지내다가 다시 나사렛에 돌아왔습니다. 마리아의 배가 점점 불러 오고 잉태된 것이 나타났습니다. 아마도 이 때쯤 요셉은 약혼한 마리아가 임신한 소식을 들었을 때 눈앞이 캄캄하였을 것입니다(마 1:19-24). 주의 사자, 곧 천사가 요셉의 꿈에 나타나서 마리아가 성령으로 말미암아 잉태하였다고 하였습니다. 요셉은 마리아를 데려왔습니다.

가이사 아구스도의 '호적하라'라는 명령에 따라 요셉은 다윗의 집 족속이므로 갈릴리 나사렛에서 유대의 베들레헴이라는 다윗의 동네로 가야 했습니다(눅 2:1-5). 약혼한 마리아는 이미 예수님을 잉태한 상태였고 5일 정도 걸어야 하는 먼 거리를 가기가 쉽지 않았을 것입니다.

이들이 베들레헴에 있을 때 해산할 날이 차서 첫아들을 낳았습니다. 그 지역 들판의 목자들이 밤에 밖에서 자기 양 떼를 지키고 있었습니다. 주의 사자, 곧 천사가 나타나 그들에게 구주의 탄생을 알립니다. 누가복음 2:10-11 "천사가 이르되 무서워하지 말라 보라 내가 온 백성에게 미칠 큰 기쁨의 좋은 소식을 너희에게 전하노라 오늘 다윗의 동네에 너희를 위하여 구주가 나셨으니 곧 그리스도 주시니라". 또한, 이미 천사 가브리엘은 마리아에게 아기가 다윗의 왕위를 받는다 하였습니다. 누가복음 1:32 "그가 큰 자가 되고 지극히 높으신 이의 아들이라 일컬어질 것이요 주 하나님께서 그 조상 다윗의 왕위를 그에게 주시리니". 천사가 전한 두 이야기는 하나님께서 다윗에게 주신 언약(삼하 7:12, 16)이 비로소 예수님을 통하여 성취됨을 알립니다. 예수님의 나심은 아브라함에게 2,000년 전에, 다윗에게 1,000년 전에 하신 언약이 성취되는 것입니다. 누가복음 1:33 "영원히 야곱의 집을 왕으로 다스릴 것이며 그 나라가 무궁하리라", 누가복음 1:55 "우리 조상에게 말씀하신 것과 같이 아브라함과 그 자손에게 영원히 하시리로다 하니라". 하나님은 아들을 보내셔서 인류의 죄를 속량하시고, 하나님의 나라가 임하고, 예수님이 왕으로 통치하십니다.

그 지역의 목자들이 천사가 전하여 준 대로 베들레헴에 가서 구유에 누인 아기를 찾아가 뵈었습니다(눅 2:15).

예수님은 율법에 따라 팔 일에 할례를 받으신 것으로 보이며, 정결예식의 기간이 차서 예루살렘에 올라갔으며 율법의 말씀을 따라 희생제사를 드렸습니다(레 12:2-8). 예수님은 처음 난 남자로서 주의 거룩한 자로 주께 드려졌습니다(민 18:15-16). 이 때 시므온과 안나가 아기 예수님을 만나는 은혜를 누렸습니다.

누가복음 2:39 “주의 율법을 따라 모든 일을 마치고 …” 이 말씀은 예수님이 아직 어리고 부모의 뜻에 따를 수밖에 없었지만, 예수님은 유대인으로서 어려서부터 유대인으로 사시는 동안 유대인의 율법을 따라 사셨다는 것을 말씀하고 있는 것이라고 생각합니다. 특히나 네 복음서에 나타나는 것으로 볼 때, 예수님은 유대 남자로서 율법을 따라서 안식일을 지내셨고, 세 명절인 유월절(무교절), 칠칠절, 초막절에 예루살렘에 올라가셨을 것으로 생각됩니다(출 23:17, 34:23, 신 16:16, 갈 4:4-5).

얼마 후 헤롯 대왕이 통치할 때, 동방에서 박사들이 예수님을 경배하기 위해 왔습니다. 예수님은 아기를 찾아 죽이려는 자들을 피하여 애굽으로 갔다가 헤롯 대왕이 죽은 후, 갈릴리 나사렛에 오셔서 사셨습니다(마 2:1-23).

(하네복 11쪽) 열두 살

예수님이 열두 살 되었을 때, 유월절에 부모를 따라 예루살렘에 가십니다. 명절에 갈릴리에서 예루살렘을 가기 위해 요단 강을 건너갔다가 다시 건너와서 여리고에 이르러 예루살렘에 오는 것이 당시의 여행 경로로 보입니다. 돌아갈 때도 반대로 같은 경로로 갔을 것입니다. 나사렛에서 걷는다면 5일이 소요됩니다. 그리고 친척들과 지인들과 같이 이동했으며, 그 외에도 수많은 사람이 같이 이동하여 요셉과 마리아는 열두 살 예수님을 하루를 걸으면서도 살펴볼 수가 없었습니다. 예루살렘에서 되돌아가는 길에 예수님을 잃어버렸을 때, 요셉과 마리아는 많이 놀랐을 것입니다. 사흘 후 예루살렘으로 되돌아와 성전에서 찾았습니다(눅 2:41-51).

예수님은 성전을 '내 아버지 집'으로 부르십니다(눅 2:49). 이 사건은 철부지 아이의 길 잃은 사건이 아니라 요셉과 마리아에게, 그리고 우리에게 예수님이 누구신가 생각하게 하는 사건입니다. 예수님은 어려서도 자신이 누구인지, '하나님의 아들'이심을 잘 알고 계셨던 것을 알게 합니다.

예수님의 탄생과 어린 시절의 기록은 마가복음과 요한복음에는 없고 마태복음과 누가복음에만 있습니다. 내용의 양으로 볼 때, 누가복음(128절)이 마태복음(31절)보다 더 많습니다(표 7). 누가는 예수님을 직접 본 적이 없는 이방인으로 알려져 있습니다. 그런 누가가 예수님의 탄생과 어린 시절에 관하여 많은 부분의 기록을 남긴 것은 의아합니다. 앞서서도 썼지만 누가는 누가복음 1:3처럼 그 모든 일을 근원부터 자세히 미루어 살핀 누가의 공로라고 생각됩니다. 우리는 정확하게 단정적으로 알 수는 없지만 바울의 동역자로서 바울이 가이사랴 감옥에 2년을 있는 동안(행 24:24-27) 누가가 예수님에 관하여 자세히 살피며 목격자와 말씀의 일꾼들을 찾아 증언을 들었을 것(눅 1:2)으로 보통 추정합니다. 아마도 마리아를 직접 만났으리라고 생각합니다. 왜냐하면 다른 복음서들도 기록하지 못했고, 마리아만 알 수 있는 예수님 잉태와 탄생, 성장에 관하여 누가만이 기록을 남겼기 때문입니다.

2-2. 공생애 시작

(하네복 13~14쪽) 요한의 회개의 세례

세례 요한이 예수님 공생애 바로 전에 광야와 요단 강 부근에서 죄 사함을 받게 하는 회개의 세례를 전파합니다. 이 때가 디베료 황제가 통치한 지 15년, 본디오 빌라도가 유대 총독으로, 헤롯 안디바가 갈릴리 분봉 왕으로, 빌립이 이두래와 드라고닛 지방의 분봉 왕으로, 루사니아가 아빌레네의 분봉 왕으로, 안나스와 가야바가 대제사장으로 있을 때입니다(눅 3:1-2). 역시 시대에 대한 정보는 누가가 기록합니다. 이 정도의 정보면 세례 요한의 사역 시작이 언제인지 알 수 있을 듯합니다. 로마의 2대 황제 디베료의 재위 기간은 AD 14년 9월 18일부터 37년 3월 16일까지입니다. 그러므로 디베료 황제가 통치한 지 15년은 AD 28년 혹은 29년입니다. 일반적으로 예수님의 공생애 기간을 AD 27~29년에 시작하시고 30~36년에 마치셨다고 추정합니다. 이 연대가 옳다면, 세례 요한이 예수님 공생애 시작 전에 사역을 한 기간은 길게 잡아도 1년을 넘을 수 없습니다. 자세히 살피지 않으면, 세례 요한이 아주 오랜 기간 사역을 해 오지 않았을까 하는 생각이 들지만 실제로는 아주 짧아 보입니다. 이스라엘의 레위인들이 하나님의 부르심을 받고 사명을 시작하는 나이인 30세(민 4:3)에 세례 요한이 자기 사역을 시작하지 않았을까? 생각을 해 봅니다. 만일 그렇다면 30세쯤 공생애를 시작하신 예수님이 공생애를 시작하시기 6개월 전에 즉, 6개월 동안 세례 요한이 앞서 사역을 했을 가능성을 추정해 봅니다. 세례 요한은 예수님보다 6개월 앞서 태어났습니다.

(하네복 15~19쪽) 세상 죄를 지고 가는 하나님의 어린 양

예수님의 공생애 시작은 30세쯤 되셨을 때입니다(눅 3:23). 예수님이 세례 받으신 후, 이어서 40일간의 금식과 사탄에게 시험을 받으십니다. 그 후 예수님은 세례 요한에게 다시 오십니다. 이 곳이 세례 요한이 세례 베풀던 곳 요단 강 건너편 베다니였습니다. 예수님이 세례 받으신 곳도 이 곳이 아닐까? 생각을 해 봅니다.

세례 요한이 예수님을 '세상 죄를 지고 가는 하나님의 어린 양'이라고 증언하였습니다(요 1:29). 어떻게 세례 요한은 이 사실을 알았을까요? 세례 요한의 설명은 요한복음 1:33-34 "나도 그를 알지 못하였으나 나를 보내어 물로 세례를 베풀라 하신 그이가 나에게 말씀하시되 성령이 내려서 누구 위에든지 머무는 것을 보거든 그가 곧 성령으로 세례를 베푸는 이인 줄 알라 하셨기에 내가 보고 그가 하나님의 아들이심을 증언하였노라 하니라"입니다.

이 곳에서 처음으로 다섯 제자를 만나십니다. 세례 요한은 자신의 제자들 중에서 둘을 예수님의 제자로 보냅니다. 그 중에 하나가 안드레입니다. 안드레는 본래 세례 요한의 제자였습니다(요 1:35-42). 안드레의 집은 갈릴리 벳새다입니다(요 1:44). 그는 어부였습니다. 요단 강 건너편 베다니는 갈릴리 벳새다(요 12:21)에서 아주 멉니다. 걸어서 5일 정도의 거리입니다. 자기 생업을 놔두고 떠나 요한의 제자로 이 곳에 와 있다는 사실에서 그가 인생을 먹고사는 정도로 가볍게 보지 않는다는 사실을 알 수 있습니다. 안드레는 자기 형 베드로를 찾아 '우리가 메시야를 만났다'고 말합니다. 세례 요한의 증거와 예수님을 직접 뵈옵고 예수님에게서 메시야이심을 발견한 것입니다. 안드레는 베드로를 금방 데려옵니다. 그것은 베드로가 그 근처에 있었다는 뜻입니다. 안드레가 예수님 계신 데를 가서 본 것이 유대 시간으로 낮 10시쯤(오후 4시경)입니다(요 1:39). 그런데 바로 베드로를 데려왔습니다. 그것은 베드로는 세례 요한의 제자는 아니었지만 안드레와 같이 이 곳에 와 있었다는 뜻입니다. 아마도 세례 요한의 '광야에서 외치는 자의 소리'(눅 3:4)에 안드레를 따라서 여기에 오지 않았나 생각을 해 봅니다. 안드레와 베드로 모두 주님의 부르심에 '들을 마음'을 가지고 있었다고 생각됩니다.

예수님은 또 거기서 빌립을 만나 '나를 따르라'고 하십니다. 빌립은 안드레와 베드로와 한 동네 갈릴리 벳새다 사람입니다(요 1:44, 12:21). 그리고 빌립이 나다나엘을 불러옵니다. 이렇게 하여 예수님은 자신의 처음 제자들인 다섯을 만나십니다.

사흘째 되던 날 예수님은 갈릴리 가나의 혼인 잔치에 참석하십니다(요 2:1-11). 보통은 '사흘째 되던 날'을 나다나엘과 대화 후 '사흘'이라고 이해합니다. 만일 그렇게 해석하면 이틀 동안 걸어가서 사흘 후 갈릴리 가나 혼인 잔치에 참여하였다는 뜻입니다. 그런데 요단 강 건너편 베다니에서 가나까지는 걸어서 사오 일은 가야 합니다. 설명이 되지 않습니다. 아니면 일반적으로 이해하는 요단 강 건너편 베다니의 위치를 가나에서 이틀 내에 걸을 수 있는 가까운 곳에서 찾는 방법이 있습니다. 다른 방법은 '사흘째 되던 날'을 '사흘째 날 혹은 셋째 날'이라고 이해하는 방법이 있습니다. 그러면 '화요일'이 됩니다. 예수님 당시에

요일에 대한 고유한 이름이 없이 일요일은 안식 후 첫날, 그다음 둘째 날, 그다음 셋째 날, …, 이런 방법으로 요일을 이름하지 않았을까 생각합니다. 즉, '안식 후 셋째 날인 화요일에 가나에서 혼인 잔치가 있었는데 예수님께서 참석하셨다'입니다.

그러면 나다나엘과 대화를 나누신 것은 그대로 이야기가 끝나고 가나 혼인 잔치에 참석하신 것은 전혀 다른 새로운 이야기로 보면 됩니다. 그러면, 혼인 잔치가 사흘째 날, 즉 화요일에 있었다는 뜻으로 볼 수 있습니다. 몇몇 참고문헌에 당시 처녀가 결혼할 때는 목요일에 하였고, 재혼할 경우는 화요일에 했다는 내용이 있습니다. 이 내용을 받아들여야 할지 판단이 잘 서지 않습니다. 참고문헌의 설명이 맞는다면 가나의 혼인 잔치가 재혼하는 가정의 혼인 잔치란 말인가? 하는 문제가 또 해결되지 않기 때문입니다. 여하간 예수님은 첫 이적으로 갈릴리 가나의 혼인 잔치에서 물을 포도주로 만드셨습니다.

(하네복 19~22쪽) 공생애 첫 유월절

요한복음 2:13 예수님은 유대인의 유월절이 가까워 예루살렘에 올라가셨습니다. 공생애 첫 유월절이며, 유월절은 유대력 1월 14일이며, 유월절이 지나간다고 하면 한 해가 지나고 새해가 시작됨을 의미합니다. 네 복음서 중에서 오직 요한복음에만 유월절이 지남을 알려 줌으로 해가 바뀌는 것을 알 수가 있습니다(요 2:13, 6:4, 〈예수님의 공생애 일람도표〉). 이 첫 유월절이 지나서 예수님 공생애 2년 차가 시작됩니다. 아마도 이 유월절이 예수님이 맞는 공생애의 첫 유월절, 공생애의 첫 예루살렘과 성전 방문이었을 것으로 보입니다. 예수님이 공생애의 첫 성전 방문에서 성전을 정화하셨다면, 예수님은 지난해 초막절이 지나고 나서 공생애를 시작하지 않으셨을까 생각해 봅니다. 예수님의 공생애를 시작하시고 1년 차에 다른 유대인의 절기에 예루살렘에 가신 기록이 없습니다. 만일 이 때 초막절에 성전에 가셨다면 공생애의 첫 초막절에 성전을 정화하지 않으셨을까 생각해 봅니다. 그러므로 예수님의 공생애가 초막절이 지나고 시작된 것이 아니었을까 생각해 봅니다. 예수님은 항상 유월절(무교절), 칠칠절(오순절), 초막절에는 유대인으로서 성전에 가셨을 터이니(출 23:17, 34:23, 신 16:16, 갈 4:4-5) 이런 생각을 해 봅니다.

예수님은 공생애 첫 유월절에 예루살렘을 방문하시고 아마도 거기서 니고데모를 만나시고 얼마 동안 유대 땅에 가셔서 머무십니다. 예루살렘이 작고 유대 땅 안에 있지만, 네 복음서에서는 예루살렘을 행정 구역으로 유대와 구분합니다. 이 때 예수님의 제자들이 (아마도 백성들에게) 세례를 베풀었습니다(요 3:22). 점차 예수님이 제자를 삼고 세례를 베푸는 것이 요한보다 많아져 갔습니다. 이즈음 세례 요한이 갈릴리와 베레아의 분봉 왕 헤롯 안디바에게 체포되어 구금됩니다. 요한의 표현대로 "그는 흥하여야 하겠고 나는 쇠하여야 하리라"(요 3:30), 하나님이 주신 자기 사명을 다하고 체포되었습니다. 이것을 들으시고 예수님은 갈릴리로 가십니다(마 4:12). 요한이 저물고 예수님은 갈릴리 사역을 시작하십니다.

(하네복 22~24쪽) 사마리아에 있는 수가라 하는 동네에 이르시니

예수님은 유대 땅에서 갈릴리로 가실 때 사마리아를 지나가셨습니다. 아마도 당시에 모든 경우에 유대인이 갈릴리에서 유대를 오갈 때 사마리아를 지나지 않기 위해 요단 강을 건너서 다녔던 것은 아닌 것 같습니다. 명절 때가 아니면 사마리아를 지나다니기도 했던 것 같습니다(눅 9:51-53). 수가에서 한 사마리아 여인을 만나시고 이틀을 더 유하시고 갈릴리로 가십니다.

2-3. 갈릴리 I 사역

예수님의 갈릴리 사역은 3년에 걸쳐 I, II, III기로 뚜렷이 나누어집니다(《예수님의 공생애 일람도표》). 처음에는 즉, 갈릴리 I 사역 때는 무리를 대상으로 사역을 하고 제자들을 부르십니다. 갈릴리 II 사역에는 12제자를 사도로 세우십니다. 갈릴리 III 사역에는 갈릴리와 무리를 벗어나 제자들과만 이방인 지역까지 여행하며 사역하십니다. 예수님의 공생애 사역의 주된 무대는 갈릴리입니다.

(하네복 25~26쪽) 회개하라 천국이 가까이 왔느니라

세례 요한이 잡히고, 예수님은 유대에서 사마리아를 지나 갈릴리에 오셔서 갈릴리 I 사역을 시작하십니다. 갈릴리 가나에 가시고, 이어서 고향 나사렛에 가셔서 안식일에 회당에 들어가십니다. 나사렛을 떠나 가버나움으로 이사를 하십니다(마 4:13). 이 때 아마도 누이들은 나사렛에서 결혼하여 그 곳에 머물러 있었을 수도 있고, 어머니 마리아와 남동생 네 명은 가버나움으로 가서 산 듯합니다. 이 때부터 비로소 마태복음 4:17 "… 회개하라 천국이 가까이 왔느니라 …", 마가복음 1:15 "… 때가 찼고 하나님의 나라가 가까이 왔으니 회개하고 복음을 믿으라 …" 전파하셨습니다. 마태복음 4:17과 마가복음 1:14-15는 병행 구절입니다. 병행 구절이란 《하모나이즈드 네 복음서》에서 같은 가로줄에 나란히 위치한 네 복음서의 말씀 구절들을 의미합니다.

대의로 볼 때, 예수님은 공생애 사역 중에 여러 행위와 가르침을 행하셨습니다. 첫째, 십자가를 지고 죽는 대속의 사명을 감당하셨습니다.

둘째, 죽은 자를 살리셨습니다. 셋째, 귀신을 쫓아내고 병을 고치는 일을 하셨습니다. 넷째, 바람과 바다를 명하여 잔잔케 하셨습니다. 다섯째, 복음을 전하고 가르치는 일을 하셨습니다. 이렇게 다양하고 많은 일 중에서 다섯째의 예수님이 전하신 복음이 무엇인가 살펴보고자 합니다.

병행 구절, 마태복음 4:17과 마가복음 1:14-15은 갈릴리 I 사역 초기의 일로서, 이 때부터 예수께서 비로소 전파하셨다고 기록합니다. 전파하신 내용은 '천국/하나님의 나라가 가까이 왔다'입니다. 이 때를 포함하여 공관복음에 7번 갈릴리에서 (유대나 베레아 사역에서는 이렇게 정리한 내용이 없습니다) '복음을 전파하셨음'이 기록되어 있습니다. 이 7번의 기록은 예수님이 사역을 통하여 전파하신 복음의 내용을 한마디로 정리해 놓은 것들입니다. 아래 표 1은 이것을 발췌한 것입니다. 옆으로 나란히 있는 구절들은 병행 구절(본문)입니다.

사역 순서	마태복음	마가복음	누가복음
갈릴리 I	이 때부터 예수께서 비로소 전파하여 이르시되 회개하라 천국이 가까이 왔느니라 하시더라(4:17)	하나님의 복음을 전파하여 이르시되 때가 찼고 하나님의 나라가 가까이 왔으니 회개하고 복음을 믿으라 하시더라 (1:14c-15)	
갈릴리 I	예수께서 온 갈릴리에 두루 다니사 그들의 회당에서 가르치시며 천국 복음을 전파하시며 백성 중의 모든 병과 모든 약한 것을 고치시니(4:23)		

갈릴리 I		이르시되 우리가 다른 가까운 마을들로 가자 거기서도 전도하리니 내가 이를 위하여 왔노라 하시고 이에 온 갈릴리에 다니시며 그들의 여러 회당에서 전도하시고 또 귀신들을 내쫓으시더라(1:38-39)	예수께서 이르시되 내가 다른 동네들에서도 하나님의 나라 복음을 전하여야 하리니 나는 이 일을 위해 보내심을 받았노라 하시고 갈릴리 여러 회당에서 전도하시더라(4:43-44)
갈릴리 I	예수께서 모든 도시와 마을에 두루 다니사 그들의 회당에서 가르치시며 천국 복음을 전파하시며 모든 병과 모든 약한 것을 고치시니라(9:35)		
갈릴리 I	예수께서 열두 제자에게 명하기를 마치시고 이에 그들의 여러 동네에서 가르치시며 전도하시려고 거기를 떠나 가시니라(11:1)		
갈릴리 II			그 후에 예수께서 각 성과 마을에 두루 다니시며 하나님의 나라를 선포하시며 그 복음을 전하실새 열두 제자가 함께 하였고(8:1)
갈릴리 II		이에 모든 촌에 두루 다니시며 가르치시더라 (6:6b)	

표 1) 네 복음서에 공생애 기간 중 예수님이 가르치시고 전하신 것을 한마디로 내용을 정리한 구절 7군데.

여기 표 1에서 관찰되는 것을 정리하자면, 첫째, 예수님은 '천국'과 '하나님의 나라'를 호환적이며 보완적으로 사용하고 계십니다. 'kingdom'은 왕이 다스리는 왕국을 의미하며, 천국은 'the kingdom of heaven'이며 하나님의 나라는 'the kingdom of God'입니다. 즉, 그 나라는 주님이 왕으로 통치하는 왕국이며, 하늘의 하나님의 왕국입니다. 둘째, 복음을 '천국 복음', '하나님의 나라 복음'이라고 합니다. 즉 예수님이 전하신 복음은 '구원의 복음'으로 표현하지 않고 '천국 복음',

'하나님의 나라 복음'이라고 하십니다. 복음이 신약 서신서에 여러 번 '구원'으로 설명되고 있지만, 네 복음서에서는 '하늘의 하나님의 나라'로 설명됩니다. 그 나라의 백성이 된다는 것이 구원보다 더 포괄적 의미를 갖습니다. 이스라엘을 애굽에서 불러내신 것도 '제사장 나라 거룩한 백성'(출 19:6)이었으며, 신약에서 그의 백성을 택하신 것도 '거룩한 나라 그의 소유된 백성'(벧전 2:9) 되게 하기 위한 것이며, 성경의 결론으로 볼 수 있는 계시록에서도 우리를 '나라와 제사장'으로 삼으신(계 1:6, 5:10) 것을 보더라도, 하나님의 계획이 '그의 나라와 백성'인 것을 분명히 알게 됩니다. 셋째, 예수님은 직접 '온 갈릴리에', '갈릴리 여러 회당에', '모든 도시와 마을에', '그들의 여러 동네에', '각 성과 마을에', '모든 촌에' 다니시며 전하셨습니다. 예수님은 이것을 "나는 이 일을 위해 보내심을 받았노라"(눅 4:43) 하심으로 왜 갈릴리의 모든 곳을 다니시며 복음을 전하셨는지 알게 하셨습니다.

(하네복 26~27쪽) 나를 따라오라 내가 너희를 사람을 낚는 어부가 되게 하리라

예수님은 갈릴리 I 사역 초기에 베드로, 안드레, 야고보, 요한, 4제자를 부르십니다(마 4:18-22/막 1:16-20). 예수님은 이미 베드로와 안드레를 요단 강 건너편 베다니에서 만나셨었습니다(요 1:40-42). 그러나 베드로와 안드레는 예수님을 따르지 못하고, 바다에 그물을 던져야 했습니다. 예수님은 '나를 따라오라 내가 너희를 사람을 낚는 어부가 되게 하리라'(마 4:19/막 1:17) 말씀하셨습니다. 조금 더 가시다가 배에서 그물을 깁는 야고보와 요한을 부르셨습니다.

갈릴리 I 사역에서 예수님은 마태복음 4:23 "예수께서 온 갈릴리에 두루 다니사 그들의 회당에서 가르치시며 천국 복음을 전파하시며 백성 중의 모든 병과 모든 약한 것을 고치시니", 이 말씀과 같이 온 갈릴리에 두루 다니시고 많은 무리를 만나시고, 천국 복음을 전파하시고 모든 병과 약한 것을 고치십니다. 마태복음 4:23이 예수님의 갈릴리 I 사역의 특징을 잘 표현합니다.

(하네복 27~34쪽) 산상수훈

마태복음 5-7장, 예수님은 산에서 가르치십니다. 마태복음 5:1 "예수께서 무리를 보시고 산에 올라가 앉으시니 제자들이 나아온지라". 여기도 무리가 예수님을 따르고 있으며, 예수님이 산에 올라가 앉으시니 제자들이 나아왔습니다. 산상수훈은 예수님 사역의 아주 초창기에 있었던 일입니다. 산상수훈은 처음에 산에 오르시는 부분(마 5:1)이 있고, 마태복음 5, 6, 7장에서 끊어짐 없이 가르치시고, 산에서 내려오시는 부분(마 8:1)이 있어서 하루에 있었던 일로 보는 것이 합당합니다.

산상수훈은 내용에 따라 다음과 같이 정리됩니다.

(1) 팔 복: 복이란 무엇인가	마태복음 5:1-12
(2) 큰 서론: 빛과 소금	마태복음 5:13-16
(3) 너희가 들었으나 나는 너희에게 이르노니 서론(마 5:17-20) 6가지 내용(마 5:21-48)	마태복음 5:17-48
(4) 말라 서론(마 6:1) 7가지 내용(마 6:2-7:6) 주기도문(마 6:9-15)	마태복음 6:1-7:6
(5) 하라 6가지 내용	마태복음 7:7-20
(6) 결론	마태복음 7:21-27

(1) 팔 복은 어떠한 자가 진정으로 복이 있는 자인가 알려 줍니다. 이 여덟 가지는 모두 우리 속 사람이 어떠해야 하는가 알려 주는 것입니다. 이러한 자가 천국에서 하나님을 뵈오리라는 내용입니다. 이 세상에서의 복과 전혀 다른 것입니다.

(2) 우리는 세상에 대하여 소금과 빛입니다.

(3) 이제 예수님은 '너희가 들었으나 나는 너희에게 이르노니' 하시며 6가지를 말씀하십니다. '너희가 들었으나' 이 말씀이 의미하는 것은 모세를 통해 주신 율법으로 보입니다. 그러므로 율법에 변화가 온 것입니다. 그러면 '들은 내용들'은 폐해지는 것인가요? 예수님은 그렇지 않다고 말씀하십니다. 마태복음 5:17 "내가 율법이나 선지자를 폐하러 온 줄로 생각하지 말라 폐하러 온 것이 아니요 완전하게 하려 함이라" 하십니다. 여기서 우리는 율법에 관한 하나님의 큰 계획을 알게 됩니다. 하나님의 궁극의 목표는 예수님이 세상에 오셔서 주시는 법을 우리 법이 되게 하시고, 그러한 내면성의 소유자가 되게 하시는 것입니다. 시내 산에서 모세를 통해 주신 율법은 궁극의 목표에 이르기 위한 중간 단계로 볼 수 있습니다(갈 3:19-25). 그러니 모세의 율법을 폐하는 것이 아니라 완전하게 하시는 것입니다.

이 여섯 가지 내용은 마태복음 5장 22, 28, 32, 34, 39, 44절입니다. 22절은 형제에게 노하는 자마다 심판을 받는다고 하십니다. 28절에 음욕을 품은 자는 이미 간음하였다고 하십니다. 32절, 음행한 이유 없이 아내를 버리면 그로 간음하게 함이라 하십니다. 34절, 도무지 맹세하지 말라 하십니다. 39절, 악한 자를 대적하지 말라 하십니다. 44절, 너희 원수를 사랑하라 하십니다. 이것들은 겉으로 드러난 잘못을 정죄하는 것이 아니라, 마음속 죄의 생각이 있으면 죄를 지은 것이라고 정죄됨을 말씀합니다. 이것들을 지키는 것은 모세의 율법보다 훨씬 어렵습니다. 반대로 이러한 마음을 갖게 된다면 저절로 모세의 율법은 다 지킨 것이 됩니다. 우리 마음의 상태를 바꾸길 원하시는 주님의 뜻을 읽을 수 있습니다. 이러한 하나님의 뜻은 이미 구약의 여러 곳에 있습니다. 대표적으로 예레미야 31:31-33을 보면 "여호와의 말씀이니라 보라 날이 이르리니 내가 이스라엘 집과 유다 집에 새 언약을 맺으리라 이 언약은 내가 그들의 조상들의 손을 잡고 애굽 땅에서 인도하여 내던 날에 맺은 것과 같지 아니할 것은 내가 그들의 남편이 되었어도 그들이 내 언약을 깨뜨렸음이라 여호와의 말씀이니라 그러나 그 날 후에 내가 이스라엘 집과 맺을 언약은 이러하니 곧 내가 나의 법을 그들의 속에 두며 그들의 마음에 기록하여 나는 그들의 하나님이 되고 그들은 내 백성이 될 것이라 여호와의 말씀이니라"라고 합니다. 하나님의 법을 우리의 속에 두고 마음에 기록하신다는 말씀이 이루어져서 우리의 마음속부터 바뀌고 모세의 율법으로도 정죄되지 않는 상태가 되는 것입니다. 구체적으로 예수님은 이 새 언약을 잡히시는 밤(눅 22:20)에 제자들과 그리고 지금의 우리와 그리고 예레미야서의 말씀처럼 이스라엘 집과 유다의 집과 맺으셨습니다(렘 31:31).

(4) '말라'는 7가지가 있습니다. 마태복음 6장 2절(구제할 때 나팔을 불지 말라), 5절(기도할 때 외식하는 자와 같이 하지 말라), 16절(금식할 때 외식하는 자와 같이 슬픈 기색을 보이지 말라), 19절(보물을 땅에 쌓아 두지 말라), 25절(무엇을 먹을

까, 무엇을 마실까, 무엇을 입을까 염려하지 말라), 7장 1절(비판을 받지 아니하려거든 비판하지 말라), 6절(거룩한 것을 개에게 주지 말며, 너희 진주를 돼지 앞에 던지지 말라)입니다. 중간에 너희는 이렇게 기도하라 하시며 '주기도문'(마 6:9-13)을 알려 주십니다.

(5) '하라'는 6가지가 있습니다. 마태복음 7장 7절(구하라, 찾으라, 두드리라), 12절(대접하라), 13절(들어가라), 15절(삼가라)입니다.

(6) 산상수훈의 결론은 "… 천국에 … 다만 하늘에 계신 내 아버지의 뜻대로 행하는 자라야 들어가리라"(마 7:21), 그리고 "… 나의 이 말을 듣고 행하는 자는 그 집을 반석 위에 지은 지혜로운 사람 같으리니"입니다. 산상수훈으로 우리에게 주신 법은 하나님의 나라의 백성으로서 '가지고 지켜야 할 성품'을 말씀하시는 것으로 보아야 합니다. 왜냐하면 앞서 이야기가 있었지만, 예수님이 모든 촌에 두루 다니시며 전하신 복음은 '하늘의 하나님의 나라' 복음이기 때문입니다. 그 나라의 백성으로 당연히 가져야 할 그 나라의 법입니다. 그러므로 산상수훈의 말씀은 읽을 뿐 아니라 절대적으로 순종해야 합니다.

(하네복 34쪽) 내가 원하노니 깨끗함을 받으라

예수님이 산에서 내려오시니 수많은 무리가 따랐습니다. 한 나병환자가 예수님께 나아왔습니다. 마태복음 8:3 "예수께서 손을 내밀어 그에게 대시며 이르시되 내가 원하노니 깨끗함을 받으라 하시니 즉시 그의 나병이 깨끗하여진지라". 구약에서 나병환자는 부정한 자입니다. 부정한즉 혼자 살되 진영 밖에서 살게 되어 있습니다(레 13:46). 그런데 예수님은 나병환자에게 손을 대시고 깨끗함을 주셨습니다.

예수님이 가버나움에 들어가셨습니다. 한 백부장이 예수님께 자기 하인이 중풍병으로 집에 누워 있으니 고쳐 달라고 하였습니다(마 8:5-13). 백부장은 예수님이 자기 집에 들어오심을 감당치 못하겠다고 하였습니다. 말씀으로만 하시면 낫겠다고 하였습니다. 예수님은 그의 믿은 대로 될지어다 하셨고 그 즉시 하인이 나았습니다.

(하네복 34~36쪽) 갈릴리 여러 회당에서 전도하시더라

예수님이 한 안식일에 회당에 들어가서 가르치시고 더러운 귀신 들린 사람을 고치십니다(막 1:21-28/눅 4:31-37). 같은 날 회당에서 나와 베드로와 안드레의 집에 들어가, 베드로의 장모의 열병을 고쳐 주셨습니다(마 8:14-15/막 1:29-31/눅 4:38-39).

저물어 해 질 때에 사람들이 온갖 병자들을 데리고 예수님께 나아왔습니다(마 8:16-17/막 1:32-34/눅 4:40-41). 많은 병자들이 낮이 아니라 해가 질 때 예수님께 나온 것은 해가 지면서 안식일이 끝나기 때문으로 보입니다. 예수님은 각종 병이 든 많은 사람을 고치고 귀신을 내쫓으셨습니다.

새벽 아직도 밝기 전에 일어나 한적한 곳에 가서 기도하셨습니다(막 1:35-39, 눅 4:42-44). 무리는 예수님을 만류하여 떠나지 마시기를 구하고, 예수님은 가까운 마을들로 가서 하나님의 나라의 복음을 전하려 하십니다. 이처럼 무리와 함께 하시고 여러 마을에 복음을 전하시는 모습이 갈릴리 사역 초기(갈릴리 I)에 많이 나타납니다. 갈릴리 사역 초기에 여러 마을들로 다니시며 무리에게 복음을 전하셨습니다.

(하네복 36~37쪽) 깊은 데로 가서 그물을 내려 고기를 잡으라

예수님은 게네사렛 호숫가에 서 계셨고, 무리가 몰려와서 하나님의 말씀을 들었습니다(눅 5:1-11). 배 두 척이 있었고 어부들은 배에서 나와서 그물을 씻고 있었습니다. 예수님은 그 중에 베드로의 배에 오르셔서 육지에서 조금 떼기를 청하시고 앉으사 배에서 무리를 가르치셨습니다. 말씀을 마치시고 시몬에게 "깊은 데로 가서 그물을 내려 고기를 잡으라"(눅 5:4) 하십니다. 이 일은 얼마 전에 4제자를 부르신 사건(마 4:18-22/막 1:16-20)과 다른 사건입니다. 베드로는 요단 강 건너편 베다니에서 처음(요 1:40-42), 그리고 갈릴리에서 그물을 던지다가 부르심을 받고도(마 4:18-22/막 1:16-20) 전적으로 예수님을 따르지 않았던 것 같습니다. 예수님은 베드로의 집까지 심방하고 베드로의 장모의 열병을 고치고 하셨는데(마 8:14-15/막 1:29-31/눅 4:38-39), 베드로는 아직 예수님의 제자로 사는 것을 결단하지 못했던 것 같습니다. 아마도 가족을 부양해야 해서 배를 타야 하는 상황이었을 것입니다. 예수님은 이번에는 시몬의 배로 찾아와 부르셨습니다. 예수님의 부르심과 가족을 부양하기 위해 배를 타야 하는 상황 사이에 고민이 많았을 것입니다. '깊은 데로 가서 그물을 내려 고기를 잡으라' 이 말씀을 들었을 때에 누가복음 5:5 "시몬이 대답하여 이르되 선생님 우리들이 밤이 새도록 수고하였으되 잡은 것이 없지마는 말씀에 의지하여 내가 그물을 내리리이다 하고", 그렇게 하여 많은 고기를 잡습니다. 가족 부양을 하나님께 맡기고 부르심에 따르기로 결심합니다. 여기서 죄인이라는 고백이 나왔을 것으로 보입니다. 예수님이 누구이신가 하는 발견과 예수님께서 여러 번 부르셨지만 순종하지 못하고, 가족의 부양을 주님께 맡기고 주님을 따라나서지 못하는 문제로 자신이 죄인이라는 것을 발견하게 된 것 같습니다. 시몬은 이후로 자신을 다 하나님께 드려 제자로 살았습니다.

예수님은 한 나병환자를 고쳐 주셨습니다(막 1:40-44/눅 5:12-14). 예수님은 그에게 손을 대시며 "내가 원하노니 깨끗함을 받으라" 하셨습니다.

(하네복 37쪽) 바람과 바다를 꾸짖으시니

예수님은 갈릴리 지방에 계시다가 많은 무리가 자기를 에워싸는 것을 보시고 건너편으로 가자 하셨습니다(마 8:18). 건너편이란 배를 타고 갈릴리 바다를 건너가자는 말씀이십니다. 한 서기관과 한 제자와 대화하시며 '인자는 머리 둘 곳이 없다', '너는 나를 따르라' 말씀하십니다.

예수님이 배를 타시고 갈릴리 호수를 건너 도착하신 곳은 건너편 가다라 지방이었습니다. 갈릴리 호수 크기는 남북으로 21km, 동서로 최대 13km입니다. 출발하신 곳과 도착하신 곳의 위치를 안다면 그 거리를 알 수 있을 것이고, 배의 속도를 안다면 몇 시간 걸려서 가다라 지방에 도착했는지 알 수 있습니다. 예수님 시대쯤의 배 한 척이 갈릴리 호수 북서쪽 호숫가에서 1986년에 발굴되어 호수 주변 박물관(Yigal Allon Center, Kibbutz Ginosar, 이스라엘)에 전시 중입니다. 그 배는 길이 8.2m, 폭 2.3m, 높이 1.2m이며, 돛과 노로 움직이는 나무배인 것으로 보입니다. 또한, 1970년대에 막달라의 한 가정집을 발굴하면서 1세기 예수님 당시의 것으로 보이는 배 모자이크가 발견되었습니다. 막달라 보트 모자이크(Magdala Boat Mosaic)로 불리는데 현재 가버나움에 전시 중입니다. 이 모자이크 그림에는 3쌍의 노를 배 양옆에 가졌고 돛을 갖고 있습니다. 이것들이 예수님이 실제로 타셨던 배라는 증거는 없지만, 당시의 자료들인 만큼 성경을 이해하는 데 도움이 됩니다.

이 배의 속도는 얼마였을까요? 갈릴리 지방에서 배로 가다라 지방에 가려면 얼마나 걸렸을까? 현재로서는 짐작만 할 뿐 정확한 것은 알 수 없습니다.

그런데 예수님 타신 배가 가다가 바다에 큰 놀이 일어나 배가 물결에 덮이게 되었습니다(마 8:23-27). 예수님은 주무시고 계셨고, 제자들이 예수님을 깨우며 '주여 구원하소서 우리가 죽겠나이다' 하였습니다. 예수님은 바람과 바다를 꾸짖어 잔잔하게 하셨습니다.

예수님이 도착하신 곳은 가다라 지방입니다(마 8:28-34). 돼지를 키우는 것을 봐서 이방인 지역이며, 아마도 데가볼리 지역의 한 곳, 가다라 지방의 갈릴리 호숫가에 도착한 것 같습니다. 그러면 배로 20km 정도 거리를 배로 왔을 것입니다. 가버나움에서 가다라 호숫가로 추정되는 곳까지 직선거리는 약 20km입니다.

귀신 들린 자 둘이 무덤 사이에서 나왔습니다. 그들은 예수님이 하나님의 아들이심을 알았습니다. 예수님은 귀신들이 돼지 떼에 들어가는 것을 허락하셨습니다. 돼지들이 내리달아 바다에서 몰사하였습니다. 이 사건은 마태복음에만 기록되어 있습니다(마 8:18-34).

(하네복 38~40쪽) 네 죄 사함을 받았느니라

예수님은 다시 배에 오르사 바다를 건너 가버나움에 들어가셨습니다. 집에 계실 때 한 중풍병자를 네 사람이 침상에 메고 왔습니다(마 9:1-8/막 2:1-12/눅 5:17-26). 그러나 많은 사람들 때문에 집에 들어갈 수가 없었습니다. 네 사람은 그 계신 곳의 지붕을 뚫어 중풍병자를 침상째 달아 내렸습니다. 예수님은 그의 죄가 사하여졌다고 말씀하셨고, 그는 병이 나아 침상을 가지고 집으로 갔습니다.

예수님은 다시 바닷가에 나가셨습니다. 같은 날입니다. 큰 무리가 나왔으므로 그들을 가르치셨습니다. 그 곳을 떠나 지나가시다가 세관에 앉아 있는 마태를 부르셨습니다(마 9:9/막 2:14/눅 5:27-28). 사람들이 예수님께 왜 금식하지 않는지 물었습니다. 예수님은 '혼인집 손님들이 신랑과 함께 있을 때에 금식할 수 있느냐, 그러나 신랑을 빼앗길 날이 이르리니 그 날에는 금식할 것이니라' 하셨습니다.

이 말씀을 하실 때 한 관리가 와서 방금 죽은 자신의 딸에 손을 얹어 주시길 예수님께 요청하였습니다(마 9:18-26). 그리고 가는 중에 열두 해 동안이나 혈루증을 앓아 온 여인을 고쳐 주셨습니다. 그리고 죽은 소녀를 살리셨습니다.

유대인은 부정하게 되지 않기 위해 많은 주의를 해야 합니다. 그러나 예수님은 혈루증 앓는 여자(마 9:19-22, 막 5:25-34/눅 8:43-48)가 예수님 옷 가에 손을 대고, 나병환자를 만져서 고치시고(마 8:3, 막 1:41/눅 5:13), 죽은 나인성 과부의 아들의 관에 손을 대셔서 살리시고(눅 7:11-15). 또 죽은 소녀의 손을 잡아 일으키십니다(마 9:18-25, 막 5:35-43/눅 8:49-56). 이러한 일들은 율법에서는 부정하게 되므로 피하게 되어 있습니다. 예수님이 나병환자에게 손을 대시며 고치시는 사건은 거룩하고 속된 것을 분별하며, 부정하고 정한 것을 분별해야 하는 구약의 가르침(레 10:10, 겔 22:26, 44:23)에 위배됩니다. (그런데 물론 이미 엘리야와 엘리사가 죽은 자에게 손을 대며 살린 예도 있습니다.) 일반 유대인은 분별하여 가까이하지 말아야 하지만, 놀라운 것은 예수님의 경우는 권능과 거룩이 나병환자를 고치고, 부정을 정함으로 바꾸신다는 점입니다. 예수님은 예수님으로부터 깨끗게 하시는 능력이 나가고, 정하게 하시고, 병을 낫게 하시고, 죽은 자가 살아났습니다. 사건 사건이 '하나님의 나라가 이미 세상에 임하였음'을 뜻한다고 말씀하셨습니다(마 12:28, 눅 11:20).

거기서 떠나가실 때 두 맹인을 고치셨습니다(마 9:27-31). 나가실 때 귀신 들려 말 못하는 사람을 고치셨습니다(마 9:32-34).

마태복음 8:18부터 9:34까지, 즉, 하네복 37쪽에서 40쪽까지는 많은 사건들이 시간의 단절 없이 연속적으로 일어납니다. 즉, '갈릴리 해변에 계심, 배를 타고 가다라 지방에 가심, 귀신 들린 자 둘을 고치심, 돼지 떼가 바다에 들어가 몰사함, 온 시내가 예수님께 옴, 떠나시기를 간구함, 배를 타시고 되돌아오심, 가버나움에 오셔서 집에서 가르치심, 중풍병자를 고치심, 다시 바닷가에 나가심, 세리 레위를 부르심, 레위의 집에 앉아 잡수심, 혈루증 앓는 여인을 고치심, 한 관리의 딸을 살리심, 두 맹인을 고치심, 귀신 들려 말 못하는 사람을 고치심'으로 사건들이 연속으로 이어집니다. 이 일련의 사건들의 한 내용과 다음 내용 사이에 연속성을 의미하는 구와 절들이 있습니다. "건너편으로 가기를 명하시니라"(마 8:18), "배에 오르시매"(마 8:23), "건너편 가다라 지방에 가시매"(마 8:28), "예수께서 배에 오르사 건너가 본 동네에 이르시니"(마 9:1), "예수께서 그 곳을 떠나"(마 9:9), "그 때에"(마 9:14), "예수께서 이 말씀을 하실 때에"(마 9:18), "예수께서 거기에서 떠나가실새"(마 9:27), "그들이 나갈 때에"(마 9:32) 등과 같은 구절들과 문맥을 보면 연속된 사건들임을 알 수 있습니다. 그런데 이러한 일련의 사건들이 하루 낮 12시간 안에 이루어질 수 없이 많습니다. 그러면 마태복음 8:18부터 9:34까지 하루에 다 할 수 없이 많은 사건을 연속적으로 일어난 일로 기록된 네 복음서(마태복음)에 모순이 있는 것인가요?

본 저자는 배로 가다라 지방에 갈 때와 돌아올 때 밤 시간을 이용하셨으리라 생각합니다. 당시 그 배의 속도를 알 수 없지만 가다라 지방까지 약 20km 갈릴리 바다를 이동한다고 볼 때 정상적이라면 수 시간 걸립니다. 밤 시간에 배로 이동한다면 제자들이 교대로 노를 젓고 (아니면 돛을 조정하고) 다른 사람들은 잠을 잤을 것입니다. 예수님도 주무시고 계셨습니다(마 8:24). 예수님이 배에서 주무신 것은 밤 시간이었기 때문으로 보입니다. 일반적으로 예수님이 배에서 주무신 것을 일을 많이 하셔서 낮에도 틈만 나면 조는 일꾼의 모습으로 성경을 배워 왔습니다. 그 설명이 틀리지는 않다고 생각하지만 밤 시간에 교대하여 바다를 건너가고 나머지는 교대로 잠을 자지 않았나 하는 것이 더 합리적 추론입니다. 여하튼 예수님이 쉼 없이 일하셨고, 잠자리가 참 부실하셨다는 생각은 맞는 것 같습니다. 그런데, 가는 중에 바다에 큰 놀이 일어나 배가 물결에 덮이게 되었고 주무시는 예수님을 깨워야 했습니다. 아주 오랜 시간, 아마도 밤새 바다에서 시간을 보냈을 것으로 보입니다. 또 돌아올 때도 밤 시간을 이용하여 가버나움에 도착하였고, 예수님이 집에 계신다는 소문에 많은 사람이 왔고, 또 이들을 가르치셨고 등등 사건의 연속이 이와 같습니다. 본 저자는 연속된 이 일들에 모두 3일이 소요된 것으로 판단합니다(표 4-2). 즉, 갈릴리 해변에서 하루, 밤새 이동과 가다라 귀신 들린 자 둘을 고치심과 떠나가시기를 간청함까지 또 하루, 다시 배로 가버나움으로 오셔서 있었던 사건들에 하루, 이렇게 판단하였습니다.

(하네복 40~43쪽) 가면서 전파하여 말하되 천국이 가까이 왔다 하고

예수님은 모든 도시와 마을에 두루 다니사 그들의 회당에서 가르치시며 천국 복음을 전파하시며 모든 병과 모든 약한 것을 고치셨습니다(마 9:35). 무리를 보시고 불쌍히 여기셨는데, 마치 목자 없는 양이 고생하며 기진한 것과 같다고 보셨습니다. 예수님은 몸소 무리(양)를 찾아다니셨고 제자들도 그렇게 하도록 교육하시고, 실전에 체험케 하셨습니다. 예수님은 자신이 이렇게 하신 것과 같이 제자들에게도 그렇게 하라고 보내십니다(마 10:1-11:1).

열두 제자를 부르사 더러운 귀신을 쫓아내며, 모든 병과 모든 약한 것을 고치는 권능을 주셔서 보내십니다(마 10:1). 예수님은 마태복음 10장 전체에서 열두 제자를 보내시며 길게 말씀하십니다. 열두 사도의 이름이 이 곳에 처음 등장합니다(마 10:2-4). 그러나 아직 사도로 임명하신 것은 아닙니다. 여기서는 명단만 나온 것입니다. 한 해가 지난 후 갈릴리 II 사역에서 임명하시는 장면이 나옵니다(막 3:14/눅 6:13).

예수님이 길게 말씀하시는 내용은 크게 5가지 주제로 나눌 수 있습니다. 첫째, 마태복음 10:5-15에서 지금 바로 나가면 누구에게 가며, 무엇을 전하며, 무엇을 가져가지 말고, 먹을 것과 잠자리를 어떻게 해결하며, 그들이 영접하지 않으면 어찌하라 이러한 내용으로 당부하여 보내십니다. 둘째, 마태복음 10:16-23에서 나가서 박해를 당하게 될 것을 말씀하십니다. 그러나 나가서 말할 때 아버지의 성령께서 할 말을 주시고 말씀하시는 것임을 알려 주십니다. 셋째, 마태복음 10:24-33에서 이런 박해에도 두려워하지 말라고 하십니다. 넷째, 마태복음 10:34-39에서 세상에는 하물며 가족 간에도 불화가 있을 것을 말씀하십니다. 다섯째, 마태복음 10:40-42에서 너희를 영접하는 것은 예수님을 또 하나님을 영접하는 것임을 말씀하십니다. 이렇게 열두 제자에게 명하여 말씀하시고 그들의 여러 동네에서 가르치시며 전도하시려고 떠나가셨습니다.

(하네복 43~44쪽) 죽은 자가 살아나며 가난한 자에게 복음이 전파된다 하라

이즈음에 세례 요한이 옥에서 그리스도께서 하신 일을 듣고 제자들을 예수님께 보냈습니다(마 11:2-6). 그러면서 그들이 한 말은 "오실 그

이가 당신이오니이까 우리가 다른 이를 기다리오리이까"(마 11:3)이었습니다. 세례 요한이 당시 이스라엘을 대표한다고 생각할 수도 있으며, 더구나 선지자이며, 예수님이 '세상 죄를 지고 가는 하나님의 어린 양'이심을 증거한 사람입니다. 그러나 그가 옥에서 '그리스도가 하신 일'을 듣고 제자들을 보내어 한 질문입니다. 이것으로 우리는 세례 요한뿐 아니라 온 이스라엘이 기대하는 메시야와 그들의 눈앞에 계신 예수님의 모습에서 큰 차이를 느끼고 있음을 알 수 있습니다. 구약의 성경과 그 안에서 미래를 바라는 이스라엘 백성들의 메시야를 바라고 간절히 기다림은 눈앞에 계신 예수님, 겸손하고 조용히 천국 복음을 전하시는 그런 분이 아니었습니다. 그들은 하나님께서 보내실 메시야를 역경 가운데 있는 이스라엘을 구하실 분으로 기대하였습니다. 그래서 세례 요한조차도 눈앞에 계신 예수님이 그분이신가 헷갈렸던 것입니다. 세례 요한이 처음 사역을 시작했을 때의 선포는 마태복음 3:2 "회개하라 천국이 가까이 왔느니라 …"였습니다. 세례 요한은 예수님의 사역을 시작하심을 보고 '천국'에 대한 기대가 컸을 것입니다. 시간이 흘렀지만 예수님은 세례 요한의 기대와 다르게 사역을 하셨습니다.

그들에 대한 예수님의 답하심은 마태복음 11:4-5 "너희가 가서 듣고 보는 것을 요한에게 알리되 맹인이 보며(마 9:27, 사 35:5) 못 걷는 사람이 걸으며(마 9:6, 사 35:6) 나병환자가 깨끗함을 받으며(마 8:2) 못 듣는 자가 들으며(사 35:5) 죽은 자가 살아나며(마 9:25) 가난한 자에게 복음이 전파된다(사 61:1) 하라 누구든지 나로 말미암아 실족하지 아니하는 자는 복이 있도다 하시니라"였습니다. 예수님은 이사야서에 예언된 말씀들을 통해 말씀하십니다. 마태복음 11:4-5 말씀과 같이 메시야가 오셔서 하실 일들이 예수님에게서 분명히 나타났지만, 세례 요한은 혼란스러웠습니다. 그는 다른 모습의 메시야를 그렸습니다. 세례 요한은 예수님이 답하신 말씀에 완전히 공감하지는 못하게 됩니다. 다음 해에 또 한 번 제자들을 예수님께 보내어 같은 질문을 하게 됩니다(눅 7:18-23). 이스라엘은 구약 성경에서 예수님의 오심을 두 번으로 구분하여 읽지 못하였으므로 이스라엘이 당시에 오신 예수님의 행하심을 이해하지 못했던 것 같습니다. 지금의 우리는 구약 성경과 함께 신약 성경을 받아 가지고 있으므로, 예수님의 한 번 오셨음을 알고 있으며, 다시 오심을 기다립니다. 그렇지만 우리도 다시 오실 예수님을 바르게 영접할 수 있도록 겸손히 살펴야 하겠습니다.

그들이 떠나고 예수님은 세례 요한이 선지자보다 나은 자이며, 하나님의 사자로서 예수님의 앞에 길을 준비하는 자이며, 여자가 낳은 자 중에 큰 자이며, 오리라 한 엘리야가 곧 그(세례 요한)라고 하셨습니다(마 11:7-15). 그리고 무관심한 이스라엘에 대하여(마 11:16-19), 회개하지 않는 고라신 벳새다 가버나움에 대해 책망하셨습니다(마 11:20-24). 이러한 일들이 아버지의 뜻으로 되는 것임을 말씀하십니다(마 11:25-30).

2-4. 갈릴리 II 사역

(하네복 45~47쪽) 예수님에 대한 증언

유대인의 명절에 예수님께서 예루살렘에 올라가셨습니다(요 5:1). 이 명절은 부림절이 아닐까? 생각합니다. 그렇게 생각하는 이유는 뒤(4. 공생애 삼 년 반)에서 다루도록 하겠습니다. 부림절의 기원은 에스더서에 나옵니다. 부림절은 유대력 12월 14, 15일입니다(에 9:21). 유월절 한 달 전입니다. 그래서 이즈음 한 해가 지나고 있다고 보입니다. 가버나움에서 예루살렘에 가려면 걸어서 6일 정도 소요됩니다. 안식일에는 먼 곳을 여행하지 않으므로 결국 1주일이 소요됩니다. 왕복으로 2주일입니다. 그러므로 당시 일반적으로 유대인 남자가 멀리서 부림절에 예루살렘에 갔다면 (율법에 따라 유월절에 예루살렘에 가야 하므로) 유월절까지 예루살렘에 있으려고 하지 않을까 생각합니다. 또 만일 그 일반인이 멀리서 유월절에 예루살렘에 갔다면 (율법을 따르면 칠칠절에 예루살렘에 가야 하므로) 칠칠절(오순절)까지 예루살렘에 있을 계획을 세울 수도 있습니다. 왜냐하면 유월절과 무교절 마지막 날 성회(유대력 1월 21일)까지 보내면 칠칠절(오순절)까지 50일도 채 남지 않기 때문입니다. 그 기간이 더 짧을 수도 있는데, 그러면 왕복 14일을 두 번 왕래하는 것보다 좀 더 기다렸다가 칠칠절까지 예루살렘에 머무는 것이 나을 수 있습니다. 당시 유대인 남자는 율법에 정한 대로(출 23:14-17, 34:18-23, 신 16:16) 매년 3번, 즉 무교절, 칠칠절, 초막절에 예루살렘에 올라가야 했습니다. 유대인 남자로서 그 시대에 율법을 따라 사는 것이 쉽지 않아 보입니다. 예수님은 유대인으로 오셨으므로 유대인의 율법을 따라서 사셨다고 생각합니다. 그러나 네 복음서에는 예수님이 이 명절들에 예루살렘에 올라가신 것이 낱낱이 기록되지 않았습니다. 그러나 《하모나이즈드 네 복음서》는 예수님이 율법에 있는 그대로 1년에 3번(무교절, 칠칠절, 초막절) 예루살렘에 올라가셨다고 생각하고 엮어졌습니다.

예루살렘 양문 곁에 베데스다 못에 있는 행각에서 38년 된 병자를 낫게 하십니다(요 5:2-18). 예수님은 그에게 일어나 네 자리를 들고 걸어가라 하셨습니다(요 5:8). 그 사람이 곧 나아서 자리를 들고 걸어갔습니다. 그런데 그가 안식일에 자리를 들고 걸어가는 모습이 다른 사람들 눈에 확 띄었습니다. 유대인들은 누가 그에게 안식일에 자리를 들고 걸어가라 했는지 조사하였습니다. 그리고 그가 예수님이심을 알게 되었습니다. 그들은 예수님이 안식일에 그 일을 행하신다고 하며 박해했습니다(요 5:16). 예수님은 그들에게 "내 아버지께서 이제까지 일하시니 나도 일한다"(요 5:17) 하셨고 유대인들은 하나님을 자기 아버지라고 했다 하여 예수님을 죽이고자 하였습니다. 이 때가 유대인들이 예수님을 죽이고자 하는 순서상 두 번째 기록입니다. 첫 번째는 예수님께서 나사렛에 공생애 처음 방문했을 때입니다(눅 4:28-30).

요한복음 5:19-30에서 예수님은 아버지께서 하시는 일을 보지 않고는 아무 것도 스스로 할 수 없다고 하십니다. 아버지께서 행하시는 것을 아들에게 보이셨고 그 일을 아들도 한다고 하십니다. 그 중에 한 가지를 대표로 말씀하시는데, 아들의 음성으로 죽은 자가 살아날 것임을 말씀하십니다. 또한 심판을 아버지께서 맡기셨고, 예수님은 보내신 이의 뜻대로 한다고 하십니다. 그러므로 예수님의 심판은 의로우십니다.

요한복음 5:31-47에서 예수님은 예수님을 위한 증거에 대해 말씀하십니다. 세례 요한이 예수님을 증거한 사람이 맞다고 하십니다. 그러나 예수님이 취하시는 증거는 사람의 증언이 아니라고 말씀하십니다. 이 말씀은 예수님이 세례 요한을 무시한다는 내용이 아닙니다. 하여간 예수님이 말씀하시는 증거는 3가지입니다. 첫째, 아버지께서 주셔서 이루게 하시는 역사가 증거입니다. 예수님이 세례 요한의 질문에 대해서 답하실 때도 그 하시는 역사(마 11:4-5)를 증거로 말씀하셨습니다. 둘째, 아버지께서 친히 예수님을 위하여 증언하신 것입니다. 이것은 예수님이 세례를 받으실 때(마 3:17/막 1:11/눅 3:22)와 변화 산(마 17:5/막 9:7/눅 9:35)에서, 그리고 종려주일(요 12:28)에 있었습니다. 셋째, 성경입니다. 예수님은 성경 중에서 모세의 글을 언급하십니다(요 5:46). 그러나 예수님에 대한 구약 성경에 미리 주신 말씀이 모세오경에만 있다는 뜻은 아니고 모든 종류의 구약 성경에서 예수님을 증거합니다.

(하네복 47~50쪽) 안식일

밀밭 사이로 가시다가 제자들이 시장하여 이삭을 잘라 먹는 장면이 나옵니다(마 12:1/막 2:23/눅 6:1). 이 날이 안식일이므로 안식일에 밀 이삭을 잘랐다고 바리새인들이 예수님께 항의합니다. 밀이 익는 시기는 칠칠절(오순절)쯤입니다. 이스라엘의 곡식 추수는 두 가지가 있습니다. 먼저는 보리 추수로서 보통 유대력 1월 중에 있으며 추수한 첫 이삭 한 단을 제사장에게 가져가면 제사장이 안식일 이튿날(초실절) 흔듭니다(레 23:10-11). 그다음은 밀 추수로서 보리 첫 이삭을 가져온 날부터 일곱 안식일을 채우고 이튿날로 이 날이 칠칠절입니다. 이 때에는 밀 십분의 이 에바로 고운 가루에 누룩을 넣어서 구운 것으로 떡 두 개를 가져다 흔듭니다(레 23:17). 아마도 성전에서 흔들어 하나님께 드리고 나머지 들판의 곡식을 추수하여 마음껏 먹었을 것입니다. 그러므로 제자들이 시장하여 밀 이삭을 잘라 먹었다는 것은 이미 칠칠절이 지났다는 뜻으로 보입니다. 칠칠절 절기가 막 지나고 예수님께서 제자들과 갈릴리로 다시 오셨으며, 안식일에 제자들이 시장하여 이삭을 잘라 먹었습니다.

첨언하면, 앞서 부림절에 38년 된 병자를 낫게 하신 후 칠칠절까지 약 석 달간 아무 기록이 없으며, 연말과 연초, 즉 1년이 지나고 있습니다. 이것은 《하모나이즈드 네 복음서》에서 관찰됩니다. 네 복음서에 2번의 유월절 기록밖에 없지만, 부림절에서 칠칠절까지의 (사이에 유월절 기록이 없지만) 한 해가 지나는 것을 추정할 수 있습니다. 그러면 1년을 더하여 예수님의 공생애가 '이 년 반'이 아니라, '삼 년 반'이 됩니다. 요한복음 5:1의 밀 추수에 앞선 유대인의 한 명절은 (유월절이 아니라면) 부림절이 맞을 수밖에 없습니다.

마태복음 12:9-14에서 밀 이삭을 자른 '같은' 안식일에 예수님은 회당에서 한 손 마른 사람을 고치십니다. 예수님은 안식일에 구덩이에 빠진 양 한 마리를 끌어내는 것처럼, 사람이 양보다 얼마나 더 귀하냐 그러므로 안식일에 선을 행하는 것이 옳다고 하십니다.

마태복음 12:15-21에서 기록자 마태는 이사야의 글을 가져와 상한 갈대를 꺾지 아니하며 꺼져가는 심지를 끄지 아니하기를 심판하여 이길 때까지 하시는 예수님의 성품을 전합니다.

마태복음 12:22-37에서 예수님은 귀신 들려 눈 멀고 말 못하는 사람을 고쳐 주셨습니다. 바리새인들은 이 일이 귀신의 왕 바알세불을 힘입어 귀신을 쫓아내는 것이라고 하였습니다.

마가복음 3:1-6/누가복음 6:6-11, 다시 '다른' 안식일에 회당에서 오른손 마른 사람을 고치십니다. 다른 안식일이라고 하고 있으므로 마태복음 12:9-14의 사건과 다른 사건입니다. 마가복음과 누가복음의 기술 내용은 서로 같고, 마태복음은 다릅니다(검증 #1). 그러나 상황들이 너무 비슷하여 다른 사건이라고 하기 어려워 《하모나이즈드 네 복음서》로 읽지 않으면 같은 사건으로 보아 왔을 것입니다.

(하네복 50쪽) 12사도를 세우심

어느 날 예수님은 산에 오르사 밤이 새도록 기도하시고, 밝으매 제자들 중에서 자기가 원하는 자들을 택하여 사도로 세우십니다(막 3:13-19/눅 6:12-16). 예수님께서 열둘을 사도로 세우신 것이 지금, 즉 갈릴리 II 사역 때였습니다. 아마도 베드로를 비롯한 처음 제자들을 부르실 때로부터 1년 정도 지난 시점일 것입니다. 예수님은 아버지께 순종하시고 아버지의 뜻을 따라 사셨고, 자신의 뜻을 행하심이 없다고 하셨습니다. 예수님께서 중요한 일을 앞두고 기도하시는 것이 여러 번 나옵니다. 그 중에서도 제자들 중에서 열둘을 사도로 세우시는 일은 아주 중요한 일이었고 이 일을 위하여 밤새도록 기도하신 것으로 보입니다(눅 6:12).

예수님이 기도하신 것이 언급되거나 실제 기도하시는 장면이 《하모나이즈드 네 복음서》에 모두 12회 나옵니다. 첫째, 예수님이 세례를 받으실 때입니다(눅 3:21). 둘째, 갈릴리 I 사역 시에 새벽에 기도하십니다(막 1:35). 셋째, 갈릴리 I 사역 시에 물러가사 한적한 곳에서 기도하십니다(눅 5:16). 넷째, 갈릴리 II 사역 시에 산으로 가사 밤이 새도록 하나님께 기도하시고 밝으매 그 제자들을 부르사 그 중에서 열둘을 택하여 사도라 칭하십니다(눅 6:12-13). 다섯째, 오병이어에서 하늘을 우러러 축사하십니다(마 14:19/막 6:41/눅 9:16/요 6:11). 여섯째, 갈릴리 II 사역 시 오병이어 직후에 무리를 보내신 후 기도하러 산으로 가십니다(마 14:23/막 6:46). 일곱째, 갈릴리 III 사역 시에 빌립보 가이사랴에 계실 때 따로 기도하십니다. 그리고 제자들에게 너희는 나를 누구라 하느냐 물으십니다(눅 9:18). 여덟째, 갈릴리 III 사역 시에 변화 산에 기도하러 올라가십니다. 기도하실 때에 용모가 변화되십니다(눅 9:28-29). 아홉째, 공생애 4년 차 유대 사역 시에 한 곳에서 기도하십니다(눅 11:1). 열째, 공생애 5년 차 다락방에서 음식 잡수실 때 기도하십니다(마 26:27/막 14:23/눅 22:17, 19). 열한째, 베드로를 위한 기도(눅 22:32)가 있습니다. 열두째, 겟세마네에서 3번 기도하십니다(마 26:36, 39, 42, 44/막 14:32, 38-39/눅 22:41, 44).

기록된 이러한 내용들을 분석한다면 평상시 기도(둘째, 셋째, 여섯째, 아홉째), 감사 기도(다섯째, 여덟째, 열째), 어떤 중요한 일을 앞두고 기도(첫째, 넷째, 일곱째, 열두째), 절박한 상황 속에서 기도(열두째), 새벽 기도(둘째)로 구분해 볼 수 있습니다(중복 평가됨). 요한복음에는 기도하신 내용이 축사하신 내용으로 1회 나옵니다(다섯째).

(하네복 51~53쪽) 평지수훈

예수님이 산에서 제자 열둘을 사도로 세우시고 그들과 함께 내려오사 평지에 서셨습니다(눅 6:17). 제자의 많은 무리와 사방에서 온 많은 백성도 있었습니다. 온 무리가 예수님을 만지려고 애쓰고, 예수님은 모든 사람을 낫게 하셨습니다. 그리고 눈을 들어 제자들을 보시고 누가복음 6:20부터 49까지 말씀하십니다. 이 부분을 평지수훈이라 부르기도 합니다. 이 평지수훈은 산상수훈보다 짧지만 역시 평지에 서시는 장면과 말씀을 마치시고 가버나움으로 들어가시는 장면(눅 7:1)이 기록되어 있습니다. 평지수훈의 말씀 내용이 산상수훈과 많이 겹치지만 각각 다른 때에 있었던 다른 사건입니다. 오히려 산상수훈과 평지수훈의 내용이 많이 겹치는 것을 통해서 우리는 예수님이 반복 교육하신 것으로 이해해야 합니다.

평지수훈의 내용을 나누어 보면, 다음과 같습니다.

(1) 복과 화	누가복음 6:20-23, 24-26
(2) 하라·말라	누가복음 6:27-38
(3) 비유	누가복음 6:39-45
(4) 결론	누가복음 6:46-49

평지수훈은 산상수훈보다 분량에서 적습니다. 그리고 형식에 있어서 단순합니다. 산상수훈의 8복은 평지수훈에서 3복으로 가르치셨고, 3개의 화가 추가되었습니다. 평지수훈의 '(2) 하라·말라, (3) 비유'는 산상수훈의 '(3) 너희는 들었으나 나는 너희에게 이르노니, (4) 말라, (5) 하라'를 간략히 기록하고 있습니다(산상수훈 참고). (4) 결론은 평지수훈과 산상수훈이 같습니다.

(하네복 53쪽) 어떤 백부장의 사랑하는 종

평지수훈 후에 예수님은 가버나움에 들어가셨습니다(눅 7:1). 어떤 백부장의 사랑하는 종이 병들어 죽게 되었는데 유대인의 장로 몇 사람이 와서 그 종을 구해 주시기를 청하였습니다. 예수님께서 함께 가시는데, 또 백부장이 벗들을 보내어 말씀만 하셔서 낫게 해 달라고 요청하였습니다. 예수님은 이방인 백부장의 믿음을 보시고 이스라엘 중에서도 이만한 믿음은 만나보지 못하였다고 말씀하셨습니다(눅 7:9). 종은 병이 나았습니다.

(하네복 53~54쪽) 나인성 과부의 아들을 살리심

예수님이 나인성으로 가고 계셨습니다(눅 7:11). 성문에 가까이 이르셨을 때 사람들이 한 죽은 자를 메고 나오고 있었습니다. 이는 한 어머니의 독자였으며, 그 어머니는 과부였습니다. 예수님은 가까이 가셔서 그 관에 손을 대시고 "청년아 내가 네게 말하노니 일어나라"(눅 7:14) 하셨습니다. 죽었던 자가 일어나 앉았고 말도 하였습니다. 이 부분도 유대인의 율법에 따르면 죽은 자에게 닿아서 부정하게 되므로 손을 대지 않아야 합니다(민 19:11-13). 그러나 예수님은 권능으로 죽은 사람을 살리셨습니다. 이 소문이 온 유대와 사방에 두루 퍼졌습니다.

(하네복 54~55쪽) 가난한 자에게 복음이 전파된다 하라

누가복음 7:18-23, 세례 요한의 제자들이 이 모든 일을 옥에 있는 요한에게 알렸습니다. 요한은 제자 중 둘을 불러 오실 그이가 당신이오니이까 우리가 다른 이를 기다리오리이까 하고 예수님께 묻게 하였습니다. 마침 그 때에 예수께서 질병과 고통과 및 악귀 들린 자를 많이 고치시며 또 많은 맹인을 보게 하셨습니다. 예수님께서 대답하셨습니다. "너희가 가서 보고 들은 것을 요한에게 알리되 맹인이 보며 못 걷는 사람이 걸으며 나병환자가 깨끗함을 받으며 귀먹은 사람이 들으며 죽은 자가 살아나며 가난한 자에게 복음이 전파된다 하라"(눅 7:22). 예수님은 자신의 사역에서 메시야를 통하여 이루어질 구약의 예언이 이루어짐을 보도록 하십니다. 그러나 세례 요한이 기대하고 이해하고 있는 메시야는 예수님이 보여 주시는 모습과 많이 달랐습니다.

예수님의 메시야이심의 증거는 구약의 예언이 이루어진 것을 보면 될 것입니다. 이사야서에 그 예언이 많이 있습니다(사 35:5-6, 61:1-3). 이사야 35:1-4에는 "광야와 메마른 땅이 기뻐하며 사막이 백합화 같이 피어 즐거워하며 무성하게 피어 기쁜 노래로 즐거워하며 … 그것들이 여호와의 영광 곧 우리 하나님의 아름다움을 보리로다 … 보라 너희 하나님이 오사 보복하시며 갚아 주실 것이라 하나님이 오사 너희를 구하시리라 하라" 하였으며, 이사야 35:5-6 "그 때에 맹인의 눈이 밝을 것이며 못 듣는 사람의 귀가 열릴 것이며 그 때에 저는 자는 사슴 같이 뛸 것이며 말 못하는 자의 혀는 노래하리니 이는 광야에서 물이 솟겠고 사막에서 시내가 흐를 것임이라" 하였습니다. 이사야 61:1-2 "주 여호와의 영이 내게 내리셨으니 이는 여호와께서 내게 기름을 부으사 가난한 자에게 아름다운 소식을 전하게 하려 하심이라 나를 보내사 마음이 상한 자를 고치며 포로된 자에게 자유를, 갇힌 자에게 놓임을 선포하며 여호와의 은혜의 해와 우리 하나님의 보복의 날을 선포하여 모든 슬픈 자를 위로하되", 이 말씀도 예수님을 통해 이루어졌습니다. 이 말씀은 이미 누가복음 4:16-21 공생애 시작 후 첫 방문 하신 나사렛에서 안식일에 회당에 들어가사 이사야서에서 찾아 읽으신 말씀입니다. 메시야의 오셔서 하실 일들을 통해 세례 요한이 깨닫도록 하고 계십니다. 세례 요한은 고통하는 현실의 이스라엘을 역경에서 구하실 예수님이 더 간절히 필요하여 지금의 예수님의 모습에 대한 예언을 간과하지 않았나 생각됩니다.

그들이 돌아간 후 예수님은 세례 요한에 관하여 여러 말씀을 하십니다(눅 7:24-35). 세례 요한이 예수님 앞에서 예수님의 길을 준비하였음을 말씀하십니다. 여자가 낳은 자 중에 요한보다 큰 자가 없다 하십니다.

(하네복 55~56쪽) 그의 많은 죄가 사하여졌도다

한 바리새인이 예수님을 식사에 초대하였습니다. 그의 집에 들어가 앉으셨습니다. 그 동네에 죄를 지은 한 여자가 향유 담은 옥합을 가지고 와서 예수님의 뒤로 그 발 곁에 서서 울며 눈물로 그 발을 적시고 자기 머리털로 닦고 그 발에 입맞추고 향유를 부었습니다(눅 7:38). 이 여자가 그렇게 한 이유는 많은 죄가 사함을 받았기 때문입니다. 그 여자는 많은 죄의 사함을 받았고, 많은 사랑이 있었습니다.

이 때는 갈릴리 II 사역 때입니다. 예수님의 십자가 지심과 죽으심까지는 햇수로 2년 남았습니다. 예수님은 이 향유 부음에 대하여 자신의 장례를 위함이라는 말씀을 하지 않으셨습니다. 예수님이 자신의 장례를 위함으로 받아 주시는 때는 베다니에서 십자가를 지시기 며칠 전에 있게 됩니다.

(하네복 56~57쪽) 각 성과 각 마을에 두루 다니시며

예수님의 사역은 세례 요한이 보낸 제자들에게 말씀하신 것과 같이 병 고치는 사역과 오병이어와 같은 이적을 보이시는 사역뿐 아니라 말씀을 가르치시는 사역과 복음을 전하시는 사역이 있습니다. 이러한 일들을 위해 예수님은 각 성과 마을에 두루 다니시며 하나님의 나라를 선포하시며 그 복음을 전하셨습니다(눅 8:1). 열두 제자가 예수님과 함께 하였습니다. 일곱 귀신이 나간 자 막달라 마리아, 헤롯의 청지기 구사의 아내 요안나와 수산나와 다른 여러 여자가 함께 하여 자기들의 소유로 그들을 섬겼습니다(눅 8:2~3).

각 동네 사람들이 예수님께 나아와 큰 무리를 이루었습니다. 예수님은 비유로 가르치셨습니다(눅 8:4-18). 씨 뿌리는 자의 비유를 말씀하셨습니다. 제자들이 이 비유의 뜻을 물었습니다. 예수님이 이 비유의 뜻을 알려 주셨습니다.

(하네복 57~60쪽) 누구든지 하늘에 계신 내 아버지의 뜻대로 하는 자

예수님이 집에 들어가시니 무리가 다시 모였습니다(막 3:20). 예수님의 친족들이 예수님을 붙들러 왔습니다. 그들은 예수님이 미쳤다고 하였습니다. 친족들에겐 예수님이 하시는 일이 이스라엘 가운데 행하시는 하나님의 은혜의 일로 보이지 않았습니다.

또한, 예루살렘에서 서기관들이 내려왔습니다(막 3:22). 이들은 예수님이 바알세불이 지폈다, 귀신의 왕을 힘입어 귀신을 쫓아낸다고 하였습니다. 이들에 대하여 예수님은 마가복음 3:27 "사람이 먼저 강한 자를 결박하지 않고는 그 강한 자의 집에 들어가 세간을 강탈하지 못하리니 결박한 후에야 그 집을 강탈하리라" 하셨습니다. '귀신이 쫓겨난 것은 귀신 들린 자를 붙잡고 있는 강한 자가 결박당했기 때문에 일어난 일이다'라고 말씀하십니다. 예수님이 병을 낫게 하고 귀신을 쫓아내는 것은 예수님이 세상에 오심으로 하나님의 나라가 임하였고, 임하실 것을 보여 주는 사건입니다.

또 서기관과 바리새인 중 몇 사람이 표적 보여주시기를 요청하였습니다(마 12:38). 예수님은 선지자 요나의 표적을 말씀하십니다. 마태복음 12:40 "요나가 밤낮 사흘 동안 큰 물고기 뱃속에 있었던 것 같이 인자도 밤낮 사흘 동안 땅 속에 있으리라", 이 말씀은 예수님이 죽으시고 무덤에서 밤낮 사흘 머무시고 살아나실 것을 의미합니다.

또 예수님의 어머니와 동생들이 와서 밖에 서서 예수님을 불렀습니다(마 12:46/막 3:31/눅 8:19). 예수님 어머니 마리아와 동생들이 이 때 왜 예수님을 찾아왔는지 내용은 없습니다. 그러나 이 일로 예수님은 "하늘에 계신 내 아버지의 뜻대로 하는 자가 내 형제요 자매요 어머니이니라"(마 12:50) 하셨습니다.

그 날 예수님은 바닷가에 앉으사 가르치셨습니다. 큰 무리가 모이게 되어 예수님은 배에 올라 앉으시고 온 무리는 바닷가 육지에 있게 되었습니다. 예수님은 이 날 또 얼마 전에 하신 '씨를 뿌리는 자의 비유'로 가르치십니다(마 13:1-9/막 4:1-9). 제자들이 그 뜻을 묻고 예수님이 설명하십니다. 더하여 등불과 씨가 나서 자람의 비유를 말씀하십니다.

(하네복 60~62쪽) '천국은'

예수님은 '천국은' 하시며 여러 비유로 말씀하십니다. 가라지, 겨자씨 한 알, 누룩의 비유들입니다. 특히 제자들은 가라지의 비유를 예수님께 설명해 달라고 하였습니다(마 13:36-43). 예수님은 또 '천국은' 하시며, 밭에 감추인 보화, 좋은 진주를 구하는 장사, 바다에 치고 각종 물고기를 모는 그물의 비유들을 말씀하십니다. 그리고 덧붙여서 마태복음 13:52 "예수께서 이르시되 그러므로 천국의 제자된 서기관마다 마치 새것과 옛것을 그 곳간에서 내오는 집주인과 같으니라" 하셨습니다.

(하네복 62~63쪽) 거라사인의 땅

마가복음 4:35에서는 그 날 저물 때라고 하였습니다. 앞에서 비유로 가르치신 바로 그 날 오후 늦은 시간으로 보입니다. 예수님이 저편으로 건너가자 하셨고 배에 계신 그대로 모시고 갔습니다. 다른 배들도 함께 하였습니다. 가는데 마침 광풍이 호수로 내리치매 배에 물이 가득하게 되어 위태하였습니다. 예수님은 고물에서 베개를 베고 주무시고 계셨습니다. 제자들이 예수님을 깨워, 주여 주여 우리가 죽겠나이다 하였습니다. 예수님께서 깨어 바람과 물결을 꾸짖으셨습니다. 바람이 그치고 아주 잔잔하여졌습니다.

그들이 맞은편 거라사인의 땅에 도착하였습니다. 지난번 가다라 땅과는 다른 곳입니다. 그런데 지난번처럼 도중에 광풍을 만나서 같은 상황이 연출되었습니다. 이번에도 오후 늦게 출발하였고 거라사인의 땅에 도착하였습니다. 거라사인의 땅에서 있었던 돼지들의 몰살과 주민들이 오는 상황들은 낮 시간으로 보입니다. 따라서 배로 이동한 시간은 밤이었다고 추정이 됩니다.

더러운 귀신 들린 자 하나가 있었고 그의 이름이 군대라고 하였습니다. 예수님께서 허락하셔서 귀신들이 그 사람에게서 나와 돼지에게로 들어가 돼지들이 호수로 들어가 몰사하였습니다. 사람들이 와서 그 이루어진 일들을 봤습니다. 예수님께 떠나가시기를 구하였습니다.

(하네복 64~65쪽) 회당장 야이로

예수님이 배를 타고 다시 맞은편으로 건너가셨습니다. 무리들이 환영하였고 다 기다리고 있었습니다. 바닷가에 계시더니 회당장 야이로가 와서 자기 외딸이 죽어 가니 자기 집에 와 달라고 하였습니다(막 5:21-43/눅 8:40-56). 가시는 중에 열두 해를 혈루증으로 앓아 온 한 여자가 예수님 옷 가에 손을 대었습니다. 여자는 병에서 놓여 건강하게 되었습니다. 이 때에 회당장의 집에서 사람들이 와서 딸이 죽었음을 알렸습니다. 예수님이 그 집에 이르러 그 아이의 손을 잡고 "달리다굼" 하시니 열두 살 소녀가 살아났습니다. 이 곳에서도 예수님은 죽은 아이의 손을 잡으십니다(막 5:41/눅 8:54). 그러나 예수님이 부정하게 되는 것이 아니라, 예수님의 권능이 죽은 아이를 살렸습니다.

(하네복 65쪽) 나사렛

예수님이 고향 나사렛에 가셨습니다(마 13:54-58/막 6:1-6). 기록된 것으로는 공생애 두 번째 방문하신 것입니다. 안식일이 되어 회당에서 가르치셨습니다. 사람들이 예수님의 가르치심의 지혜와 능력에 놀랐습니다. 그러나 그들은 그들이 알던 그 목수의 아들, 마리아의 아들 목수라는 선입관으로 예수님을 배척하였습니다. 그들이 믿지 않음으로 거기서 많은 능력을 행하지 아니하셨습니다.

(하네복 65~67쪽) 열두 제자를 보내심

예수님께서 열두 제자를 부르사 둘씩 둘씩 보내셨습니다(막 6:7-12/눅 9:1-6). 제자들이 나가 각 마을에 두루 다니며 곳곳에 복음을 전하며 병을 고쳤습니다. 이즈음 세례 요한이 옥에서 죽임을 당한 것으로 보입니다. 제자들이 나가 많은 귀신을 쫓아내며, 많은 병자에게 기름을 발라 고친 소식을 분봉 왕 헤롯 안디바가 듣고 세례 요한이 죽은 자 가운데서 살아났다 하며 심히 당황해하였습니다.

(하네복 67~72쪽) 오병이어

열두 제자(사도)들이 돌아와 자기들의 행한 것과 가르친 것을 낱낱이 고하였습니다(막 6:30). 예수님은 그들을 따로 한적한 곳으로 가서 쉬도록 하셨습니다. 예수님과 그들이 배를 타고 갈릴리 바다 건너편으로 갔습니다. 출발한 곳은 당시 로마 황제인 디베료의 이름을 딴 디베랴로, 갈릴리 바다의 서쪽 해변에 있습니다. 출발한 곳이 디베랴라는 것은 요한복음 6:1에서 "디베랴의 갈릴리 바다 건너편으로 가시매"라는 표현과 요한복음 6:23 "그러나 디베랴에서 배들이 주께서 축사하신 후 여럿이 떡 먹던 그 곳에 가까이 왔더라"라는 표현에서 짐작할 수 있습니다. 즉, 요한복음 6:1의 표현은 '디베랴에서 갈릴리 바다를 건너서 건너편으로'라는 뜻으로 들리며, 요한복음 6:23은 다음 날이 되어 '(어제의) 그들이 (오늘) 디베랴에서 배 타고 주께서 오병이어로 먹이시던 곳까지 왔다'라고 읽히기 때문입니다. 그러면 (어제의) 그들이 디베랴에 주거지가 있는 사람들임을 알 수 있습니다.

또한 주께서 오병이어로 축사하시고 여럿이 떡 먹던 그 곳은 어디일까요? 즉, 요한복음 6:1의 갈릴리 바다 건너편은 어디일까요? 그 곳은 누가복음 9:10에 벳새다였습니다. 이 곳은 갈릴리 벳새다와 다른 곳입니다. 갈릴리 벳새다는 빌립과 안드레, 베드로의 고향입니다(요 1:44, 12:21). 갈릴리 벳새다는 게네사렛 땅의 동쪽 끝 가버나움 근처로 보입니다.

벳새다는 네 복음서에서 두 군데가 있는 것을 알 수 있습니다. 하나는 오병이어 사건이 있던 벳새다입니다(눅 9:10). 이 곳은 갈릴리 호수로 흘러 들어가는 (상부) 요단 강 동쪽에 있는 곳으로 이방인 지역입니다. 역사상 로마 황제 아구스도의 딸 율리아의 이름에서 비롯되었으며 헤롯 빌립에 의해 '벳새다 율리아'로 명명된 곳입니다. 다른 한 곳은 갈릴리 벳새다(요 1:44, 12:21)입니다. 네 복음서에 등장하는 벳새다는 (오병이어의 벳새다를 제외하고) 모두 갈릴리 벳새다로 보아야 합니다.

예수님과 제자들이 탄 배는 디베랴에서 벳새다 (율리아)로 가고 있었고, 디베랴에서 출발한 무리는 벳새다까지 갈릴리 바다 해변을 도보로 달려왔습니다(막 6:32-33). 구글어스(Google Earth, https://earth.google.com)에서 대략의 거리를 재 보니 디베랴에서 벳새다까지 배가 이동했을 것으로 추정하는 직선거리는 약 12km이며, 해변을 따라 걷는 거리는 약 18km입니다. 그런데, 배보다 달려간 사람들이 먼저 도착했다고 합니다. 18km를 통상적인 사람의 걷는 속도 4km/h로 보면 현대 시간으로 4시간 30분을 걸어야 합니다. 그러면 배의 속도를 유추할 수 있습니다. 즉, 배가 이동한 거리 12km를 4시간 30분에 갔다면 배의 속도는 약 2.7km/h입니다. 그렇다면 당시 예수님이 타신 배는 매우 천천히 이동한 것이 됩니다.

예수님께서 산에 오르시고 제자들과 함께 거기 앉으셨습니다. 큰 무리가 왔고 예수님은 하나님의 나라의 일을 이야기하시며 그 중에 있는 병자를 고쳐 주셨습니다. 날이 저물어 가매 예수님께서 제자들에게 먹을 것을 주라고 하셨습니다. 제자들이 알아보고 떡 다섯 개와 물고기 두 마리를 가져왔습니다. 예수님께서 이것을 가지고 축사하시고 무리에게 나누어 주도록 하셨습니다. 그리하여 남자가 오천 명이나 먹었고 남은 조각을 열두 바구니에 거두었습니다.

오병이어 사건은 네 복음서가 모두 기록하고 있습니다. 따라서, 네 복음서가 어떻게 같고 다른가를 비교하기 좋습니다. 마태, 마가, 누가 복음이 모두 "너희가 먹을 것을 주라"(마 14:16/막 6:37/눅 9:13) 하시는 예수님 말씀을 기록에 담았습니다. 그러나 듣는 12제자는 생각이 각자 복잡했던가 봅니다. 몇몇 제자는 "우리에게 있는 것은 떡 다섯 개와 물고기 두 마리뿐이니이다"(마 14:17) 하며 단순한 반응을 기술합니다. 다른 제자들은 "우리가 가서 이백 데나리온의 떡을 사다 먹이리이까"(막 6:37) 하며 예수님 말씀의 진의가 무엇인가 골몰합니다. 또 다른 제자들은 “이 모든 사람을 위하여 먹을 것을 사지 아니하고서는 할 수 없사옵나이다”(눅 9:13) 하며 아무리 생각을 해도 방법이 없다고 합니다. 이 세 복음서는 복잡한 제자들의 속내를 모두 담아내고 있는 것입니다. 세 복음서와 달리 요한복음은 무리가 다 모이기 전에 예수님이 빌립에게 “우리가 어디서 떡을 사서 이 사람들을 먹이겠느냐”(요 6:5)라고 물으시는데, 빌립은 “각 사람으로 조금씩 받게 할지라도 이백 데나리온의 떡이 부족하리이다”(요 6:7) 하였습니다. 컴퓨터같이 빠르고 정확하게 계산해 냅니다. 이 밖에도 요한복음 6:22-71은 세 복음서에는 없는 이튿날 있었던 사건 기록을 길게 남깁니다. 네 복음서는 각기 독자적으로 완성된 책입니다. 그러나 조화를 시켜 보면 예수님의 의도와 제자들의 많은 속내도 다 담아냅니다.

오병이어 사건(하네복 67~68쪽)과 같이 네 복음서 속 모두에 병행 본문을 갖는 경우는 매우 드뭅니다. 하네복 130쪽에 예루살렘에 입성하시기 위해 나귀를 타시는 장면, 하네복 150쪽에 가룟 유다가 예수님을 넘겨주기 위해 대제사장들과 성전 경비대장들에게 간 일에 대한 내용, 예수님의 겟세마네에 가셔서 기도하시고 붙잡히시는 장면(하네복 163~165쪽), 산헤드린 공회와 빌라도에게 심문받으시는 장면(하네복 165~172쪽), 십자가에 못 박히시는 장면(하네복 172쪽), 무덤에 묻히시는 장면(하네복 175쪽), 여인들이 처음 무덤으로 가는 장면(하네복 176쪽)에서만 네 복음서 병행 본문이 있습니다. 복음서 한 곳에만 기록된 경우와 두 군데, 세 군데, 네 군데 기록된 경우에 중요성에 차이가 있는 것일까? 물론 그럴 수 있을 것 같습니다. 한편 다른 이유로는 예수님의 공생애를 기술하는 데 있어서 전체 네 복음서의 하모니도 중요하지만, 개개 복음서도 각각 완전성(완성도)을 가져야 하므로 예수님 공생애에서 중요한 장면장면은 개개의 복음서가 포함하여 기록하다 보니 이러한 결과를 가져온 것이 아닌가 생각됩니다.

무리들은 오병이어를 체험하고 나서 예수님을 억지로 잡아서 임금 삼으려 하였습니다. 예수님은 제자들을 재촉하여 건너편 (갈릴리) 벳새다로 가게 하시고(막 6:45) 무리와 작별하고 혼자 산으로 떠나가셨습니다. 또 한편, 요한복음 6:17 "배를 타고 바다를 건너 가버나움으로 가는데 …" 하였습니다. 제자들이 탄 배가 가고자 하는 곳이 마가복음의 벳새다인지 요한복음의 가버나움인지, 같은 곳이 두 개의 이름을 갖는 것인지, 아니면 불일치인지, 아니면 두 곳이 아주 가까워서 '벳새다로 간다' 할 수도 있고 '가버나움으로 간다'고 할 수도 있는 것인지, 여러 생각을 하게 합니다.

제자들만 배로 가는데 중간쯤 가서 바람이 거슬러 물결로 말미암아 고난을 당하였습니다. 힘겹게 노를 저었습니다. 이 때 예수님이 바다 위로 걸어서 배에 오셨습니다. 유령인가 하여 두려워하는 상황에서 베드로는 물 위를 걷도록 주님께 요청합니다. 베드로는 걸어 예수님께 가다가 바람을 보고 무서워 물에 빠져 갔습니다. 예수님이 배에 함께 오르시고 바람이 그쳤습니다. 그들이 도착한 곳은 게네사렛 땅입니다(마 14:34/막 6:53). 그런데 요한복음 6:21에서는 배는 곧 그들이 가려던 땅에 이르렀다고 말씀하십니다. 그러면 요한복음 6:17에 따라 가버나움에 도착한 것입니다. 여기서 또 여러 생각을 하게 합니다. 게네사렛 땅이 가버나움인지, 아니면 네 복음서의 불일치인지 더 복잡해졌습니다.

얼핏 보면 네 복음서 간에 불일치가 있다고 할 수밖에 없을 듯합니다.

그러나 다른 기록의 도움을 받도록 하겠습니다. 게네사렛 땅은 갈릴리 바다의 북서쪽에 있는 비옥한 넓은 평야를 말합니다. 요세푸스에 의하면 갈릴리 바다 가장자리를 따라 길이 30펄롱(약 6km), 폭 20펄롱(약 4km)이나 되는 넓은 지역을 말한다고 합니다(요세푸스, 유대전쟁사 3권 516~521). 또한 게네사렛 땅은 아주 좋은 샘에서 물이 흐르는데, 그 곳 주민들은 이 샘을 가버나움이라고 불렀다고 했습니다(요세푸스, 유대전쟁사 3권 520). 그러므로 게네사렛은 넓은 평야를 말하며, (물론 샘 이름이지 마을의 이름이라고 하지는 않았지만) 가버나움은 게네사렛 땅 안, 북동쪽에 있는 곳이라고 보는 것이 맞을 듯합니다. 그리고 갈릴리 벳새다는 가버나움의 다른 이름일 수도 있고, 가버나움 인근의 바닷가에 있는 어촌 마을이라 볼 수도 있겠습니다. '벳새다'는 '물고기의 집'이라는 뜻이므로 바닷가의 어촌 마을이었을 것 같습니다(그림 2).

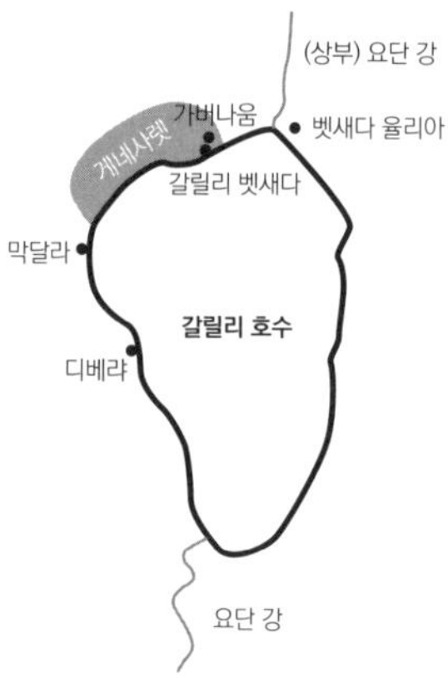

그림 2) 게네사렛, 가버나움, 갈릴리 벳새다, 벳새다 율리아 위치 추정.

정리하면, 오병이어 이적 후 제자들이 배 타고 갈릴리 바다를 건너는 때는 이미 어두웠습니다(요 6:17). 바람이 거스르므로 힘겹게 노를 저었습니다. 밤 사경쯤 되어 예수님이 물 위를 걸어서 배에 오르셨습니다. 사경이면 새벽 3시부터 6시까지를 이르는 시간입니다. 배가 이동한 거리는 전날 낮에 4시간 30분 걸렸던 디베랴에서 건너편 벳새다 율리아까지 거리의 절반도 안 되는 정도입니다. 즉, 벳새다 율리아에서 가버나움까지 현대 시간으로 두 시간이면 갈 수 있는 거리를 밤 사경에야 도착했습니다. 잠시 쉬러 벳새다 율리아에 갔었던 제자들이 밤새 겪은 고생은 이루 말할 수 없었습니다. 밤 4경 내내(12시간) 바다에 있었습니다. 그들이 게네사렛 땅, 가버나움, 갈릴리 벳새다에 도착한 시간은 동틀 무렵이었을 것 같습니다. 이제 어디든 가서 쉬고 잠도 자야 하는 때입니다. 그런데 그 곳 사람들이 예수이신 것을 알고 병자들을 데리고 왔습니다. 무리들은 예수님과 제자들의 상황을 모르고 몰려왔습니다. 예수님은 육신의 한계 상황에서 나아온 병자들을 다 고쳐 주셨습니다(마 14:35-36/막 6:54-56).

한편, 어제 디베랴부터 따라오던 무리들이 예수님을 찾아 나섰습니다. 그들은 가버나움에 배가 한 척밖에 없는 것을 보고 예수님이 떡 먹던 곳에 그저 있으리라고 생각했습니다. 그들은 이번에는 디베랴에서 배들을 타고 어제 떡 먹던 곳(벳새다 율리아)까지 갔다가 거기서 예수님을 만나지 못하자 다시 가버나움으로 와서 예수님을 찾았습니다. 예수님은 이들과 길게 이야기하십니다(요 6:22-59). 그들이 예수님을 이렇게 간절히 찾은 것은 떡을 먹고 배부른 까닭입니다(요 6:26). 떡을 항상 달라고 하였습니다(요 6:34). 그러나 예수님은 참된 양식은 요한복음 6:35 "예수께서 이르시되 나는 생명의 떡이니 내게 오는 자는 결코 주리지 아니할 터이요 나를 믿는 자는 영원히 목마르지 아니하리라" 하셨습니다.

2-5. 갈릴리 Ⅲ 사역

(하네복 73~74쪽) 하나님의 계명, 사람의 전통

오병이어의 사건이 있던 때는 (공생애 4년 차의) 유월절이 가까운 때였습니다(요 6:4). 그런데, 오병이어 사건이 있은 후, 예수님이 유월절에 예루살렘에 가신 기록은 없습니다. 다만, 이 유월절에 예수님이 예루살렘에 가셨으리라는 것을 추측하게 하는 내용이 있습니다. 그것은 요한복음 7:1, 마태복음 15:1/마가복음 7:1입니다(하네복 73쪽). 요한복음 7:1은 "그 후에 예수께서 갈릴리에서 다니시고 유대에서 다니려 아니하심은 유대인들이 죽이려 함이러라", 이 말씀으로 오병이어 사건 이후에 예루살렘에서 무슨 일이 있었으며 이 일로 유대인들이 유대에서 예수님을 죽이려 하였고, 따라서 이후에는 갈릴리에 오래 머무셨다는 뜻이 숨어 있다고 생각합니다. 마태복음 15:1/마가복음 7:1에서는 바리새인들과 서기관들이 예루살렘에서 와서 예수님께 나아왔다고 합니다. 이 말씀도 유월절에 예수님이 예루살렘에 가셔서 무슨 일이 있었고, 더 조사하고자 예루살렘에서 바리새인들과 서기관들이 파견된 것으로 생각할 수 있습니다.

예루살렘에서 바리새인들 혹은 서기관들이 예수님을 조사하기 위하여 파견된 것이 앞서 두 번을 포함하여 3번이 네 복음서에 기록되어 있습니다. 첫 번은 갈릴리 Ⅰ 사역 때에 누가복음 5:17(하네복 38쪽), 두 번째는 갈릴리 Ⅱ 사역 때에 마가복음 3:22입니다(하네복 57쪽). 그리고 지금 갈릴리 Ⅲ 사역 때에 마태복음 15:1/마가복음 7:1입니다(하네복 73쪽). 예루살렘의 종교 지도자들에 의한 감시가 계속 있었고, 갈등이 점점 증가하고 있는 것을 알 수 있습니다.

바리새인들과 서기관들이 예루살렘으로부터 와서 예수님께 물었습니다(마 15:2/막 7:5). "어찌하여 당신의 제자들은 장로들의 전통을 준행하지 아니하고 부정한 손으로 떡을 먹나이까", 장로들의 전통이라 함은 성경(율법)에 없는데 장로들이 더한 것입니다. 하나님의 율법에 사람이 무엇을 빼거나 더할 수 없습니다. 장로들의 전통에 대한 예수님의 뜻은 이 전통이 하나님의 계명이 아니고 사람의 전통이라는 것입니다(막 7:8). 또 이것에 더하여 예수님은 "입으로 들어가는 것이 사람을 더럽게 하는 것이 아니라 입에서 나오는 그것이 사람을 더럽게 하는 것이니라"(마 15:11/막 7:15-16) 하셨습니다.

(하네복 74~75쪽) 가나안 여자 하나

갈릴리 Ⅲ 사역에 예수님은 제자들과 갈릴리를 벗어나 멀리 이방 지역으로 여행하십니다. 두로 지방에 가셨습니다(마 15:21/막 7:24). 헬라인이요 수로보니게 족속의 여자가 예수님께 자기 딸에게서 귀신을 쫓아내 주시기를 구하였습니다. 마태복음 15:24 "예수께서 대답하여 이르시되 나는 이스라엘 집의 잃어버린 양 외에는 다른 데로 보내심을 받지 아니하였노라 하시니" 하셨습니다. 예수님은 이 여자의 믿음을 보시고 결국 딸을 고쳐 주셨습니다.

(하네복 75~76쪽) 칠병이어

예수님께서 두로 지방을 나와 시돈을 지나고 데가볼리 지방을 통과하여 갈릴리 호수에 이르셨습니다(마 15:29/막 7:31). 이스라엘 사람들이 사는 게네사렛과 가버나움의 갈릴리 호숫가가 아니라 반대편 이방인들이 사는 갈릴리 호숫가에 오셨습니다. 귀 먹고 말 더듬는, 다리 저는, 장애인, 맹인, 많은 병자들이 나아왔고 고쳐 주셨습니다. 마태복음 15:31에서 무리가 보고 이스라엘의 하나님께 영광을 돌렸습니다. '이스라엘의 하나님'이라는 표현을 통해 이 곳이 이방인들이 사는 지역임을 알 수 있습니다. 이미 사흘이 지나, 예수님은 떡 일곱 개와 작은 생선 두어 마리(칠병이어)를 가지고 축사하셔서 어린이와 여자 외에 사천 명을 먹이시고, 먹고 남은 조각 일곱 광주리를 거두었습니다.

오병이어는 네 복음서에 모두 기록되어 있고, 칠병이어는 마태복음과 마가복음에만 기록이 있습니다. 마태복음과 마가복음에 오병이어와 칠병이어가 모두 기록되어 있으므로, 아무도 오병이어와 칠병이어가 같은 사건이라고 주장하지 않습니다. 그러나 마태복음과 마가복음에 오병이어에 대한 기록이 없다면 오병이어와 칠병이어를 같은 사건이라고 오해할 법합니다. 예수님은 이 호숫가에서 마가단 지경(마 15:39), 달마누다 지방(막 8:10)으로 배로 이동하십니다. 이 곳에 오실 때는 분명 육로로 오셨는데 어떤 배를 타고 가신 것인지 궁금합니다. 지경은 경계라는 뜻으로 보입니다. 따라서 마가단 경계에 가까운 달마누다 지방으로 가셨다는 뜻으로 보입니다. 이 곳은 갈릴리(호숫가)의 유대인 지역으로 생각됩니다.

(하네복 76~77쪽) 바리새인과 사두개인들의 누룩을 주의하라

달마누다 지방에 도착하여 이어지는 내용으로 보입니다. 현재 달마누다의 위치가 확인이 되지 않았지만, 그 곳에 바리새인과 사두개인들이 있었던 것(마 16:1)으로 보아 그 곳이 유대인들이 사는 곳임을 알 수 있습니다. 바리새인과 사두개인들이 와서 예수님을 시험하여 하늘로부터 오는 표적 보이기를 청하였습니다(마 16:1/막 8:11). 예수님은 그들을 떠나 (타고 오신 배에) 다시 올라 건너편으로 가셨습니다(막 8:13). 가시는 배 안에서 예수님께서 '삼가 바리새인과 사두개인들의 누룩을 주의하라' 하셨습니다(마 16:6/막 8:15). 이 말씀의 뜻은 떡의 누룩을 말씀하심이 아니라 바리새인과 사두개인들의 교훈을 삼가라는 뜻이었습니다.

벳새다에 이르셨습니다(막 8:22-26). 이 곳은 갈릴리 벳새다로 보입니다. 예수님이 벳새다 마을 안에 계셨고 사람들이 맹인 한 사람을 데리고 왔습니다. 예수님은 맹인의 손을 잡아 밖으로 데리고 가사 눈에 침을 뱉으시며 그에게 안수하시고 고치셨습니다. 그 사람을 집으로 보내시며 마을에는 들어가지 말라 하셨습니다. 아마도 이러한 것이 갈릴리 Ⅲ 사역의 특징으로 볼 수 있을 것 같습니다. 병 고침 받기 위해 또는 먹을 것을 해결하기 위해 예수님께 나아오는 무리를 만나시는 것보다 제자들과 조용한 곳에서 시간을 많이 보내시려는 뜻으로 여겨집니다.

(하네복 77~78쪽) 주는 그리스도시요 살아 계신 하나님의 아들이시니이다

이어서 또 이방인 지역, 빌립보 가이사랴 여러 마을로 가십니다(마 16:13/막 8:27). 그리고 이 곳에서 베드로가 "주는 그리스도시요 살아 계신 하나님의 아들이시니이다"(마 16:16) 하는 고백을 합니다. 앞서 '네 복음서의 서언'에서 이 고백은 네 복음서를 가장 잘 함축한다고 하였었습니다(막 1:1). 제자들의 대표로서 베드로가 이 고백을 하기까지 제자들이 예수님을 따르기 시작한 때로부터 약 2년이 걸렸습니다. 예수님은 하나님의 아들이시며, 그리스도로서 세상에 오신 것입니다. 이것을 발견하는 것은 사람으로서는 불가능하며, 예수님은 "이를 네게 알게 한 이는 혈육이 아니요 하늘에 계신 내 아버지시니라"(마 16:17) 하셨습니다.

마태복음 16:18 "또 내가 네게 이르노니 너는 베드로라 내가 이 반석 위에 내 교회를 세우리니 음부의 권세가 이기지 못하리라", 여기에서 이 반석은 '그리스도시요 살아 계신 하나님의 아들이신 예수님'을 뜻합니다. 신명기 32:4 "그는 반석이시니 그가 하신 일이 완전하고 그의 모든 길이 정의롭고 진실하고 거짓이 없으신 하나님이시니 공의로우시고 바르시도다", 고린도전서 10:4 "다 같은 신령한 음료를 마셨으니 이는 그들을 따르는 신령한 반석으로부터 마셨으매 그 반석은 곧 그리스도시라", 위의 두 말씀에서 성경에서의 '반석'은 그리스도를 뜻함을 알 수 있습니다. 이 반석 위에 내 교회를 세운다는 뜻은 '예수 그리스도'가 교회의 반석이시며, '예수 그리스도(반석)' 위에 교회가 서 있는 것입니다.

마태복음 16:19 "내가 천국 열쇠를 네게 주리니 네가 땅에서 무엇이든지 매면 하늘에서도 매일 것이요 네가 땅에서 무엇이든지 풀면 하늘에서도 풀리리라 하시고". 천국 열쇠를 받은 자는 누구입니까? 교회입니다. 마태복음 18:18 "진실로 너희에게 이르노니 무엇이든지 너희가 땅에서 매면 하늘에서도 매일 것이요 무엇이든지 땅에서 풀면 하늘에서도 풀리리라", 이 말씀은 마태복음 16:19와 같은 말씀인데, 마태복음 18:18에서의 '너희'는 마태복음 18:17-20에서 보면 '교회'인 것이 잘 나타나 있습니다. 예수님이 교회의 반석이시며, 그 위에 세워진 교회에 '자립과 권위'를 주시겠다는 말씀인 것입니다. 그러므로 교회 이름으로 행해지는 모든 일에 판단이 옳게 될 수 있도록 두려운 마음으로 감당해야 합니다.

이 때로부터 예수님은 예루살렘에 올라가 장로들과 대제사장들과 서기관들에게 많은 고난을 받고 죽임을 당하고 제삼일에 살아나야 할 것을 제자들에게 비로소 말씀하셨습니다(마16:21/막 8:31/눅 9:22).

베드로는 예수님을 붙들고 항변하였습니다. 예수님은 베드로에게 "사탄아 내 뒤로 물러 가라 너는 나를 넘어지게 하는 자로다"(마 16:23) 하셨습니다. 또 예수님은 무리와 제자들에게 "누구든지 나를 따라오려거든 자기를 부인하고 자기 십자가를 지고 나를 따를 것이니라"(마 16:24/막 8:34/눅 9:23) 하셨습니다.

(하네복 78~79쪽) 변화되심

마태복음 17:1과 마가복음 9:2는 앞에 일이 있은 지 '엿새 후'라고 하였고, 누가복음 9:28은 "이 말씀을 하신 후 팔 일쯤 되어"라고 하고 있습니다. '엿새 후'와 '팔 일쯤'의 차이는 기록자의 관점에서 어느 기간을 말하는가에 따른 차이로 보입니다. 굳이 여러 가능성을 늘어놓을 필요가 없어 보입니다.

산에 올라가 기도하실 때 용모가 변화되고 그 옷이 희어져 광채가 났습니다. 모세와 엘리야가 나타나 예수님과 더불어 말하였습니다. 구름이 와서 덮으며 구름 속에서 소리가 났습니다. "이는 내 사랑하는 아들이요 내 기뻐하는 자니 너희는 그의 말을 들으라"(마 17:5), 하나님 아버지께서 제자들(베드로, 야고보, 요한)에게 예수님이 누구인지에 대해 증거하십니다. 이 증언은 예수님이 세례 받으실 때도 "이는 내 사랑하는 자요 내 기뻐하는 자라"(마 3:17/막 1:11/눅 3:22) 하셨고, 요한복음 12:28 "아버지여, 아버지의 이름을 영광스럽게 하옵소서 하시니 이에 하늘에서 소리가 나서 이르되 내가 이미 영광스럽게 하였고 또다시 영광스럽게 하리라 하시니" 하시며 증언하셨습니다.

산에서 내려올 때 제자들이 예수님께 엘리야가 먼저 와야 하리라는 뜻이 무엇인지 물었습니다. 예수님은 엘리야가 이미 왔다 하셨고, 제자들은 세례 요한인 것을 깨달았습니다.

산에서 내려왔습니다.

(하네복 79~80쪽) 할 수 있거든이 무슨 말이냐

산에서 내려와 보니 산 아래에 있던 제자들이 큰 무리에 둘러싸였고 서기관들과 변론하고 있었습니다. 온 무리가 예수님을 보고 달려왔습니다. 무리 중 한 사람이 말 못하게 귀신 들린 내 아들을 고쳐 달라 하였습니다. 그는 예수님께 무엇을 하실 수 있거든 우리를 불쌍히 여기사 도와 주옵소서 하였습니다. 예수님은 "할 수 있거든이 무슨 말이냐 믿는 자에게는 능히 하지 못할 일이 없느니라"(막 9:23) 하시고 고쳐 주셨습니다. 네 복음서에서 예수님께 대하여 '할 수 있거든'이라는 표현은 이 곳에만 한 번 나옵니다. 많은 사람은 '주여 원하시면'이라는 표현을 사용합니다. 예수님의 권능을 믿고, 주권도 예수님께 맡기는 '주여 원하시면'이 바른 종의 자세가 아닌가 생각합니다.

또 산 아래에 있던 제자들은 예수님께 "우리는 어찌하여 능히 그 귀신을 쫓아내지 못하였나이까" 하고 물었습니다. 제자들은 네 복음서에 기록된 대로 이미 두 번 파송을 받아 귀신을 쫓아낸 경험이 있었습니다(마 10:1, 막 6:7-13/눅 9:1-6). 이것에 대해 예수님은 "… 너희 믿음이 작은 까닭이니라 …"(마 17:20), 그리고 "… 기도 외에 다른 것으로는 이런 종류가 나갈 수 없느니라 …"(막 9:29) 하셨습니다. 이 말씀에서 우리는 첫째, 하나님의 권능을 믿을 것과 둘째, 권능을 주시면 귀신을 쫓아낼 수 있다는 것과 셋째, 주님의 뜻이 무엇인지, 귀신을 쫓아내는 것이 주님의 뜻인지 분별하고 그에 따라 행동해야 한다는 것을 배웁니다. 이 일들이 기도를 통해 이루어집니다.

이어서 예수님은 변화 산에서 갈릴리 가운데로 지나 가버나움에 이르십니다. 마가복음 9:30 표현을 보면 변화 산이 갈릴리 밖에 있고, 갈릴리를 지나서 가버나움에 도착하신 것으로 보입니다. 즉 변화 산은 갈릴리 안에 있는 것이 아니라 갈릴리 밖에 있다고 생각합니다. 학자들은 변화 산의 후보지로 다볼 산과 헤르몬 산을 말합니다. 다볼 산은 갈릴리 안에 있고 헤르몬 산은 갈릴리 밖 북쪽에 있습니다. 따라서 갈릴리 밖에 있는 변화 산이 헤르몬 산이 아닌가 생각하게 합니다. 헤르몬 산이 갈릴리 밖에 위치하여, 헤르몬 산에서 가버나움에 가기 위해서는 갈릴리 가운데를 지나야 하기 때문입니다.

(하네복 80~81쪽) 반 세겔

갈릴리를 지나 가버나움에 이르셨습니다. 반 세겔 받는 자들이 베드로에게 “너의 선생은 반 세겔을 내지 아니하느냐”(마 17:24) 하였습니다. 반 세겔은 본래 출애굽기 30:11-16에 의하면 하나님께서 모세에게 말씀하신 것으로 이스라엘 자손의 수효를 조사할 때에 조사받은 각 사람, 스무 살 이상 된 자가 하나님께 드리라고 하셨습니다. 이것은 속전이며 회막 봉사에 쓰라 하셨습니다. 그 후로 반 세겔을 드리는 내용이 성경에 없다가, 느헤미야서에 10:32-33에 스스로 규례를 정하여 해마다 삼분의 일 세겔을 수납하여 하나님의 전을 위해, 곧 진설병과 항상 드리는 소제와 항상 드리는 번제와 안식일과 초하루와 정한 절기에 쓸 것과 성물과 이스라엘을 위하는 속죄제와 하나님의 전의 모든 일을 위하여 쓰게 하였습니다. 출애굽기의 반 세겔과 느헤미야서의 삼분의 일 세겔이 드리는 성격과 사용에 있어서 사뭇 비슷합니다. 그러다 예수님 당시에 반 세겔을 내는 내용이 나온 것입니다.

정리하면, 이 반 세겔은 로마에 세금을 내기 위해 세리들이 걷는 것이 아닙니다. 성전 인두세로서 부자나 가난한 자나 똑같은 반 세겔을 냅니다. 예수님은 베드로에게 바다에 낚시를 던져 오르는 고기의 입에서 한 세겔을 얻어서 자신과 베드로를 위해 내라고 하셨습니다.

(하네복 81~84쪽) 두세 사람이 내 이름으로 모인 곳

가버나움 집에 계실 때에 여러 가지로 가르치십니다(막 9:33). 어린 아이와 같이 자기를 낮추라 하십니다(마 18:3-4). 백 마리 양 중에 그 중의 하나를 잃으면 길 잃은 양 하나를 찾지 않겠느냐 하십니다(마 18:12-14). 또 형제가 죄를 범할 때, 교회가 이 형제의 문제를 어떻게 처리할 것인가를 말씀하십니다(마 18:15-20). "진실로 너희에게 이르노니 무엇이든지 너희가 땅에서 매면 하늘에서도 매일 것이요 무엇이든지 땅에서 풀면 하늘에서도 풀리리라 진실로 다시 너희에게 이르노니 너희 중의 두 사람이 땅에서 합심하여 무엇이든지 구하면 하늘에 계신 내 아버지께서 그들을 위하여 이루게 하시리라 두세 사람이 내 이름으로 모인 곳에는 나도 그들 중에 있느니라"(마 18:18-20) 말씀하십니다. 이 말씀은 예수님께서 무엇을 교회로 보시는지, 교회에 주신 치리와 권위에 대해 말씀하신 것입니다.

예수님께서 결산할 때에 만 달란트 빚진 종을 주인이 그 빚을 탕감하여 주었으나, 그가 나가서 자기에게 백 데나리온 빚진 동료의 빚을 탕감하지 않은 것을 비유로 말씀하십니다(마 18:23-35). 이 때 주인이 만 달란트 빚진 종에게 노하여 그를 다시 옥졸에게 넘기는 것을 말씀하십니다.

갈릴리 사역 종합

예수님의 갈릴리 사역은 3년에 걸쳐 I, II, III기로 뚜렷이 나누어집니다. 갈릴리 I 사역에서는 무리 중심의 가르치심과 병 고치심이 이루어졌습니다. 갈릴리 I 사역의 특징은 무리와 많은 시간을 보내시는 것입니다. 물론 이 때 제자들을 무리와 구분하여 부르십니다. 갈릴리 I 사역의 분위기를 가장 잘 나타내는 말씀은 마태복음 4:23 "예수께서 온 갈릴리에 두루 다니사 그들의 회당에서 가르치시며 천국 복음을 전파하시며 백성 중의 모든 병과 모든 약한 것을 고치시니"입니다. 갈릴리 II 사역은 12제자를 사도로 세우심으로 시작하십니다. 예수님은 부르신 제자들을 약 1년이 지난 후에 그 중에 열둘을 택하여 사도로 세우십니다(막 3:13-19/눅 6:12-16). 이것이 갈릴리 II 사역이 갈릴리 I 사역과 다른 특징입니다. 이 때는 무리와 제자들 모두를 위하여 시간을 사용하십니다. 갈릴리 II 사역을 가장 잘 나타내는 말씀은 마가복음 4:33-34 "예수께서 이러한 많은 비유로 그들이 알아 들을 수 있는 대로 말씀을 가르치시되 비유가 아니면 말씀하지 아니하시고 다만 혼자 계실 때에 그 제자들에게 모든 것을 해석하시더라"입니다. 갈릴리 III 사역은 제자들과만 갈릴리 주변의 이방인들이 사는 곳을 다니시며 가르치십니다. 갈릴리 III 사역 때에 제자들과 베드로의 신앙 고백 "주는 그리스도시요 살아 계신 하나님의 아들이시니이다"(마 16:16)가 예수님의 제자들을 세우시고 함께 하시면서 지금까지 가르치신 목표요 그 결과로 보입니다. 갈릴리 III 사역을 가장 잘 나타내는 말씀은 막 9:30-31 "그 곳을 떠나 갈릴리 가운데로 지날새 예수께서 아무에게도 알리고자 아니하시니 이는 제자들을 가르치시며 또 인자가 사람들의 손에 넘겨져 죽임을 당하고 죽은 지 삼 일만에 살아나리라는 것을 말씀하셨기 때문이더라"입니다.

무리와 제자

네 복음서에서는 무리와 제자가 구분이 분명하게 됩니다. 예수님께서도 듣는 사람이 누구냐에 따라서 말씀하시는 내용이 다릅니다. 예수님도 제자를 무리와 구분하고 계시고, 제자들도 자신들과 무리를 구분합니다(눅 12:41). 물론 제자 중에 일부는 떠나가기도 하였습니다(요 6:66, 8:31-59). 네 복음서 안에서 무리와 제자는 분명히 구분됩니다.

2-6. 유대 사역

(하네복 85~86쪽) 승천할 기약이 차가매

유대인의 명절인 초막절이 가까운 때였습니다(요 7:2). 예수님께는 동생 형제들이 4명 있었고, 동생 누이들도 있었습니다. 제자들은 예수님이 그리스도시요 하나님의 아들이심을 믿고 고백하였습니다. 그러나 형제들은 예수님을 믿지 않았습니다. 그 형제들이 명절에 올라가고, 후에 예수님은 누가복음 9:51 "예수께서 승천하실 기약이 차가매 예루살렘을 향하여 올라가기로 굳게 결심하시고" 은밀히 올라가십니다.

유대인들이 명절에 예루살렘으로 올라가는 요단 강 건너편으로 가지 않으시고 사마리아를 지나서 가십니다. 누가복음 9:53에 보니 예수님께서 예루살렘을 향하여 가시므로 사마리아인들이 받아들이지 않았습니다. 예수님이 사마리아를 지나가시는 것이 두 번째 기록입니다. 첫 번째는 요한복음 4:3-42에 유대에서 갈릴리로 가실 때 사마리아 여자를 만나실 때입니다. 두 번째는 갈릴리에서 초막절 명절에 예루살렘을 향하여 가실 때입니다. 사마리아인들은 유대인들이 명절에 사마리아를 지나 예루살렘에 가는 것을 용인하지 않았습니다(눅 9:52-53). 이러한 상황이므로 유대인들이 명절에 요단 강 건너편으로 돌아가야만 했던 이유를 알 수 있습니다.

(하네복 86-88쪽) 초막절

명절 중간이 되어 예수님께서 성전에 올라가 가르치셨습니다(요 7:14). 초막절은 첫날과 여덟째 날이 성회입니다. 율법을 온전히 지키려면 초막절에 예루살렘에 가야 하며, 첫날 성회에 참여해야 할 듯합니다. 그런데 예수님은 초막절 중간이 되어 참여하셨습니다.

요한복음 7:23 "모세의 율법을 범하지 아니하려고 사람이 안식일에도 할례를 받는 일이 있거든 내가 안식일에 사람의 전신을 건전하게 한 것으로 너희가 내게 노여워하느냐". 예수님은 당시 유대인들이 율법에 대해 그릇된 이해를 하고 있는 것을 바로잡으려고 많은 힘을 쓰셨습니다. 그 중에 대표적인 것이 안식일에 대한 것이며, 그다음이 모세의 율법에 장로들의 유전을 갖다 덧붙인 것에 대한 것입니다. 율법을 잘못 이해하고, 변개하여, 그 잘못된 것을 하나님의 율법으로 알고, 백성을 가르치고, 따르게 하는 것은 큰 문제였습니다. 여기에 더하여, 그들은 예수님을 죽이고자 하였습니다(요 7:25).

요한복음 7:37 '명절 끝날 곧 큰 날에', 본문의 초막절 끝날이 일곱째 날인지, 여덟째 날인지 단정하기가 어렵습니다. 레위기 23:34, 36, 민수기 29:35, 느헤미야 8:18에 따르면 7일간의 초막절 다음 날, 즉 여덟째 날이 성회로 모이고 이 날은 아무 일도 하지 않는 안식일입니다. 그리고 요한복음 7:53에 다 각각 집으로 돌아가고 한 것으로 보아 '명절 끝날 곧 큰 날'이 여덟째 날인 것으로 보입니다.

(하네복 88~92쪽) 예수님의 증언

예수님은 감람 산으로 가셨습니다(요 8:1). 다시 성전에 들어오셔서 백성들을 가르치셨습니다. 여덟째 날(성회)이 지나 초막절이 다 끝나서 많은 사람이 집으로 돌아갔지만 성전에는 계속 제사와 예배가 있었습니다. 서기관들과 바리새인들이 음행 중에 잡힌 여자를 끌고 와서 예수님을 시험하며 이 여자를 고발하였습니다. 예수님은 여자를 정죄하지 않으시고 가서 다시는 죄를 범하지 말라 하셨습니다(요 8:11).

예수님께서 "나는 세상의 빛이니 나를 따르는 자는 어둠에 다니지 아니하고 생명의 빛을 얻으리라"(요 8:12)라고 증언하셨습니다. 바리새인들은 이 말씀을 듣고, 예수님이 스스로 증언하니 증언이 틀렸다고 말하였습니다(요 8:13). 바리새인들은 육체로 판단하여 예수님의 증언을 받지 않았지만(요 8:15), 예수님은 스스로 증언하실 수 있는 분이십니다(요 8:14, 16). 요한복음 8:18 "내가 나를 위하여 증언하는 자가 되고 나를 보내신 아버지도 나를 위하여 증언하시느니라", 이렇게 '예수님과 아버지' 두 분의 증언이 있다고 하셨습니다. 그러면 어떻게 예수님은 자신을 위하여 스스로 증언자가 되실 수 있다는 말씀일까요?

'예수님이 하나님의 아들이시며 그리스도이심'의 증언은 참 중요합니다. 앞서서 예수님은 요한복음 5:31-47에서 예수님에 대하여 증언하는 것은 첫째, 예수님이 하시는 그 역사 둘째, 아버지께서 증언하심 셋째, 성경이 증언한다고 하셨습니다. 그런데, 요한복음 8:18에서는 '내가 나를 위하여 증언'하며 '아버지도 나를 위하여 증언'하고 계신다고 하셨습니다. 요한복음 5장과 8장의 두 말씀을 비교해 보면, '내가 나를 위하여 증언'(요 8:18)하신다는 뜻은 '예수님이 하시는 역사'와 '성경의 증언'(요 5:36-39)을 의미합니다. 자기가 자기를 증언할 수 없지만(요 8:13, 17), 예수님은 '예수님께서 보여 주시는 표적'과 '성경(구약)의 말씀'으로 스스로 증언하실 수 있습니다.

이후에 또 한 번 증언에 대해 말씀하십니다. 제자들과 마지막 식사를 하시며 새 언약과 새 계명을 주시고 말씀하십니다. 요한복음 15:26, 27에서 보혜사 곧 아버지께로부터 나오시는 진리의 성령이 오실 때에 그가 예수님을 증언하실 것이라고 하십니다. 또한 너희 곧 제자들이 예수님을 증언한다고 하십니다(요 15:27). 예수님의 이 말씀 원리에 따르면, 결국 현재 우리는 첫째, 예수님의 표적과 아버지의 증거를 갖고 있는 성경(신구약) 둘째, 성령님의 증언으로 예수님이 하나님의 아들이시며 그리스도이신 것을 믿게 된 것입니다.

요한복음 8:31, 32 "그러므로 예수께서 자기를 믿은 유대인들에게 이르시되 너희가 내 말에 거하면 참으로 내 제자가 되고 진리를 알지니 진리가 너희를 자유롭게 하리라". 예수님이 이어서 "죄를 범하는 자마다 죄의 종이라"(요 8:34) 말씀하심을 볼 때, 예수님께서 말씀하신 자유는 '죄의 종' 된 상태로부터 자유임을 알 수 있습니다. '죄의 종' 된 상태에서 아무도 스스로 벗어날 수 없습니다. 예수님이 길이요 진리요 생명이십니다(요 14:6). 예수님께서 우리를 '죄의 종' 된 상태에서 벗어나 자유롭게 해 주실 수 있습니다. 예수님 말씀에 거할 때, 믿을 때, 이 은혜도 체험하고 제자도 되고 자유롭게 됩니다. 예수님의 말씀을 듣는 자들은 '자기를 믿는 유대인들'(요 8:31)이라고 합니다. 그러나 이들이 '믿는 유대인들'임에도 불구하고 깨닫지 못하였습니다(요 8:44). 그들은 돌을 들어 예수님을 치려 하였습니다(요 8:59). 예수님이 만나는 사람들은 무리와 제자가 있습니다. 그런데 요한복음 8:31-59을 보거나, 요한복음 6:22-71에서 오병이어 다음 날 '하늘에서 내려온 살아 있는 떡'을 설명하시자 "그 때부터 그의 제자 중에서 많은 사람이 떠나가고 다시 그와 함께 다니지 아니하더라"(요 6:66), 이 말씀을 볼 때 부분적인 예수님만을 믿다가 좀 더 깊은 진리를 말씀하시자 거부하고 떠나가는 제자도 있는 것을 알게 됩니다.

예수님의 본격적인 유대 사역은 갈릴리 Ⅲ 사역이 끝나고 초막절에 예루살렘에 가신 이후입니다. 이전 유대 사역은 요한복음 3장에서 니고데모와 (아마도 예루살렘에서) 대화를 나누신 후, 그리고 제자들과 유대 땅에서 유하시며 세례를 베푸신 정도였습니다(요 3:22). 이 세례는 친히 베푸신 것이 아니요 제자들이 베푼 것이라고 되어 있습니다(요 4:2). 명절 때 예루살렘에 가셔서 이적을 베푸신 적도 있습니다(베데스다, 요 5:2). 따라서 요한복음 3-5장에 기록된 예루살렘과 유대에서 있었던 때의 일들을 '초기 유대 사역'이라고 말할 수도 있습니다. 그러나 요한복음 3-5장의 사건들이 연속적으로 있던 일들이 아니며, 토막토막 사건들이 기록된 것이고, 갈릴리 사역 중에, 명절에 예루살렘을 방문하실 때 있었던 일들이므로 유대 사역으로 이름 붙이기에는 적당하지 않습니다. 어쨌든 지금까지는 본격적으로 유대 사역을 하지 않으셨고(더 엄밀하게는 유대 사역을 하신 기록이 네 복음서에 없고), 공생애 4년 차 초막절에 예루살렘을 방문하신 후에야 유대 사역을 하십니다.

예수님의 이 유대 사역과 그리고 바로 이어지는 베레아 사역은 누가복음에만 기록되어 있습니다. 마태복음과 마가복음에서는 단어 하나도 기록하지 않았습니다. 요한복음에서는 유대 사역 직전(공생애 4년 차) 초막절과 유대 사역 끝 무렵(공생애 4년 차) 수전절에 예루살렘 성전에서의 내용을 기록하고 있습니다. 다시 말하면 유대 사역은 공생애 4년 차 초막절과 4년 차 수전절 사이에 있었습니다. 요한복음에는 유대 사역의 끝 무렵의 일들이 조금 기록되어 있습니다. 초막절이 유대력 7월 21일에 끝나고, 다음 날 22일이 성회이며, 수전절이 유대력 9월 25일이므로 유대 사역은 그사이 약 2달 기간 안에 있었던 일입니다.

베레아 사역은 공생애 4년 차 수전절과 공생애 5년 차 유월절 사이에 있었던 일입니다. 이 사이 기간은 수전절이 유대력 9월 25일, 유월절이 유대력 1월 14일이므로 약 3달 20일 기간이지만, 실제 기록된 내용을 보면 유대 사역 기간보다 많이 짧습니다. 네 복음서에 기록된 양으로 보면 유대 사역이 15일, 베레아 사역이 5일간의 기록입니다(책의 뒷부분에 소요되는 날짜 산정에 관한 내용이 나옵니다, 표 4-5, 표 5). 누가복음이 전적으로 유대 사역(눅 10:1-13:35, 하네복 92~104쪽)과 베레아 사역(눅 14:1-17:10, 하네복 109~115쪽)에 대한 기록을 담고 있고 요한복음이 일부의 내용을 갖고 있습니다.

누가복음 10:1-13:35이 유대 사역이라는 것과 누가복음 14:1-17:10이 베레아 사역이라는 것의 증거는 본문에서 조금씩 발견할 수 있습니다. 해당 누가복음의 본문에는 이야기 중에 (갈릴리 I, II, III 사역에서 볼 수 있는) 갈릴리의 지명이 전혀 나오지 않습니다. 이를테면 갈릴리 사역에서 자주 보이는 가버나움, 갈릴리 호수 등의 지명이 없습니다. 반면에 유대 사역에서는 지나시다가 유대 베다니 마르다와 마리아의 집을 방문하시는 내용이 나옵니다(눅 10:38). 또 "… 각 성 각 마을로 다니사 가르치시며 예루살렘으로 여행하시더니"(눅 13:22)라는 표현이 있습니다. 따라서 유대 지방을 여행하고 계심을 알 수 있습니다.

베레아 사역의 경우 베레아 지역의 지명이 나오지 않습니다. 그러나 《하모나이즈드 네 복음서》를 보면 누가복음의 베레아 사역의 이야기에 앞서 요한복음 10:40에 예수님이 '요단 강 저편 요한이 처음으로 세례 베풀던 곳'에 가셔서 거하셨다는 표현이 있습니다. 이 곳이 어디인지에 대한 의견이 많이 있을 것입니다. 요한복음 1:28 "이 일은 요한이 세례 베풀던 곳 요단 강 건너편 베다니에서 일어난 일이니라", 즉 요단 강 건너편 베다니(요 1:28)가 '요단 강 저편 요한이 처음으로 세례 베풀던 곳'(요 10:40)으로 추정됩니다. 요단 강 '건너편'과 '저편'은 모두 헬라어 전치사 'πέραν'이며, 음역하면 'peran'이고, 여기에서 나와 그 지역 이름 '베레아'가 된 것입니다. 그 외에 베레아 안에서 베레아를 확인시켜 줄 다른 지명은 없지만, 누가복음 14:1-17:10이 베레아 사역 내용이라고 보는 것은 어렵지 않습니다. 또 한 가지 베레아 사역이라고 추정할 수 있는 것은 '예수님의 열 드라크마의 비유'를 통해서입니다(눅 15:8-10). 드라크마는 데나리온과 거의 비슷한 무게의 은화입니다. 일꾼의 하루 품삯에 해당합니다. 데나리온은 로마의 화폐이고 드라크마는 헬라의 화폐입니다. 예수님께서 데나리온이라는 용어를 일반적으로 사용하셨는데, '데나리온'을 말씀하신 지역은 갈릴리(눅 7:14, 요 6:7, 막 6:37, 마 18:28), 유대(눅 10:35, 마 20:2, 9-10, 13, 요 12:5, 막 14:5)와 예루살렘(마 22:19/막 12:15/눅 20:24)입니다. 그래서 비유에 '데나리온'이 아니라 '드라크마'를 사용하신 것은 이 지역이 갈릴리, 유대, 예루살렘이 아닐 수 있다는 추측을 하게 합니다. 아마도 갈릴리, 유대, 예루살렘에서는 로마 화폐인 데나리온이 일반적으로 통용되었고, 데가볼리와 접한 베레아에서는 헬라의 화폐인 드라크마를 통화로 사용하지 않았나 생각해 볼 수 있습니다.

(하네복 92~94쪽) 70인을 보내심

유대 사역은 제자 70인을 보내시는 일로부터 시작됩니다(눅 10:1). 그 결과는 갈릴리에서 2번 12제자를 보낸 때보다 만족스러웠습니다(눅 10:17-18). 갈릴리, 특히 고라신, 벳새다, 가버나움에 대하여 예수님이 '화 있을진저' 하신 것과 비교할 수 있습니다(눅 10:13-15). 또, 예루살렘과도 달랐습니다. 예수님은 예루살렘에 대하여 '예루살렘아 예루살렘아' 하시며, 자녀를 모으려 하셨을 때에 너희가 원하지 아니하였도다(마 23:37) 하셨습니다. 예루살렘이 앞으로 당할 일에 대해 여러 곳에서 말씀하십니다(눅 13:34-35, 눅 19:41-44, 마 23:37-38, 눅 23:28-31). 갈릴리 지방의 고라신, 벳새다, 가버나움과 그리고 예루살렘의 환난에 대해 거듭 말씀하셨습니다. 이 환난이 AD 70년에 실제로 있었습니다. 네 복음서에서는 예루살렘이 유대 지역 안에 있고, 상대적 크기도 작지만 예루살렘과 유대를 분명히 구분합니다. 이것은 마치 서울이 경기도 안에 있지만 서울과 경기도를 구분하는 것 같습니다.

그런데 70명의 제자들은 그 동안 어디 있다가 갑자기 등장하는 것일까요? 갈릴리 I 사역에서 12제자, 갈릴리 II 사역에서 12제자를 전도 여행을 보내십니다. 공생애 4년 차에 유대에서 70인을 보내십니다. 우리는 70인이라는 숫자를 통해서, 약 3년간의 예수님 사역을 통해서 제자가 많이 늘어난 것을 알 수 있습니다. 예수님께는 사도이면서 제자인 12명 외에도 많은 제자가 있었습니다. 70인 숫자에 여자가 포함되지 않았을 것으로 보이지만 예수님께는 베다니의 마르다와 마리아, 막달라 마리아, 요안나, 수산나(눅 8:3) 같은 여 제자들도 많았습니다. 사도행전 1:15에는 예수님 부활 승천하신 후 모인 무리의 수가 약 120명이나 되더라 하였고, 고린도전서 15:6에는 예수님의 부활의 증인이 500여 형제가 있었다고 합니다(고전 15:6). 그러니 유대에서 보내신 70인 제자가 갑자기 등장하는 숫자이지만 제자의 숫자가 점진적으로 증가하고 있었던 것으로 이해할 수 있습니다.

칠십 인이 기뻐하며 돌아와 "주여 주의 이름이면 귀신들도 우리에게 항복하더이다"(눅 10:17) 하였습니다. 예수님도 "사탄이 하늘로부터 번개 같이 떨어지는 것을 내가 보았노라"(눅 10:18) 하셨습니다.

"어떤 율법교사가 일어나 예수님을 시험하여 내가 무엇을 하여야 영생을 얻으리이까"(눅 10:25) 하고 물었습니다. 그가 율법 교사이므로 예수님은 그에게 율법에는 무엇이라 기록되어 있는지 되물었습니다. 그의 대답은 하나님 사랑과 이웃 사랑이라 하였습니다. 예수님은 옳게 답하였다 하시고 그대로 행하라고 하셨습니다. 그는 '그러면 내 이웃이 누구입니까?' 하고 또 물었습니다. 그래서 예수님께서 강도 만난 자의 비유로 어떤 사마리아 사람의 예를 말씀해 주셨습니다.

(하네복 94~95쪽) 이 좋은 편을 택하였으니

예수님이 유대 사역을 하시며 길 가실 때에 한 마을에 들어가 마르다와 마리아의 집에 들어가셨습니다(눅 10:38). 예수님이 언제부터 마르다와 마리아 가정과 아셨는지 정확히는 알 수 없습니다. 그들이 네 복음서에서 시기적으로 가장 먼저 언급된 것은 이번 공생애 4년 차 유대 사역에서입니다. 예수님이 그들을 만난 것이 이번이 처음일 수도 있습니다. 예수님은 전도 여행에서 어떤 성이나 마을에 들어가든지 그 중에 합당한 자를 찾아내어 떠나기까지 거기서 머물라(마 10:11, 눅 10:5-7)고 가르치셨었습니다. 아마도 그 말씀대로 지금이 베다니 마을에 오셔서 마르다와 마리아의 집에 머무신 장면 같습니다. 누가복음 10:39 "그에게 마리아라 하는 동생이 있어 주의 발치에 앉아 그의 말씀을 듣더니", 예수님께서 한 가정에 들어가셔서 그 가정 사람들에게 말씀하시는 장면도 이번이 처음입니다. 예수님의 전도 여행 사역 중에 한 가정에 머무시고 잡수시고 그 안에 사람들을 위해 말씀하시는 것이 많이 있었겠지만, 네 복음서 기록으로 남은 것은 마르다와 마리아의 가정에서가 유일합니다.

(하네복 95쪽) 주기도문

제자 중 하나가 예수님께 기도를 가르쳐 달라 하였습니다(눅 11:1). 이 때 가르쳐 주신 것이 '주기도문'입니다(눅 11:2-4). 예수님은 약 2년 전 산상수훈에서 가르쳐 주신 주기도문(마 6:9-13)을 한 제자의 요청을 받고 다시 가르쳐 주셨습니다. 마태복음과 비교하여 한 구절이 없지만(마 6:10b), 똑같은 주기도문이라 할 수 있습니다. 거기에 더하여 밤중에 벗에게 떡 세 덩이를 구하는 비유와 하늘 아버지께 구할 것을 말씀하십니다(눅 11:5-13).

(하네복 95~96쪽) 하나님의 나라가 이미 너희에게 임하였느니라

예수님께서 한 말 못하게 하는 귀신을 쫓아내시니 귀신이 나가매 말 못하는 사람이 말하였습니다(눅 11:14). 무리들이 보고 놀랍게 여겼으나 더러는 귀신의 왕 바알세불을 힘입어 귀신을 쫓아낸다 하였습니다. 누가복음 11:20 "그러나 내가 만일 하나님의 손을 힘입어 귀신을 쫓아낸다면 하나님의 나라가 이미 너희에게 임하였느니라" 하셨습니다.

하나님의 나라가 이미 임했다는 말씀은 귀신을 쫓아낸 것으로 증명이 되는 것입니다. 네 복음서에 몇 번 등장하는 '네 죄 사함을 받았느니라' 이 말씀 속에도 하나님의 나라가 이미 임한 것을 의미합니다. 또, 세례 요한이 제자들을 통해 질문해 왔을 때, 예수님이 답하신 '이사야서의 말씀들이 이루어졌다는 것은 복음이 전파되는 것'(마 11:5, 눅 7:22)이라고 하셨습니다. 즉, 하나님의 나라의 복음이 전파되는 것을 의미합니다. 또한 율법에는 부정한 것을 만지지 말라 하셨는데, 나병환자, 혈루증 앓는 여자, 죽은 자를 예수님은 만지셨습니다. 율법의 관점으로는 이것은 예수님이 부정하게 된 것입니다. 그러나 예수님은 이들을 만지셨고, 오히려 정함을 그들에게 주셨습니다. 나병이 고쳐지고 혈루증이 마르고 죽은 자가 살아났습니다. 이것은 한마디로 하나님의 나라가 임한 것을 의미합니다. 즉, 예수님을 통하여 전세가 역전된 것입니다. 이전에는 그 부정들이 닿는 사람들을 부정하게 하였지만, 이제 예수님 통하여 거룩이 부정에 영향을 주어서 병이 고쳐진 것입니다. 이것이 하나님의 나라가 임했다는 증거입니다.

(하네복 96~98쪽) 화 있을진저

한 바리새인이 자기와 함께 점심 잡수시기를 청하므로 들어가 앉으셨습니다(눅 11:37). 그런데 잡수시기 전에 손 씻지 아니하심을 보고 그 바리새인이 이상히 여겼습니다. 이 일로 예수님은 바리새인과 율법교사를 '화 있을진저' 하시며 심하게 책망하십니다. 예수님께서 책망하시는 이들의 문제는 누가복음 11:39 "주께서 이르시되 너희 바리새인은 지금 잔과 대접의 겉은 깨끗이 하나 너희 속에는 탐욕과 악독이 가득하도다"입니다. 먹기 전에 손을 씻으면 위생적이고 좋습니다. 그러나 율법에는 없는 내용입니다. 굳이 말하자면 율법에다가 첨가한 것입니다. 율법을 지키고 못 지키고 하는 것은 큰 문제입니다. 그러나 율법에 다른 것을 빼거나 더하는 것은 더 큰 문제입니다. 이 날도 예수님은 잡수시기 전에 손 씻지 않으셨습니다(눅 11:37-38). 또 한 가지 문제는 바리새인들이 겉은 씻어서 깨끗하게 보이게 되었지만 속은 탐욕과 악독이 가득한 것이었습니다(눅 11:39). 예수님께는 사람 속이 깨끗함의 문제가 중요하였습니다. 그래서 예수님은 바리새인과 율법교사들의 문제를 말씀하시고 화 있을진저 하신 것입니다.

(하네복 98~102쪽) 그 동안에 무리 수만 명이 모여

그 동안에 무리 수만 명이 모였습니다(눅 12:1). 아마도 이 때가 네 복음서를 통틀어 가장 많은 무리가 모인 것이 아닌가 생각됩니다. 갈릴리 사역에서 있었던 산상수훈과 평지수훈과 같은 분위기에서 예수님이 가르치신 것 같습니다. 이 부분을 수훈으로 이름을 붙인다면 '유대수훈'이 어울릴 것 같습니다. 유대에서 가르치신 말씀은 누가복음 12:1-59,

13:1-9이며, 68개 절이 이어집니다. 참고로 비교하기 위해 보면, 산상수훈은 마태복음 5:1-48, 6:1-34, 7:1-29, 8:1까지 112개 절, 평지수훈은 누가복음 6:17-49, 7:1로서 34개 절입니다. 분량으로 볼 때 평지수훈의 꼭 두 배입니다.

말씀의 내용을 나누어 보면, 다음과 같습니다.

(1) 두려워하지 말라	누가복음 12:1-12
(2) 삼가 모든 탐심을 물리치라(비유 포함)	누가복음 12:13-21
(3) 염려하지 말라	누가복음 12:22-34
(4) 허리에 띠를 띠고 등불을 켜고 서 있으라	누가복음 12:35-48
(5) 분쟁하리라	누가복음 12:49-53
(6) 어찌 이 시대는 분간하지 못하느냐	누가복음 12:54-59
(7) 너희도 만일 회개하지 아니하면 다 이와 같이 망하리라	누가복음 13:1-5
(8) 내가 삼 년을 와서 … 찍어버리라(비유 포함)	누가복음 13:6-9

유대에서 가르치신 말씀의 형식과 내용에 있어서 산상수훈과 평지수훈과 상당히 다릅니다. 형식 없이 자유롭게 기록되어 있으며, 중간에 무리 중에 한 사람이 예수님께 요청하는 내용도 있고(눅 12:13), 베드로가 질문하는 곳도 있고(눅12:41), 두어 사람이 와서 예수님께 아뢰는 장면(눅 13:1)도 있습니다. 예수님은 이러한 상황에 일일이 답하시고 설명을 더 하십니다. 내용도 '두려워하지 말라', '염려하지 말라', '등불을 켜고 서 있으라', 이러한 말씀으로 보아 예수님의 다시 오시는 시대의 제자들에게 주는 말씀입니다.

처음 말씀은 바리새인들의 누룩 곧 외식을 주의하라 하십니다(눅

12:1). 예수님은 '누룩'이라는 단어를 좋지 않은 의미로 사용하십니다. 그 예를 보면, 갈릴리 Ⅱ 사역 때(부풀게 한 누룩, 마 13:33), 갈릴리 Ⅲ 사역 때(바리새인과 사두개인과 헤롯의 교훈, 마 16:6,11-12/막 8:15), 유대 사역 때(바리새인들의 외식, 눅 12:1), 유대 사역 때(부풀게 한 누룩, 눅 13:21)입니다.

이어서 가르치시는 말씀은 두려워하지 말라(눅 12:4, 7), 염려하지 말라(눅 12:11, 22), 탐심을 물리치라(눅 12:15), 근심하지 말라(눅 12:29), 무서워하지 말라(12:32), 내가 불을 땅에 던지러 왔노니(눅 12:49), 만일 회개하지 아니하면(눅 13:3, 5)과 같은 말씀들입니다.

또 한 비유로 포도원에 무화과나무를 심고 그 열매를 구하는 한 사람이 포도원지기에게 "내가 삼 년을 와서 이 무화과나무에서 열매를 구하되"(눅 13:7), 이 말씀은 비유이므로 알레고리적으로 모든 사용된 단어에 의미를 부여하면 잘못된 해석을 할 수 있습니다. 그럼에도 예수님의 공생애 3년간 이스라엘에서 열매를 찾지 못한 예수님 자신에 대한 비유로 보입니다. 따라서, 이 시점이 예수님의 공생애 3년이 지난 시점이라고 생각됩니다. 이것은 《하모나이즈드 네 복음서》에서도 3년이 지나고 있는 시점(〈예수님의 공생애 일람도표〉)과 상응하여, 하나의 검증(검증 #2) 포인트가 됩니다.

(하네복 102~103쪽) 안식일에 이 매임에서 푸는 것

예수님께서 안식일에 한 회당에서 열여덟 해 동안이나 귀신 들려 앓으며 꼬부라진 한 여자를 고치셨습니다(눅 13:10-13). 회당장이 이것을 보고 "일할 날이 엿새가 있으니 그 동안에 와서 고침을 받을 것이요 안식일에는 하지 말 것이니라"(눅 13:14) 하였습니다. 회당장의 이 말은 그럴듯합니다. 병을 고치지 말라는 것이 아니라 다른 날 하라는 것입니다. 그러나 예수님은 이것이 잘못되었다고 하십니다. 누가복음 13:16 말씀에 "열여덟 해 동안 사탄에게 매인 바 된 이 아브라함의 딸을 안식일에 이 매임에서 푸는 것이 합당하지 아니하냐" 하셨습니다. 유대인들은 그들이 정의 내린 '안식일'을 지키는 것이 중요한 것이 아니라, 안식일에 주인이신 예수님께서 의미하는 '안식일'(마 12:8/막 2:28/눅 6:5)을 지켜야 합니다. 예수님은 유대인의 안식일을 포함하는 율법에 대한 그릇된 이해와 해석을 바로잡아 주십니다. 안식일에 배가 고파서 밀 이삭을 비벼 먹는 것을 정죄할 수 없고, 병 고침을 뒤로 미룰 수 없다고 하십니다.

(하네복 103쪽) 사람들이 동서남북으로부터 와서 하나님의 나라 잔치에 참여하리니

누가복음 13:22 "예수께서 각 성 각 마을로 다니사 가르치시며 예루살렘으로 여행하시더니", 이 말씀은 예수님이 유대에 계신다는 것, 유대 사역 중이시라는 것을 지지합니다. 만일 갈릴리에 계셨다면 이렇게 표현하지 않습니다. 유대에 계시기 때문에 이렇게 표현이 된 것입니다.

어떤 사람이 예수님께 "주여 구원을 받는 자가 적으니이까" 이렇게 물었습니다(눅 13:23). 예수님은 그들에게 "아브라함과 이삭과 야곱과 모든 선지자는 하나님 나라에 있고 오직 너희는 밖에 쫓겨난 것을 볼 때에 거기서 슬피 울며 이를 갈리라"(눅 13:28), "사람들이 동서남북으로부터 와서 하나님의 나라 잔치에 참여하리니"(눅 13:29) 하셨습니다. 이 말씀으로 몇 가지 알게 됩니다. 첫째는 아브라함의 혈통적 자손이라고 자동적으로 하나님의 나라의 백성이 되는 것은 아니라는 것, 둘째는 이스라엘 가운데 모든 선지자가 자기 뜻이 아니라 정직하게 하나님의 뜻을 전했다는 것, 셋째는 이방인이 하나님의 나라 잔치에 참여하는 것을 알 수 있습니다. 예수님은 여기에 덧붙여서 누가복음 13:30 "보라 나중 된 자로서 먼저 될 자도 있고 먼저 된 자로서 나중 될 자도 있느니라 하시더라", 이 말씀은 네 복음서에 여러 번(눅 13:30, 마 19:30/막 10:31, 마 20:16) 반복됩니다.

(하네복 103~104쪽) 예루살렘아 예루살렘아

아마도 예수님이 예루살렘에 거의 다 오셨을 때 일 같습니다. 어떤 바리새인이 "여기를 떠나소서 헤롯이 당신을 죽이고자 하나이다"(눅 13:31) 하였습니다. 이 헤롯은 헤롯 안디바로 보입니다. 갈릴리의 분봉왕 헤롯이 예루살렘에 와 있었던 듯합니다. 수전절이 이르렀었습니다(요 10:22). 예루살렘에 대한 '예루살렘아 예루살렘아' 하시는 예수님의 애절한 탄식이 누가복음 13:34-35에 잘 나타나 있습니다. 이 탄식의 말씀은 마태복음 23:37-39에서도 하십니다.

(하네복 104~106쪽) 날 때부터 맹인 된 사람

예수님께서 길 가실 때에 날 때부터 맹인 된 사람을 보셨습니다. 예수님은 그에게서 하나님이 하시는 일을 나타내고자 하신다고 하셨습니다(요 9:3). 땅에 침을 뱉어 진흙을 이겨 그의 눈에 바르시고 실로암 못에 가서 씻으라 하셨습니다. 이에 가서 씻고 밝은 눈으로 왔습니다(요 9:6-7). 이 날은 안식일이었습니다(요 9:14). 실로암은 예루살렘에 있는 못입니다. 예수님이 예루살렘에 아주 가까이 계신 또 하나의 증거입니다.

바리새인들이 그를 쫓아냈습니다(요 9:35). 예수님은 그를 찾아가서 자신을 나타내 보여 주셨습니다.

(하네복 106~108쪽) 나는 선한 목자라

예수님은 비유를 통해서 자신이 누구이신지 나타내십니다. "문으로 들어가는 이는 양의 목자라"(요 10:2) 하십니다. "나는 양의 문이라"(요 10:7), "나는 선한 목자라"(요 10:11) 하십니다.

(하네복 108쪽) 수전절

요한복음 10:22 "예루살렘에 수전절이 이르니 때는 겨울이라". 수전절은 유대력 9월 25일입니다. 구약 성경에는 나오지 않지만 이스라엘이 헬라 제국의 끝 무렵, 그리고 로마 제국의 속국이 되기까지 시기에 헬라 제국에 의하여 더럽혀진 성전을 회복한 것을 기념하여 생겨난 절기입니다.

(하네복 108쪽) 내 아버지의 이름으로 행하는 일들

예수님께서 이 수전절에 예루살렘 성전 안 솔로몬 행각에 계셨습니다(요 10:23). 유대인들이 예수님을 에워싸고 그리스도이신지 밝히 말하라고 하였습니다. 예수님은 "내가 내 아버지의 이름으로 행하는 일들이 나를 증거하는 것이거늘 너희가 내 양이 아니므로 믿지 아니하는도다"(요 10:25-26) 하셨습니다. 예수님은 자신을 증언, 증거하는 것에 대하여 여러 번 말씀하셨는데, 그 때마다 그 내용이 일치합니다(요 5:31-47, 8:18). 유대인들이 다시 돌을 들어 치려 하였습니다(요 10:31). 그들이 다시 예수님을 잡고자 하였으나 그 손에서 벗어나 나가셨습니다(요 10:39).

2-7. 베레아 사역·예루살렘으로

예수님 당시 가나안 땅의 행정 구역은 구약 성경을 읽을 때의 이스라엘과 많이 다릅니다. 여호수아 시대에 제비 뽑아 나눈 12지파의 구역, 르호보암 왕 때에 남유다와 북이스라엘로 분단된 모습, 앗시리아에 의한 이방인들이 들어와 사는 사마리아인들의 지역이 생기는 시대가 있었고, 바벨론에 포로로 잡혀갔다 오는 시대, 메대와 바사의 시대, 헬라의 시대, 하스모니안 왕조의 시대, 그리고 예수님 당시 로마 제국의 통치 아래 있던 시대, 등등 파란만장한 역사가 있었습니다. 가나안 땅의 행정 구역과 통치자가 많이 바뀌었습니다. 이러한 일들의 결과로 예수님 당시 가나안 지역은 가장 남쪽으로 이두매인들의 지역, 그 북쪽으로 유대 지역, 그 북쪽으로 사마리아 지역, 그 북쪽으로 갈릴리 지역이 있었습니다. 또한, 데가볼리와 베레아가 있는 것이 구약 성경의 시대와 가장 두드러진 다른 점입니다. 데가볼리(decapolis)는 BC 63년 로마 장군 폼페이에 의하여 이 지역이 로마 제국에 편입되면서 10개(데가, deca)의 도시(볼리, polis) 지역을 말하며, 헬라의 도시들입니다. 데가볼리는 〈이스라엘 지도〉에서 보는 대로 대부분 갈릴리 호수와 요단 강 동쪽에 있으나, 스키토폴리스(구약 시대에 벧산)는 요단 강 서쪽에 있으면서 데가볼리에 포함되었습니다. 데가볼리는 예수님 당시에 이방인들이 살던 지역으로 알려져 있습니다(마 15:31).

베레아는 헬라어로 '(요단 강) 건너'라는 뜻이며, 개역개정 성경에는 뜻을 번역하여 '요단 강 건너편 혹은 저편'으로 번역되었습니다. 요단 강의 동쪽 지역을 일컫습니다. 요즘은 트랜스요르단이라고 불리는데 트랜스라는 말이 라틴어로 '건너'라는 뜻입니다.

(하네복 109~115쪽) 베레아 사역

예수님께서 다시 요단 강 저편 요한이 처음으로 세례 베풀던 곳에 가셔서 거하셨습니다(요 10:40). 베레아에는 유대인들이 살았던 것 같습니다. 예수님이 요한에게 세례를 받으신 곳이 요단 강 건너편 베다니로 보입니다(요 1:28). 즉, 베레아의 베다니로 볼 수 있을 것 같습니다. 예수님의 공생애 사역 당시 분봉 왕 헤롯 안디바가 갈릴리와 베레아를 통치하고 있었습니다. 예수님이 세례 요한이 처음 세례 베풀던 곳에 오셨고, 세례 요한이 예수님을 증거하였으므로 거기서 많은 사람이 예수님을 믿었습니다(요 10:42).

베레아 사역에서 있었던 일은 누가복음 14:1-17:10에 기록되어 있습니다. 이 시기는 예수님의 공생애 4년 차 수전절(유대력 9월 25일)에서 다음 해 유월절(유대력 1월 14일)까지 약 3개월 20일의 일부 기간입니다. 누가복음 기록에는 그 중에서도 5일간의 기록만이 있습니다.

누가복음 14:1, 안식일에 예수님께서 한 바리새인의 지도자의 집에 떡 잡수시러 들어가셨습니다. 안식일에 초청을 받아 가신 것으로 보입니다. 바리새인의 지도자이므로 집의 크기로나 경제적 여건으로나 많은 손님을 초대해서 식사할 수 있었을 것 같습니다. 그런데 안식일에 다른 사람을 식사에 초청하는 것이 실제로 있었을까? 하는 생각을 하게 됩니다. 왜냐하면 초청한 사람은 불을 피우고 요리를 해야 하기 때문입니다. 당시 유대인들이 안식일에 불을 피워서 요리했을지 아니면 전날 음식을 만들어 놓은 것인지 판단하기가 어렵습니다. 율법에서는 출애굽기 12:16 “너희에게 첫날에도 성회요 일곱째 날에도 성회가 되리니 너희는 이 두 날에는 아무 일도 하지 말고 각자의 먹을 것만 갖출 것이니라”, 이 말씀은 무교절 첫날과 일곱째 날에 성회로서 아무 일도 하지 말 것을 말씀하시나 각자의 먹을 것을 갖출 수 있다 하십니다. 이 말씀은 안식일에 음식을 만들지 말라는 뜻으로 보이지 않습니다. 그 외의 다른 ‘노동’을 하지 말라는 뜻으로 보입니다. 출애굽기 16:23 “모세가 그들에게 이르되 여호와께서 이같이 말씀하셨느니라 내일은 휴일이니 여호와께 거룩한 안식일이라 너희가 구울 것은 굽고 삶을 것은 삶고 그 나머지는 다 너희를 위하여 아침까지 간수하라”, 이 말씀은 광야에서 여섯째 날에 만나 이틀 치를 거두게 되니, 거둔 것을 여섯째 날에 요리하여 먹고, 나머지는 일곱째 날(안식일)을 위해 남겨 두라는 뜻입니다. 전날 요리를 미리 하라는 뜻으로 보이지 않습니다. 또 출애굽기 12:8-9 “그 밤에 그 고기를 불에 구워 무교병과 쓴 나물과 아울러 먹되 날것으로나 물에 삶아서 먹지 말고 머리와 다리와 내장을 다 불에 구워 먹고”. 물론 아직 모세를 통하여 율법을 주시기 전입니다. 유대력 1월 15일에는 무교절 첫날로서 아무 일도 하지 않는 날입니다. 그런데 출애굽 하는 그 날 불에 구워 먹도록 하셨습니다. 또한 율법을 주신 이후, 신명기 16:5-7 하나님 여호와께서 택하신 곳에서 유월절 ‘그 고기를 구워 먹고’ 하신 말씀으로 보아 아무 일도 하지 않는 성회의 날에 불을 피워 고기를 구워 먹은 것을 확인할 수 있습니다. 한편, 출애굽기 35:3 “안식일에는 너희의 모든 처소에서 불도 피우지 말지니라” 하였습니다. 이 말씀은 불을 피우는 요리도 하지 말라는 뜻도 포함하는 것으로 보입니다. 그러나 앞서 출애굽기 12:16 말씀과 같이 보면, 먹을 것만 갖추라, 즉, 먹을 것을 만드는 일을 제외한, 노동에 대해 설명하시는 것일 수도 있습니다. 그런데 하여간 당시 유대인들의 안식일에 불을 피워 음식을 만들었는지를 차치하고, 우리가 알 수 있는 것은 안식일에 손님을 초대하여 음식을 대접하였다는 사실은 분명히 확인됩니다.

예수님이 한 바리새인의 집에 초청받아서 그 곳에서 있었던 일은 누가복음 14:1에서 24절까지 이어지는데 많은 사람이 등장합니다. 이곳 베레아에 바리새인들과 율법교사들이 살고 있었음이 확인됩니다. 네 복음서에 나타나듯이 예수님이 사역하신, 그리고 유대인들이 살고 있던 예루살렘, 유대, 갈릴리, 베레아에는 바리새인들과 율법교사들(서기관들)이 살고 있었던 것을 알 수 있습니다. 예수님은 이 때 병자를 고쳐 주시고, 그들을 가르치셨습니다.

다른 하루는 누가복음 14:25-35입니다. 예수님께서 수많은 무리와 함께 길 가실 때 예수님의 제자가 되는 것이 얼마나 까다로운 일인가 설명하십니다.

또 다른 하루는 누가복음 15:1-17:10에 기록되어 있습니다. 모든 세리와 죄인들이 말씀을 들으러 예수님께 가까이 나아왔습니다(눅 15:1). 베레아에는 세리와 죄인들도 있었던 것을 알게 됩니다. 여러 가지 비유로 말씀하십니다. 누가복음 15:4-7 "너희 중에 어떤 사람이 양 백 마리가 있는데 …", 누가복음 15:8-10 "어떤 여자가 열 드라크마가 있는데 …", 누가복음 15:11-32 "… 어떤 사람에게 두 아들이 있는데 …", 누가복음 16:1-13 "… 어떤 부자에게 청지기가 있는데 …" 하시며 비유로 말씀하십니다.

누가복음 16:16-17 "율법과 선지자는 요한의 때까지요 그 후부터는 하나님 나라의 복음이 전파되어 사람마다 그리로 침입하느니라 그러나 율법의 한 획이 떨어짐보다 천지가 없어짐이 쉬우리라", 이 말씀은 갈릴리 I 사역에서 옥에서 세례 요한이 제자들을 보내어 예수님께 묻던 때에 그들이 돌아가고 예수님이 하신 말씀과 비슷합니다. 즉, 마태복음 11:12-13 "세례 요한의 때부터 지금까지 천국은 침노를 당하나니 침노하는 자는 빼앗느니라 모든 선지자와 율법이 예언한 것은 요한까지니"입니다. 이 두 말씀은 '율법과 복음'으로 정리할 수 있을 것 같습니다. 이스라엘에게는 율법을 지킬 것을 성경이 말씀하여 왔고, 세례 요한 이후로는 복음을 믿음으로 의를 얻는데, 이것은 이스라엘에 한하여 주어지는 것이 아니라 모든 이방인에게도 문이 열렸다는 뜻 같습니다. 갈라디아서 3:19 "그런즉 율법은 무엇이냐 범법하므로 더하여진 것이라 천사들을 통하여 한 중보자의 손으로 베푸신 것인데 약속하신 자손이 오시기까지 있을 것이라", 이 말씀에서는 율법이 예수님이 오시기까지 있을 것이라 하십니다. 따라서 세례 요한까지 이스라엘에게 주셨던 율법이 예수님이 오심으로 인하여 믿음으로 말미암는 의가 우리 이방인에게까지 문이 활짝 열렸습니다. (물론 이스라엘도 믿음으로 의롭게 됨을 성경은 말씀합니다.) 그래서 '천국을 침입한다', 혹은 '침노를 당한다'고 말씀하신 것으로 보입니다. 그렇다고 율법이나 선지자가 바뀌거나 폐하여지는 것이 아니라 그대로 있고, 예수님은 율법이나 선지자를 완전하게 하신다(마 5:17)고 말씀하셨습니다.

누가복음 16:19-31에 한 부자와 나사로라는 한 거지 이야기를 하십니다. 이 말씀은 비유로 하신 말씀 같습니다. 우리가 비유를 대할 때,

대의만 살필 것인지 알레고리적 해석을 할 것인지는 앞뒤 문맥을 보아야 할 것입니다. 이 비유는 사람의 죽음 후에 일어나는 일에 대한 내용입니다. 거지 나사로가 죽어서 천사들에게 받들려 아브라함의 품에 들어갔습니다(눅 16:22). 부자도 죽어 장사되어 음부에 갔습니다(눅 16:23). 음부는 우리가 구약 성경에서 많이 접한 단어로, 죽은 후에 가는 곳을 의미합니다. 보통 구약에서는 의롭게 살았든 아니든 죽은 후에 모두 음부에 간다는 표현을 사용하였습니다. 따라서 거지 나사로가 부자와 다른 곳, 아브라함의 품에 들어갔다는 표현이 굉장히 생소합니다. 부자가 음부에서 겪는 고통은 불꽃 가운데서 괴로워하고 있습니다(눅 16:24). 그리고 큰 구렁텅이로 인하여 서로 건너갈 수 없습니다. 부자의 음부에 관한 이야기는 우리 성경 지식에 비추어 받아들일 만한, 있음 직한 이야기입니다. 그러나 나사로가 아브라함의 품에 들어간 이야기는 우리의 성경 지식에 생소합니다. 예수님은 아브라함과 같은 믿음의 선진들이 있는 곳, 음부와 다른 곳이 있다고 말씀하십니다. 나중에 십자가상에서 예수님이 한 편의 강도에게 하신 말씀, "오늘 네가 나와 함께 낙원에 있으리라"(눅 23:43)라는 말씀과 아울러 이해할 수 있을 것 같습니다. 즉, 낙원이 아브라함의 품으로 표현된 것으로 보입니다. 예수님께서 다시 오시기 전까지 주님 안에서 죽은 모든 주의 백성이 부활을 꿈꾸며 한 곳, 낙원, 아브라함의 품에 있는 것 같습니다.

또 예수님은 작은 자 하나를 실족하게 하지 않도록 주의를 주십니다(눅 17:1-2). 또 사도들이 무익한 종의 마음으로 살아야 할 것을 말씀하십니다(눅 17:7-10).

(하네복 115~118쪽) 나사로야 나오라

요한복음 11:1-53에는 나사로의 죽음과 살아나는 사건이 있습니다. 예수님이 베레아에 계실 때에 베다니의 나사로가 죽게 됩니다. 우리가 잘 아는 대로 예수님은 이틀을 더 베레아에 머무시고 나사로가 죽은 후에 베다니에 가십니다. 예수님이 제자들에게 유대로 가자 하셨습니다. 요한복음 11:9 예수님은 "낮이 열두 시간이 아니냐" 하시며 말씀하십니다. 이것으로 예수님 당시에 낮 시간을 12등분한 것을 알 수 있습니다. 마르다 마리아의 집이 있는 유대의 베다니는 예루살렘에서 동쪽으로 약 3km 거리에 있습니다. 예수님은 베다니에 오셔서 마르다에게 나사로가 살아날 것을 말씀하십니다. 마르다는 이렇게 고백합니다. "주는 그리스도시요 세상에 오시는 하나님의 아들이신 줄 내가 믿나이다"(요 11:27) 마르다의 고백이 빌립보 가이사랴에서 베드로의 고백과 같습니다(마 16:16). 당시에 장례 풍습을 볼 때 사람이 죽으면 당일에 무덤에 두었던 것 같습니다. 예수님은 나사로의 무덤에 가셔서 돌을 옮겨 놓으라 하시고 큰 소리로 "나사로야 나오라" 부르십니다. 죽어 무덤에 나흘이나 있던 나사로를 나오라 하십니다. 나사로가 수족을 베로 동인 채로, 얼굴은 수건에 싸인 채로 나왔습니다(요 11:44). 나사로가 죽은 지 나흘이 지나서 살리시는 것은 그가 죽었었다는 것에 아무도 이의를 제기할 수 없는 상황이었습니다. 네 복음서 안에서 예수님이 죽은 사람을 살리신 사건은 나사로 사건을 포함하여 모두 4건입니다(한 관리의 딸 마 9:18, 나인성 과부의 독자 눅 7:17, 야이로의 딸 막 5:35/눅 8:49, 그리고 나사로). 병을 고치는 것과 죽은 자를 살리는 것은 당시 유대인들이 받는 느낌에 큰 차이가 있었을 것입니다. 예수님이 죽은 나사로를 살리신 사건은 엄청난 사건이었습니다. 베다니가 예루살렘과 가까워 많은 사람이 위로하고자 마르다와 마리아의 집에 와 있다가 죽어 무덤에 있는 나사로가 살아서 나오는 것을 두 눈으로 목격하였습니다. 이 보고를 들은 대제사장과 바리새인들은 공회를 모으고 예수님을 죽이려고 모의합니다(요 11:53).

이 때로부터 예수님이 십자가를 지시는 때까지는 머지않습니다. 나사로를 살리신 사건은 유월절에 예루살렘에 모인 유대인들이 예수님을 호산나 찬송하고 맞이하게도 하고, 십자가에 달리실 때 구경꾼이 되게 하기도 합니다.

예수님은 에브라임으로 가셔서 유월절에 예루살렘에 가시기 전까지 에브라임에 머무십니다(요 11:54).

(하네복 119쪽) 유월절이 가까우매

요한복음 11:55 "유대인의 유월절이 가까우매 많은 사람이 자기를 성결하게 하기 위하여 유월절 전에 시골에서 예루살렘으로 올라갔더니". 이스라엘의 율법에 부정하게 되는 여러 가지 경우가 기록되어 있으며, 부정하게 된 경우 정하게 되는 규례들이 있습니다. 일반적인 부정은 옷을 빨고 저녁이 되면 정하게 되었습니다(레 11:40). 그러나 어떤 경우는 정하게 하는 데 1주일, 40일, 80일이 소요되었습니다(레 12:2-5). 죽은 사람에게 접촉한 경우는 제3일과 제7일에 붉은 암송아지를 태운 잿물을 자신에게 뿌려야 했습니다(민 19:11-19, 31:19). 이 잿물은 성전이 있는 예루살렘에 들어가는 곳에 비치되어 있었다 합니다. 많은 사람이 자기를 성결하게 하기 위하여 유월절 전에 예루살렘에 올라갔습니다. 뒤에 살펴보겠지만 예수님은 유월절 엿새 전에 예루살렘에서 가까운 베다니에 도착하셨습니다(요 12:1).

《하모나이즈드 네 복음서》를 보고 예수님 당시 이스라엘 지도와 행정 구역, 도로 등을 알면 예수님이 공생애 5년 차 유월절에 사마리아와 갈릴리 사이에서 시작하여(눅 17:11) 예루살렘에 이르는 길과 숙박지, 그리고 날짜와 요일을 유추할 수 있습니다.

유추하여 일자별 이동을 제시하기 전에 몇 가지 필요한 가정들을 설명하고자 합니다.

첫째, 예수님 당시 사마리아인들과 유대인들과 사이가 좋지 않았습니다. 평소에는 유대인들이 유대와 갈릴리를 오갈 때 사마리아를 통과할 수 있었던 것 같습니다(요 4:3-4). 그러나 명절 때 많은 갈릴리의 유대인들이 예루살렘에 가려면 사마리아인들이 가지 못하게 하였습니다(눅 9:52-56). 따라서 갈릴리의 유대인들은 사마리아 땅을 밟지 않고자 멀리 요단 강을 건너갔다가 다시 건너와서 여리고를 지나 예루살렘에 올라갔습니다. 이렇게 돌아가면 바로 가는 것보다 하루가 더 걸렸습니다. 당시 명절에 많은 사람이 같이 이동하며 모두 같은 곳에서 요단 강을 건넜을 것입니다.

갈릴리에서 사마리아 땅을 밟지 않고 예루살렘에 가기 위해 요단 강을 두 번 건너야 했습니다. 구약 성경에서 요단 강을 건너는 방법은 배를 타거나(삼하 15:28, 17:16, 19:18), 밟고 건너는(삼하 19:17) 기록들이 있습니다. 다리로 건너는 모습은 보이지 않습니다. 네 복음서에는 건너는 모습이 없어서 어떻게 건넜는지 단정할 수 없습니다. 그러나 절기에 수많은 사람이 갈릴리에서 예루살렘에 가기 위하여 건너는 자리는 건너기 수월한 곳으로 일정했을 것으로 보입니다. 예수님의 십자가를 지기 위해 예루살렘에 올라가시는 여정을 통해서 건넜을 것으로 추정되는 요단 강 두 군데를 뒤에서 살펴보도록 하겠습니다.

둘째, 하루에 이동할 수 있는 거리는 걷는 사람과 상황에 따라 달라질 것입니다. 성인 남자의 일반적인 걷는 속도는 4km/h이며, 쉬지 않고 밥 먹는 시간도 계산하지 않는다면 하루에 4×12=48km를 걸을 수 있습니다. 그러나 유월절에 이동은 여자와 아이들도 같이 이동하며, 중간에 쉬기도 하고 음식도 먹어야 하므로 하루에 30km 정도를 생각해 볼 수 있습니다. 유월절은 태양력에 따른 24절기 중 춘분에 가깝습니다. 춘분은 낮과 밤의 길이가 같은 때입니다. 그러므로 해가 있어서 걸을 수 있는 시간이 해 뜰 때부터 질 때까지 현대의 시계로 12시간입니다.

셋째, 유대인들은 여행하면서 아마도 이방인이 사는 지역이나 집에서 머물지 않았을 것입니다. 데가볼리는 헬라의 도시로서 이방인들이 사는 곳입니다. 이방인의 집에 머물면 먹는 음식 문제(부정한 음식), 잠자리 문제, 모르는 무덤에 가까이 가게 되어 부정하게 되는 문제 등 여러 부정하게 되는 상황에 처할 수 있으며, 그러면 예루살렘 성전 제사 참여와 유월절 음식도 먹지 못하는 불상사가 생길 것입니다. 그러므로 데가볼리 지역은 지나만 갔을 것입니다. 한편 유대인들이 사는 베레아 지역에는 하루에 걸을 수 있는 거리마다 유대인 여관이나 집에서 머물렀을 것 같습니다.

넷째, 여행 중간에 안식일이 끼지 않게 여행 일자를 잡았을 것입니다. 유대인들은 안식일에 먼 거리를 이동할 수 없으므로(행 1:12, 출 16:29) 여행 중 걷는 거리와 소요 날짜를 미리 계산하여 중간에 안식일이 끼지 않도록 했을 것 같습니다. 중간에 안식일이 끼면 한 발자국도 움직이지 못하고 숙소에서 시간과 돈을 낭비할 터이니 안식일을 피하여 여행 계획을 짜지 않았을까 생각이 듭니다. 그러다 보니 수많은 사람이 같은 날 모여서 출발할 수밖에 없었을 것이고 같이 이동하게 됩니다. 오늘날로 보면 추석 연휴에 고속도로가 막히는 것처럼, 일순간에 같은 일자에 많은 사람이 동시에 움직이는 상황이었을 법합니다.

다섯째, 예수님과 모든 여행하는 사람들은 숙박지에서나, 아니면 길에서 쉴 때 대화를 나누거나 가르치거나 하셨을 것입니다. 걷는 중에 가르치는 것은 듣는 사람들이 곁에 있지 않으면 어려울 것입니다. 당시에 해가 떨어진 다음에는 이동하지 않았을 것입니다. 그러나 숙박지에 도착해서 해가 진 다음에라도 숙소에서 가르칠 수 있습니다.

이러한 조건을 모두 수긍할 수 있다면, 예수님의 이동하시는 날짜와 요일, 대략적 숙박지의 위치 등을 추정하여 알아낼 수 있습니다. 아래에 있는 이후의 날짜와 요일은 《하모나이즈드 네 복음서》에서 확인된 당년의 유월절의 유대력 1월 14일 목요일에서부터 거꾸로 이동 거리(일자)와 경로를 역추산하여 얻은 요일과 일자입니다.

자, 이제 준비가 되셨으면 예수님과 함께 유월절에 갈릴리에서부터 예루살렘까지 여행을 시작해 보겠습니다.

(하네복 119쪽) 유대력 1월 4일 월요일

예수님은 나사로를 살리신 후에 빈들 가까운 에브라임이라는 동네에 가서 제자들과 함께 머무셨습니다. 얼마나 머무셨는지는 알 길이 없습니다. 예수님은 공생애 마지막 유월절에 예루살렘에 올라가십니다. 누가복음 17:11 "예수께서 예루살렘으로 가실 때에 사마리아와 갈릴리 사이로 지나가시다가". 예수님은 에브라임에서 사마리아와 갈릴리 사이로 오셔서 여행을 시작하십니다. 에브라임에서 예루살렘은 하룻길이며 남쪽으로 '족장의 길'을 따라가면 됩니다. 그런데, 예수님은 에브라임에서 예루살렘 반대 방향인 북쪽으로 가셔서 사마리아와 갈릴리 사이를 지나서 가십니다. 한 마을(숙박지 #1)에 들어가십니다. 이것에 대하여 김용호(Joseph Kim) 박사의 유튜브 성경 지도 강의와 《Satellite Bible Atlas Historical Geography of the Bible》(2nd Edition, William Schlegel, Schlegel Publisher, 2013)에서 예수님은 그 한 마을에서 갈릴리에서 오는 다른 제자들(여인들 포함)을 만나기 위해서, 만나서 같이 여행하고자 하신 것 같다 하였습니다. 여기에 덧붙여서 예수님께는 아직 이 여행길에 제자들을 가르치시는 일들을 포함하여 하실 일들이 남아 있었다고 생각됩니다. 그것은 이어지는 여행에서 우리가 볼 수 있습니다. 그 한 마을(숙박지 #1)은 지도(그림 3)에서 이스르엘 골짜기이며, 사마리아와 갈릴리 사이이고, 갈릴리에서 오는 제자 일행들과 에브라임에서 북쪽으로 가신 예수님 일행과 만나기에 적당한 곳입니다. 예수님이 이 마을에 도착하셨을 때, 나병환자 열 명이 찾아왔습니다. 예수님은 그들을 낫게 하셨습니다.

예수님은 아마도 이 마을(숙박지 #1)에서 밤에 묵으셨을 것입니다.

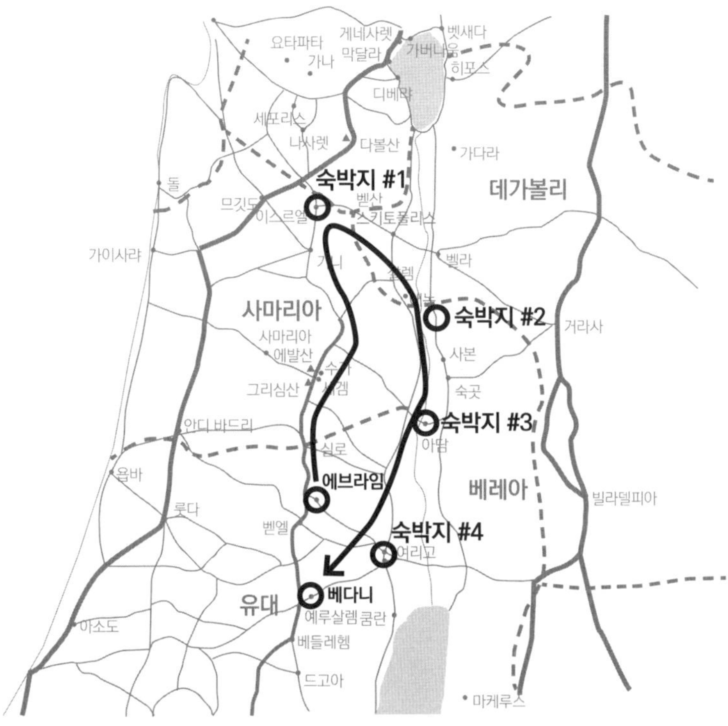

그림 3) 예수님이 공생애 5년 차 마지막 유월절에 갈릴리에서 예루살렘에 올라가시는 길(추정). ('#번호'는 이동하며 묵으신 곳으로 추정되는 숙박지 순서임)

(하네복 119~121쪽) 유대력 1월 5일 화요일

숙박지 #1에서 아침 일찍이 출발하여 숙박지 #2까지 여행하셨습니다. 여행하시는 도중에 길에서 있었던 일은 남겨진 기록이 없습니다.

그렇지만 여행 경로에 대해 몇 가지 유추해 보겠습니다. 이스르엘 골짜기에서 요단 강을 향하여 여행하다 보면 스키토폴리스를 지납니다. 스키토폴리스는 데가볼리 10곳 중 하나이며, 구약 성경의 오래된 성읍 벧산입니다. 이 곳은 예수님 당시에는 헬라의 도시, 즉 이방인의 도시이므로 머물지 않고 지나치셨을 것 같습니다. 그다음은 바로 요단 강을 건너게 됩니다. 그다음 도착하는 곳은 벨라, 이 곳도 헬라의 도시로서 데가볼리 중 한 곳입니다. 이 곳도 지나치셔야 했을 것 같습니다.

숙박지 #1에서 #2로 가기 위해 요단 강을 건너야 합니다. 스키토폴리스에서 벨라로 이어지는 길에서 건너는 요단 강 지점은 지금도 대략적으로 특정이 가능합니다. 물론 당시 유대인들이 건너던 바로 그 지점은 아니겠지만 그 지역 강의 모습을 살펴볼 수 있습니다. 2010년에 보고된 한 요단 강 환경 보고서(Towards a living Jordan river: An environmental flows report on the rehabilitation of the lower Jordan river, Sarig Gafny et al. Friends of the Earth Middle East, May 2010)에 보고된, 현재의 Beit Shean/Sheikh Hussein Bridge 근처가 그 곳입니다. 이 보고에 따르면 이 곳은 강폭이 넓고 깊고 유속이 느린 곳입니다. 당시 어떤 방법으로 건넜는지에 대한 답은 얻지 못했지만 현재는 이스라엘과 요르단의 국경 다리가 있습니다.

벨라를 지나 요단 강 건너편을 남쪽으로 여행하여 데가볼리 지경을 벗어나서 베레아 지역 내에서 숙박(숙박지 #2)을 하셨을 것입니다. 이 곳에 도착하여 누가복음 17:20부터 18:14까지 하신 말씀이 기록되어 있습니다. 바리새인들이 하나님의 나라가 임함에 대해 물었고

(눅 17:20), 예수님은 제자들에게 인자의 날에 대해 말씀하셨습니다(눅 17:22). 그 날은 노아의 때와 롯의 때와 같을 것이라고 하셨습니다. 또 항상 기도하고 낙심치 말아야 할 것을 비유로 말씀하셨습니다(눅 18:1-8). 바리새인과 세리의 기도를 통하여 누가 의롭다 함을 받았는지 설명하셨습니다(눅 18:9-14).

(하네복 121~122쪽) 유대력 1월 6일 수요일

숙박지 #2를 떠나서 숙박지 #3에 도착하십니다. 마태복음 19:1c "요단 강 건너 유대 지경에 이르시니", 마가복음 10:1b "유대 지경과 요단 강 건너편으로 가시니", 이 두 말씀에서 숙박지 #3의 위치를 유추해 볼 수 있습니다. 지도(그림 3)가 많은 도움을 줍니다. 요단 강 건너편이면서 유대지경(유대 지방 경계선)이면서, 다음 날 하루를 걸어서 여리고(숙박지 #4)에 도착할 수 있는 곳은 지도에서 '아담'으로 표시된 곳일 수밖에 없습니다.

숙박지 #3에 도착하니 바리새인들이 예수님께 나아와 예수님을 시험하여 아내를 버리는 것에 대하여 묻습니다. 예수님은 하나님이 짝지어 주신 것을 사람이 나누지 못한다(마19:6/막 10:8-9) 하셨습니다.

(하네복 122~127쪽) 유대력 1월 7일 목요일

다음 날 아침에 숙박지 #3(아담으로 추정)에서 아침에 떠나시는 모습이 나옵니다. 어린 아이들을 안고 그 위에 안수하시고 축복하시고 거기를 떠나십니다(마 19:13-15/막 10:13-16/눅 18:15-17).

숙박지 #3에서 나오면 바로 요단 강을 건너야 합니다. 현재의 Adam/Damya Bridge 근처로 보입니다. Sarig Gafny et al의 보고서에 보면 이 곳 아담은 강줄기가 나뉘어 있고 상대적으로 물이 얕고 유속이 느립니다. 야곱이 밧단 아람에서 돌아올 때 얍복 강을 건너 숙곳에 이르렀고, 아내들과 자식들과 모든 재산과 하인들을 이끌고 요단 강을 건너던 곳이 이 곳입니다(창 33:17-18). 야곱은 이 곳에서 요단 강을 건넌 후 북서쪽으로 이동하여 세겜에 이르렀습니다. 반대로 남쪽으로 내려가면 여리고에 이릅니다. 예수님과 많은 사람들은 이 곳에서 건너서 남쪽으로 가셨을 겁니다. 이 곳의 물이 얕은 곳에서 밟아서 건너지 않았나 생각이 듭니다.

숙박지 #4로 가시는 길에 어떤 사람이 "내가 무슨 선한 일을 하여야 영생을 얻으리이까" 하고 물었습니다(마 19:16/막 10:17/눅 18:18). 예수님께서는 그에게 계명들을 지키라 하셨고, 예수님은 십계명 중 5번째~10번째 계명을 말씀하셨습니다. 그 청년은 큰 부자였으므로 말씀을 듣고 심히 근심하며 갔습니다.

예수님은 제자들에게 부자는 천국에 들어가기가 어렵다 하시고, 모든 것을 버리고 주를 따른 제자들은 현세에 여러 배를 받고 내세에 영생을 받는다고 말씀하셨습니다.

예수님은 포도원 품꾼의 이야기를 비유로 하십니다. 집 주인이 이른 아침에 하루 한 데나리온씩 품꾼과 약속하고 포도원에 들여보내고, 제삼시에, 제육시에, 제구시에, 제십일시에도 품꾼을 들여보냈습니다. 이들 모두 한 데나리온을 받았습니다. 모든 일꾼이 같은 값어치(한 데나리온)를 받는 것은 '의'를 비유하는 것이 아닐까 생각해 봅니다. 일꾼의 행위와 무관하게 그리스도의 대속의 은혜와 함께 얻게 되는 '하나님의 의'는 받는 누구나 똑같다는 점에서 그렇습니다. 로마서 3:22 "곧 예수 그리스도를 믿음으로 말미암아 모든 믿는 자에게 미치는 하나님의 의니 차별이 없느니라", 모든 믿는 자에게 차별 없다는 점에서 모든 일꾼에게 한 데나리온이 주어지는 것과 같습니다. 이 비유는 므나 비유, 달란트 비유에서 결과에 따라 다스리는 고을 수가 달랐던 것과 다릅니다.

예수님은 길에서 열두 제자를 따로 데리고 인자가 예루살렘에서 당하실 고난을 말씀하십니다(마 20:17-19/막 10:32-34/눅 18:31-33).

세베대의 아들들과 그들의 어머니는 두 아들을 주의 나라에서 하나는 주의 우편에 하나는 주의 좌편에 앉게 해 달라고 요청합니다(마 20:20-28/막 10:35-45).

여리고에 가까이 왔습니다. 여리고는 숙박지 #4입니다. 여리고에 가까이 가셨을 때에 한 맹인의 눈을 뜨게 하셨습니다(눅 18:35-43).

여리고로 들어가 지나가시다가 삭개오를 만나십니다(눅 19:2-10). 예수님은 삭개오의 집에서 유하십니다.

예수님은 열 므나 비유로 말씀하십니다(눅 19:11-27). 이 때는 귀인이 '장사하라'고 하였고, 장사한 결과에 따라 다스리는 고을을 차지하게 합니다. 포도원 품꾼의 비유가 모든 믿는 자가 동일하게 얻는 '하나님의 의'(칭의)를 설명하는 것이라면, 므나 비유에서는 장사의 결과에 따라 다스리는 고을이 차이가 납니다. 거듭난 자로서 칭의와 성화를 생각한다면, 므나의 비유는 성화를 설명하시는 것이 아닌가 생각해 봅니다. 즉, 주의 백성 된 자들이 주 안에서 물과 성령으로 거듭난 삶을 살면서 역경 가운데 '하나님 사랑과 이웃 사랑'의 열매들을 보신다는 것으로 해석됩니다. 이것은 행위가 개인의 의가 된다는 뜻이 아닙니다. 주 안에서 성령님의 인도하심을 따라 하나님의 나라의 백성의 열매 맺는 모습을 말씀하는 것으로 보입니다.

(하네복 127~128쪽) 유대력 1월 8일 금요일

예수님이 여리고(숙박지 #4) 삭개오의 집을 나와 예루살렘을 향하여 가십니다. 디매오의 아들 맹인 거지 바디매오를 고쳐 보게 하십니다(막 10:46-52). 또 맹인 두 사람을 보게 하십니다(마 20:29-34).

예수님은 이 날 오후에 예루살렘 조금 못미처 있는 베다니에 도착하십니다.

2-8. 예루살렘에서

현대의 우리는 하루의 시작을 밤 12시(자정)로 합니다. 그리고 하루를 24등분하고, 오전(AM) 12시간, 오후(PM) 12시간으로 나눕니다. 그런데 네 복음서의 시대에는 하루의 시작을 해가 지면서로 하였습니다. 해가 지면 (밤으로부터) 새날이 시작됩니다. 밤을 넷으로 나누어, 1경, 2경, 3경, 4경으로 하였습니다. 아마 당시 시계가 없어서, 밤 시간을 자세히 나눈다는 것이 의미가 없었을 것 같습니다. 어떤 자료(책)의 "그러므로 깨어 있으라 집 주인이 언제 올는지 혹 저물 때일는지, 밤중일는지, 닭 울 때일는지, 새벽일는지 너희가 알지 못함이라"(막 13:35)라는 말씀에서 '저물 때는 1경', '밤중은 2경', '닭 울 때는 3경', '새벽은 4경'일 것이라고 한 것을 읽은 적이 있습니다. 《하모나이즈드 네 복음서》에서 관찰해 보면 예수님이 제자들과 마지막 식사를 하시고, 잡히시고, 산헤드린 공회에서 재판 받으시는 일련의 연속 사건들에 이 표현들이 순서대로 나옵니다. '저물 때에'(하네복 150쪽, 마 26:20/막 14:17), '밤이러라'(하네복 153쪽, 요 13:30), '곧 닭이 울더라'(하네복 167쪽, 마 26:74/막 14:72/눅 22:60/요 18:27), '새벽에'(하네복 167쪽, 마 27:1/막 15:1)입니다. 마가복음 13:35 말씀의 네 가지 표현이 순서대로 (밤 시간이) 흘러갑니다. 따라서, 예수님 시대에 실용적으로 밤 시간을 저물 때(1경), 밤중(2경), 닭 울 때(3경), 새벽(4경)으로 인지하고 구분하여 표현한 것 같습니다.

또한, 낮은 12등분하였습니다. 이스라엘은 북위 약 31~34도 사이에 위치합니다. 우리나라의 제주도 위도(북위 약 33도)와 비슷합니다. 그러므로 제주도와 이스라엘은 기후, 기온, 강수 기간 등은 다르지만 낮과 밤의 길이 등은 같습니다. 이스라엘과 우리나라는 여름에는 낮 시간이 가장 길고 (특히 하지인 태양력 6월 21일경에 이스라엘에서 낮 시간 길이는 14시간 23분 정도입니다), 정오에는 태양 높이도 가장 높고, 일사량도 가장 많습니다. 겨울에는 낮이 짧습니다(특히 동지인 태양력 12월 22일경에 이스라엘에서 낮 시간 길이는 9시간 40분 정도입니다). 따라서, 네 복음서 시대에는 겨울의 전체 낮 시간은 짧고, 12등분하면, 1시간이 짧은 한 시간(약 48분)이었습니다. 여름에는 전체 낮 시간이 길어서 12등분한 1시간도 긴 한 시간(약 72분)이었습니다. 오늘날 춘분이 태양력 3월 21일경, 추분이 태양력 9월 23일경입니다. 춘분과 추분 때는 낮과 밤의 길이가 똑같은 날입니다. 이스라엘의 절기와 비교해 보면 유월절은 태양력 춘분을 전후하고, 초막절은 태양력 추분을 전후합니다. 따라서 대략 유월절과 초막절의 낮 시간은 60분짜리 1시간이 12개(12시간) 있는 계절입니다.

구약 시대에 (네 복음서 시대에도) 상번제가 있었습니다. 상번제는 매일 오전과 오후에 각각 드려지는 제사입니다. 오전에는 9시경인데 실제 준비와 제사의 시작은 해 뜨고 바로 시작하지 않았을까? 생각됩니다. 오후 제사는 오후 3시경인데 실제로 오후 제사는 정오가 지나면서 준비와 제사가 시작되지 않았을까? 생각됩니다. 누가복음 1:8-10 "마침 사가랴가 그 반열의 차례대로 하나님 앞에서 제사장의 직무를 행할새 제사장의 전례를 따라 제비를 뽑아 주의 성전에 들어가 분향하고 모든 백성은 그 분향하는 시간에 밖에서 기도하더니"의 이 모습이 당시 예배의 부분이라고 생각됩니다. 하루에 두 번씩 제사(예배)가 있었음을 알 수 있습니다. 그런데 성경에서 오전 제사를 아침 제사로, 오후 제사를 저녁 제사로 부릅니다(레 6:20). 아침이라는 표현은 문제가 없지만, 저녁이란 표현은 우리에게 많은 오해를 불러일으킵니다. 지금의 오후를 저녁이라고 하고 있는 것입니다. 예수님이 십자가에서 죽으신 시간이 오후 3시경입니다. 이 시간이 본래 저녁 제사를 드리는 시간입니다. 성경에 저녁이라는 표현을 읽을 때 실제 해가 진 때를 의미하는지, 오후 시간을 의미하는지 앞뒤 문맥에서 살펴보아야 합니다.

하여간 하루의 시작은 해가 지면서이며, 끝나는 시간은 다음 해가 지는 때입니다. 그러므로 하루의 시작은 밤, 그리고 낮입니다. (현대에는 아침 그리고 밤이 하루의 개념이지만) 이것은 신구약 성경 전체에서 동일한 것 같습니다. 이 하루의 시작과 끝의 기준으로 이 책에서 일자에 대한 구분을 하였습니다. 이것이 헷갈리면 책을 읽기가 복잡해집니다. 시간과 일자, 한 달, 한 해의 시작과 끝, 안식일과 절기에 대한 개념을 네 복음서 당시의 상황으로 돌아가서 읽어야만 편안하게 성경을 읽을 수 있습니다.

(하네복 129쪽) 1월 8일 금요일

유월절 명절에 참여하고자 많은 무리가 아침 일찍 여리고(숙박지 #4)에서 예루살렘으로 이동해 갔습니다. 예수님은 예루살렘 못미처 베다니에 여장을 푸셨습니다(요 12:1).

예수님께서 예루살렘 인근 베다니에 도착하신 것은 유월절 엿새 전이었습니다(요 12:1). 예수님은 이 곳, 나사로와 마르다와 마리아 남매의 집에서 네 번의 밤(토, 일, 월, 화)을 보내십니다. 그리고 두 번의 밤(수,

목)은 감람 산에서 보내십니다. 유월절 엿새 전에 베다니에 도착하셨다는 것은 유월절인 유대력 1월 14일에서 6일 전, 즉 유대력 1월 8일에 베다니에 도착하신 것입니다. 우리는 요일도 짐작할 수 있습니다.

요일을 짐작하려면 그 전에 몇 가지 확실히 할 것이 있습니다. 당시 유대인들은 안식일에 먼 길을 여행하지 않았습니다. 사도행전 1:12 "제자들이 감람원이라 하는 산으로부터 예루살렘에 돌아오니 이 산은 예루살렘에서 가까워 안식일에 가기 알맞은 길이라", 이 말씀은 당시 유대인들이 율법에 따라 안식일에 먼 길을 여행하지 않았다는 것을 확인시켜 줍니다. 당시 유대인들이 먼 곳을 여행해야 했을 때, 여행 일정을 잡는 데 안식일을 고려해야 했을 것입니다. 예를 들면, 갈릴리에서 예루살렘까지 여행할 때, 갈릴리 지역에 따라 다르겠지만, 먼 곳은 6일쯤 소요됩니다. 만일 유대인이 일요일(주간의 첫째 날)에 출발하면 6일 걸려서 금요일(주간 여섯째 날)에 예루살렘에 도착할 수 있습니다. 그러나 더 멀리 살거나, 다른 요일에 출발한다면, 이동하는 일정 중간에 안식일이 한 번 끼이게 됩니다. 그러면 안식일에 먼 길을 가지 않으려고 숙소에서 하루를 머물러야 합니다. 그러므로 중간에 토요일 안식일이 끼이지 않고, 유월절 전에 예루살렘에 도착하도록 여행 일정을 잡았을 겁니다. 그렇게 도착한 것이 유월절 엿새 전입니다.

지금까지 예수님이 십자가에서 죽으신 유월절은 금요일로 알려졌습니다. 금요일에 엿새 전이면 토요일 안식일입니다. 그러면 예수님과 제자들, 여러 갈릴리의 유대인 무리들이 토요일 안식일에 여리고에서 예루살렘과 베다니까지 여행을 한 것이 됩니다. 이 내재적 모순을 어떻게 해결할 수 있을까요? 이 문제는 뒤(3. 예수님의 그 유월절)에서 네 복음서의 내적 증거로 잘 설명됩니다. 결론만 미리 말하자면, 베다니에 도착한 것이 토요일이 아니라 금요일이어야만 합니다. 금요일에 베다니에 도착하고, 엿새 후 목요일이 유월절이어야 모순이 없습니다. 그 해 유대력 1월 14일 유월절은 목요일이었습니다. 그러면 베다니에 도착한 것은 유대력 1월 8일 금요일입니다.

(하네복 129쪽) 1월 9일 토요일, 안식일

예수님이 베다니 나사로의 집에 도착하신 다음 날은 안식일이었습니다. 이번 방문은 죽은 나사로를 살리신 후 첫 방문이었습니다. 아마도 한두 달 전 일이었을 겁니다. 마르다와 마리아는 기쁜 마음에 예수님을 위하여 잔치를 벌였습니다(요 12:2-8). 마르다는 일을 하고 나사로는 예수님과 함께 앉아 있었습니다. 많은 유대인들이 예수님도 보고 나사로도 보기 위해 이 집에 왔습니다. 마리아는 삼백 데나리온 되는 지극히 비싼 향유 곧 순전한 나드 한 근을 예수님의 발에 붓고 자기 머리털로 예수님의 발을 닦았습니다. 예수님은 이 향유를 예수님의 장사할 날을 위해 그것을 간직하라고 말씀하셨습니다.

이 부분에서는 두 가지 질문이 있을 법합니다. 첫째는 안식일에 잔치하는 것이 가능했었는가? 하는 것이요. 둘째는 뒤이어 나오는 또 한 번의 향유를 붓는 사건과 이 사건이 같은 것인가? 하는 논란일 것입니다.

안식일에 불을 피워서 요리를 했는지 잘 모르지만, 우리는 앞서 한 바리새인 지도자가 안식일에 예수님을 초청하여 식사를 한 사실을 읽었습니다(눅 14:1). 그러므로 마르다와 마리아의 집에서 안식일에 잔치하는 것은 가능합니다. 그다음, 뒤에 있을 또 한 번의 향유를 예수님께 붓는 사건은 유대력 1월 13일 수요일에 있게 됩니다(마 26:6-13/막 14:3-9). 그러므로 예수님은 유월절 전에 2번의 향유 부음을 당하시게 됩니다. 베다니에서 며칠 사이로 향유 부음이 두 번 있었음은 《하모나이즈드 네 복음서》에서 쉽게 확인됩니다.

(하네복 129~133쪽) 1월 10일 일요일

한 주의 첫날이며 유대력 1월 10일입니다. 구약에서 유대력 1월 10일은 유월절 양을 준비하는 날입니다(출 12:2-3). 이 날 예수님은 나귀를 타시고 예루살렘에 입성하셨습니다. 마태, 마가, 누가복음은 벳바게에서 나귀를 타고 가시는 예수님과 함께 이동하는 관점에서 내용을 전개합니다(마 21:1-9/막 11:1-10/눅 19:29-36). 반면에 요한복음은 벳바게로부터 예루살렘으로 나귀를 타고 오시는 예수님을 맞이하는 관점에서 내용을 기록합니다(요 12:12-18). 즉, 성안에서 명절에 예루살렘에 온 큰 무리가 예수님이 성내로 오신다는 것을 듣고 종려나무 가지를 가지고 맞으러 나가서 "호산나 찬송하리로다 주의 이름으로 오시는 이 곧 이스라엘의 왕이시여" 하였습니다(요 12:12-13). 한편, 나귀를 타신 예수님과 함께 하고 있는 많은 사람들은 자신의 겉옷을 길에 펴고 나뭇가지를 베어 길에 펴고 앞에서 가고 뒤에서 따르며 "호산나 찬송하리로다 주의 이름으로 오시는 이여 찬송하리로다 오는 우리 조상 다윗의 나라여 가장 높은 곳에서 호산나" 하였습니다(마 21:4-9/막 11:4-10/눅

19:32-36). 이 날이 우리가 잘 아는 종려주일의 기원이 된 날입니다. 유대력 1월에 10일이며, 주일, 일요일입니다. 제자들은 물론 온 무리가 예수님을 예언된 메시야로 맞이하고 있는 것입니다(슥 9:9).

성전에 들어가신 예수님께 명절에 예배하러 온 헬라인 몇이 예수님을 뵙고자 왔습니다. 이 때 이들은 갈릴리 벳새다 사람 빌립을 찾아가서 예수님을 만나고 싶다고 했습니다(요 12:20-21).

예수님은 이 날 모든 것을 둘러보시고 때가 이미 저물어 열두 제자들을 데리시고 베다니로 나가셨습니다.

(하네복 133쪽) 1월 11일 월요일

어제에 이어지는 다음 날 베다니에서 나오셨습니다(막 11:11-12). 그러므로 오늘은 1월 11일 둘째 날(월요일)입니다. 예수님이 시장하셨고 멀리서 잎사귀 있는 한 무화과나무를 보시고 무엇이 있을까 하고 가셨습니다. 그런데 잎사귀 외에는 아무 것도 없었습니다. 아직 무화과가 열릴 때가 아니었습니다. 예수님은 나무에게 “이제부터 영원토록 사람이 네게서 열매를 따 먹지 못하리라” 하셨습니다(막 11:12-14).

예수님께서 성전에 들어가셨습니다. 성전 안에서 매매하는 자들, 돈 바꾸는 자들, 비둘기 파는 자들이 장사하고 있었습니다. 예수님은 그들을 내쫓으셨습니다. 아무도 물건을 가지고 성전 안에서 지나다님을 허락하지 않으셨습니다. 성전에 대한 예수님의 말씀, “내 집은 만민이 기도하는 집이라"라고 하시는 것을 통해 성전에 대한 예수님의 생각을 알 수 있습니다. 예루살렘 성전은 본래 하나님께서 정하신 위치에 하나님께서 주신 식양에 따라 지어졌습니다. 솔로몬에 의해, 그리고 바벨론서 돌아온 스룹바벨에 의해 그러했습니다. 그러나 이후 어떠한 언급도 없이 헤롯 대왕에 의해 지금 예수님 시대의 성전이 대대적 리모델링 중이었습니다. 헤롯 대왕이 하나님의 뜻에 따라 하나님의 주신 식양대로 성전을 리모델링을 시작하였는지 성경 내외에 아무런 언급이 없습니다. 그러나 어찌 되었든 예수님은 이 성전에 유대인으로서 가셨습니다. 또 '내 아버지의 집'(요 2:16)이라고 하셨으니 예수님께는 아주 특별한 곳이었습니다. 성전에서 장사하는 자들을 내쫓으셨으며 '만민의 기도하는 집'(마 21:13/막 11:17/눅 19:46)이라고 말씀하셨습니다. 성전을 정화하시고 저물매 다시 떠나 성 밖으로, 베다니로 가셔서 머무셨습니다.

(하네복 133~149쪽) 1월 12일 화요일

아침에 베다니에서 나오셔서 지날 때, 어제 저주하신 무화과나무가 뿌리째 마른 것을 보았습니다(막 11:20-24). 좀 더 지나 예루살렘 성에 더 가까이 갔을 때, 예수님은 시장하셔서 길가에 한 무화과나무를 보시고 그리로 가셨지만 열매를 찾지 못하셨습니다. 예수님은 나무에게 "이제부터 영원토록 네가 열매를 맺지 못하리라" 하시니, 그 나무는 곧 말랐습니다(마 21:18-22).

어제와 오늘 두 번 예수님께서 두 그루의 무화과나무에게 "이제부터 네게서 열매를 따 먹지 못하리라", "열매를 맺지 못하리라" 하셨고 나무들은 말랐습니다. 왜 예수님은 이러한 일을 두 번 하셨을까요? 앞의 사건은 마가복음에, 뒤의 사건은 마태복음에만 내용이 있습니다. 읽는 사람이 예수님 말씀하시고 바로 마른 것인지, 다음 날 마른 것인지 주의하여 읽지 않으면, 두 사건은 한 사건으로 보입니다. 네 복음서에는 이처럼 비슷한 사건을 두 번 행하신 일이 아주 많습니다. 아마도 그 이유는 '강조하기 위함', '교육하기 위함', '반드시 말씀대로 된다는 뜻' 등등의 의미가 있지 않을까 생각이 됩니다. 또 한 가지는 '말씀을 귀 기울여서 읽지 않으면 안 됨'을 배웁니다. 말씀을 주의 깊게 읽지 않으면 같은 사건이라고 하고 맙니다.

왜 예수님은 때가 아님을 아시고도 무화과나무에게서 열매를 찾으셨을까요? 베드로와 제자들이 이것이 궁금하여 예수님께 묻습니다, "랍비여 보소서 저주하신 무화과나무가 말랐나이다"(막 11:21), "무화과나무가 어찌하여 곧 말랐나이까"(마 21:20). 그런데 예수님은 이것에 대해 답하지 않으십니다. 그러나 성경에 여름 전에 처음 익은 무화과를 찾는 자들의 마음이 여러 곳에 기록되어 있습니다. 이 말씀들을 읽어 보면 말씀하지 못하신 예수님의 속 생각을 헤아려 볼 수 있습니다.

구약 성경에서 무화과나무에 대한 말씀들은 다음과 같습니다. 이사야 28:3-4 "… 그 기름진 골짜기 꼭대기에 있는 그의 영화가 쇠잔해 가는 꽃이 <u>여름 전에 처음 익은 무화과와 같으리니 보는 자가 그것을 보고 얼른 따서 먹으리로다</u>", 예레미야 24:2 "한 광주리에는 <u>처음 익은 듯한 극히 좋은 무화과</u>가 있고 한 광주리에는 나빠서 먹을 수 없는 극히 나쁜 무화과가 있더라", 호세아 9:10 "옛적에 내가 이스라엘을 만나기를 … 무화과나무에서 처음 맺힌 첫 열매를 봄 같이 하였거늘 그들이 바알브올에 가서 부끄러운 우상에게 몸을 드림으로 …", 미가 7:1 "재앙이로다 나여 나는 … 먹을 포도송이가 없으며 내 마음에 사모하는 처음 익은 무화과가 없도다", 나훔 3:12 "네 모든 산성은 무화과나무의 처음 익은 열매가 흔들기만 하면 먹는 자의 입에 떨어짐과 같으리라". 이 말씀들에서와 같이 여름 전에 처음 익은 무화과나무의 열매는 나그네가 광야에서 사모하는 마음으로 가다가 만나서 얼른 따서 먹는 것입니다. 예수님께서 이러한 마음으로 이스라엘을 찾으시지만 잎만 무성하고 열매가 없었습니다. 예수님은 이러한 예루살렘과 이스라엘의 결말을, 이스라엘을 직접 저주하시지 않고 무화과나무에 대한 행동으로 말씀하고 계신 것입니다.

예수님은 성전에 들어가셨습니다. 이 날 하루 동안 여러 부류의 사람들이 예수님을 시험하며 공격하였습니다. 첫째는 대제사장들과 서기관들과 장로들입니다. 이들은 당시 사법 기관인 산헤드린 공회원들입니다. 둘째는 바리새인과 헤롯당입니다. 셋째는 사두개인입니다. 넷째는 한 율법사입니다.

대제사장들과 서기관들과 장로들의 공격

예수님은 예루살렘 성전에 들어가 가르치셨습니다. 대제사장들과 서기관들과 장로들이 나아와 무슨 권위로 이러한 일을 하느냐고 물었습니다. 모두 복수로 되어 있는 세 직군의 사람들은 당시 이러한 이들로 이루어진 산헤드린 공회를 나타낼 때 사용되었습니다. (산헤드린) 공회에서 이들이 모여서 예수님을 심문할 때도 같은 직군의 사람들이 복수

명사로 기록되어 있습니다(막 15:1, 눅 22:66). 그러므로 '대제사장들과 서기관들과 장로들'이 언급될 때는 산헤드린 공회를 말하는 것으로 보입니다. 문맥을 살펴서 평가할 수 있습니다.

그들의 질문은 몰라서 묻는 것이 아니라 예수님께 대한 '공격'입니다. "무슨 권위로 이러한 일을 하느냐 누가 이런 일 할 권위를 주었느냐"(마 21:23/막 11:28/눅 20:2) 이렇게 물었고, 예수님은 그들에게 되물었습니다, "요한의 세례가 하늘로부터냐 사람으로부터냐"(마 21:25/막 11:30/눅 20:4). 그들은 대답하지 않았습니다. 예수님께서도 이들에게 답하지 않으셨습니다. 대신에 예수님은 다음과 같은 여러 비유로 가르치셨습니다.

첫째 비유, 맏아들과 둘째 아들 비유입니다(마 21:28-32). 둘째 비유, 포도원 주인과 농부들입니다(마 21:33-40/막 12:1-9/눅 20:9-15). 셋째 비유, 모퉁이의 머릿돌 비유입니다(마 21:42-45/막 12:10-12/눅 20:17-19). 넷째 비유, 천국은 자기 아들을 위하여 혼인 잔치를 베푼 어떤 임금 이야기입니다(마 22:1-14). 이 네 번째 비유 끝에 마태복음 22:14 "청함을 받은 자는 많되 택함을 입은 자는 적으니라" 말씀하십니다.

바리새인과 헤롯당의 공격

바리새인들이 예수님을 총독의 권세 아래 밀어 넣고자 헤롯당을 끌어들입니다. 헤롯당은 헤롯 왕조를 지지하고, 로마의 통치에 호의적인 집단입니다. 예수님이 로마에 세금 내기를 거부한다면 헤롯당이 나서서 로마에 고발할 것입니다. 그들이 예수님께 와서 질문을 합니다(마 22:15-22/막 12:13-17/눅 20:20-26). 가이사에게 세금을 바치는 것이 옳으니이까 옳지 아니하니이까? 예수님은 "가이사의 것은 가이사에게, 하나님의 것은 하나님께 바치라"(마 22:21) 하셨습니다.

사두개인들의 공격

사두개인들은 부활을 믿지 않는 자들입니다. 예수님께 와서 한 아내와 자식이 없이 죽은 일곱 형제 문제를 예로 부활이 없음을 증명하고자 하였습니다(마 22:23-33/막 12:18-27/눅 20:27-38). 예수님은 부활 때에는 장가도 아니 가고 시집도 아니 가고 하늘에 있는 천사들과 같다고 하셨습니다. 예수님은 부활이 있으며, 부활 후(하나님의 나라)의 일까지 말씀하십니다. 이들의 공격은 무위로 끝납니다.

서기관 중 한 사람

그는 예수님께 모든 계명 중에 첫째가 무엇인지 물었습니다(막 12:28-34). 그는 사두개인들의 변론을 듣고 (바로) 예수님께 나아왔습니다. 그는 예수님을 공격하는 것이 아니라, 예수님이 대답을 잘 대답하신 것을 보고 진짜 알고 싶었던 것을 물었습니다. 예수님의 대답은 하나님 사랑(신 6:4-5)과 이웃 사랑(레 19:18)이라고 하셨습니다.

바리새인 한 율법사의 공격

이 율법사는 예수님을 시험하여 율법 중에 어느 계명이 큰지 물었습니다(마 22:34-40). 이 율법사는 사두개인들로 예수님께서 대답할 수 없게 만드신 것을 듣고 모인 바리새인들 중 한 사람입니다. 이번에도 예수님의 답은 하나님 사랑(신 6:5)과 이웃 사랑(레 19:18)이라고 답하셨습니다. 네 복음서에서 '서기관'과 '율법사'는 같은 직군의 사람들로 보입니다. 그러나, 바로 앞서 질문한 '서기관 중 한 사람'과 뒤의 '바리새인 한 율법사'는 다른 사람으로 봐야 합니다. 앞서 질문한 서기관은 사두개인들이 변론하는 것을 (옆에서) 듣고 (독자적으로 바로) 예수님께 나아와 물었습니다(막 12:28). 그러나 뒤의 율법사는 사두개인들의 변론 후에 바리새인들이 듣고 모였으며, 그들 중의 한 율법사로 보입니다(마 22:34-35).

네 복음서 안에 예수님께 와서 영생을 얻을 방법을 묻거나 계명 중에 어느 계명이 큰지 묻는 사람이 여럿 나옵니다. 정리하면 아래 표 2와 같습니다.

순서	말씀	언제, 어디서	예수님께 나온 사람, 그의 질문	예수님의 답
1	요 3:1-21	2년 차, 예루살렘?	니고데모, (영생 혹은 하나님의 나라를 보기 원함?)	거듭나야 (물과성령으로 남)
2	눅 10:25-28	4년 차, 유대 사역	어떤 율법교사, 내가 무엇을 하여야 영생을 얻으리리까?	하나님 사랑(신 6:5), 이웃 사랑(레 19:18)
3	마 19:16-22/ 막 10:17-22/ 눅 18:18-23	5년 차, 예루살렘에 올라가시는 길	어떤 관리(부자 청년), 선한 선생님이여 내가 무엇을 하여야 영생을 얻으리이까?	십계명 중 5-10번째 계명 (이웃 사랑?)
4	막 12:28-31	5년 차, 예루살렘	서기관 중 한 사람, 모든 계명 중에 첫째가 무엇이니이까?	하나님 사랑(신 6:5), 이웃 사랑(레 19:18)
5	마 22:34-40	5년 차, 예루살렘	한 율법사, 선생님 율법 중에서 어느 계명이 크니이까?	하나님 사랑(신 6:5), 이웃 사랑(레 19:18)

표 2) 네 복음서에 예수님께 영생과 계명을 묻는 다섯 예.

위의 표 2를 보면 재미있는 일들이 관찰됩니다. 당시 서기관(율법교사/율법사)의 관심이 무엇인지 알 수 있습니다. 니고데모도 바리새인이며, 유대인의 지도자(관원), 즉 산헤드린 공회의 공회원이며, 이스라엘의 선생이라 하신 것을 볼 때 서기관 출신으로 보입니다(요 3:1,10, 7:45-52, 19:39). 서기관들의 질문은 당시 사회의 관심사, 즉 전체 유대인들의 질문으로 볼 수 있을 것 같습니다. 그들의 관심은 먼저 '영생을 얻는' 것이었으며(1번? 2번, 3번), 그다음은 '그 많은 계명 중에 가장 중요한 것이 무엇인가'(4번, 5번)였습니다. '영생을 얻는 것'과 '가장 중요한 계명'은 사실 한 가지입니다. '계명을 지켜서 영생을 얻는 것'에 관한 것입니다.

예수님의 답은 '거듭나야 하나님의 나라에 들어감'(1번), '하나님 사랑과 이웃 사랑'(2번, 4번, 5번), 그리고 십계명 중 5-10번째 계명(3번)입니다. 예수님이 답으로 주신 말씀, 즉 하나님 사랑과 이웃 사랑은 당시 유대인뿐 아니라 신약 시대를 사는 우리에게도 중요합니다(갈 5:14).

이어서 예수님은 바리새인들이 모였을 때 그들에게 "다윗이 그리스도를 주라 칭하였은즉 어찌 그의 자손이 되겠느냐"라고 물으셨습니다(마 22:41-46/막 12:35-37/눅 20:41-44). 다윗에게 예수님은 '다윗의 자손'이시지만, 다윗은 성령의 감동으로 '주'로 고백(시 110:1)하여 불렀습니다. 자신의 자손을 '주'라 할 수는 없을 터이니, 바리새인들은 한 마디도 대답하지 못했습니다(마 22:46).

예수님께서 무리와 제자들에게 말씀하셨습니다. 그리고 외식하는 서기관들과 바리새인에 대하여 일곱 가지 화가 임할 이유를 말씀하십니다(마 23:13-36). 첫째, "… 너희는 천국 문을 사람들 앞에서 닫고 너희도 들어가지 않고 들어가려 하는 자도 들어가지 못하게 하는도다"(마 23:13). 둘째, "… 너희는 과부들의 가산을 삼키며 외식으로 길게 기도

하니 …"(마 23:14). 셋째, "… 너희는 교인 한 사람을 얻기 위하여 바다와 육지를 두루 다니다가 생기면 너희보다 배나 더 지옥 자식이 되게 하는도다"(마 23:15). 넷째, "… 너희가 말하되 누구든지 성전으로 맹세하면 아무 일 없거니와 성전의 금으로 맹세하면 지킬지라 하는도다"(마 23:16). 다섯째, "… 너희가 박하와 회향과 근채의 십일조는 드리되 율법의 더 중한 바 정의와 긍휼과 믿음은 버렸도다 …"(마 23:23). 여섯째, "… 잔과 대접의 겉은 깨끗이 하되 그 안에는 탐욕과 방탕으로 가득하게 하는도다"(마 23:25). 일곱째, "… 너희는 선지자들의 무덤을 만들고 의인들의 비석을 꾸미며 이르되 만일 우리가 조상 때에 있었더라면 우리는 그들이 선지자의 피를 흘리는 데 참여하지 아니하였으리라 하니 그러면 너희가 선지자를 죽인 자의 자손임을 스스로 증명함이로다"(마 23:29-31). 예수님이 이들에게 화 있을진저 하신 것은 이번이 두 번째입니다. 먼저는 공생애 4년 차 유대 사역에서 있었습니다(눅 11:37-54, 하네복 97~98쪽).

서기관들과 바리새인들은 당시 유대 사회에서 존경과 인정을 받은 것 같습니다. 경문의 띠를 넓게 하고 옷술을 길게 하며 잔치의 윗자리에 앉았습니다. 일반 백성은 알아차릴 수 없었지만 예수님은 이들에게 화 있을진저 하시며 그들의 속 모습을 드러내십니다.

예수님이 성전에서 나가실 때에 제자들이 성전 건물들을 가리켜 보이려고 하였고, 제자 중 하나가 "선생님이여 보소서 이 돌들이 어떠하며 이 건물들이 어떠하니이까"(막 13:1) 하였습니다. 예수님께서 감람산 위에 앉으셨을 때에 제자들이 조용히 와서 물었습니다. "우리에게 이르소서 어느 때에 이런 일이 있겠사오며 또 주의 임하심과 세상 끝에는 무슨 징조가 있사오리이까". 이에 대하여 예수님은 앞으로 있을 일들에 대하여 말씀하십니다.

주의 임하심과 세상 끝에 징조(마 24:4-8/막 13:5-8/눅 21:8-11)

미혹, 난리와 난리 소문, 기근, 지진, 전염병, 무서운 일, 하늘로부터 큰 징조들이 있을 것이며, 이 모든 일은 재난의 시작입니다. '재난의 시작'이란 산통(산모의 출산 시 진통)의 시작이라는 뜻입니다. 이러한 재난의 일들의 빈도와 강도가 세지는 것을 보면, 마치 산통 후에 출생이 있듯이, '주님이 곧 오시겠구나' 생각해야 합니다.

예루살렘의 멸망(막 13:9-13/눅 21:12-19, 눅 21:20-24)

마가복음 13:9-13/누가복음 21:12-19는 예수님 부활 승천하신 후 제자들이 겪게 되는 (사도행전에서 확인할 수 있는) 일들로 보이며, 누가복음 21:20-24는 AD 70년에 있을 예루살렘의 멸망에 관한 말씀으로 보입니다. 주의 임하심과 세상 끝(마 24:3)의 종말의 일들을 포함하는 징조의 예언으로 기록이 된 것은 마태, 마가, 누가복음입니다. 요한복음에는 기록이 없습니다. 따라서, 공관복음이 AD 70년 이전에 기록된 것을 반영하고 있다고 생각됩니다.

누가복음 21:22-24 "이 날들은 기록된 모든 것을 이루는 징벌의 날이니라 그 날에는 아이 밴 자들과 젖먹이는 자들에게 화가 있으리니 이는 땅에 큰 환난과 이 백성에게 진노가 있겠음이로다 그들이 칼날에 죽임을 당하며 모든 이방에 사로잡혀 가겠고 예루살렘은 이방인의 때가 차기까지 이방인들에게 밟히리라". 이 말씀은 분명 AD 70년 로마에 의한 예루살렘 성과 성전에 있을 큰 환난으로 보입니다. 역사상 예루살렘 성과 성전의 파괴는 두 번, 바벨론에 의한 것과 로마에 의한 것이 있었습니다. 바벨론에 의한 것은 예수님 당시의 시점에서 볼 때 지난 일입니다. 앞으로 있을 로마에 의한 것은 누가복음 21:22-23과 같이 '징벌의 날'이며 '이 백성에게 진노'입니다. 하나님께서 자신의 아들을 메시야로 자기 백성에게 보내셨으나 그들은 영접하지 않고 죽였습니다. 이것에 대한 분명한 하나님의 징벌이며 이 백성에게 임한 진노입니다. 역사상 AD 70년에 성과 성전이 다 파괴되었고, 135년에 또 한 번 있었던 환난으로 예루살렘에서 유대인이 추방되어 살지 못하게 되었습니다. 이방인들이 예루살렘에 들어와 살았습니다. 이 일들에 대한 예수님의 말씀입니다.

그 때에 인자의 징조가

이어서 예수님은 종말에 있을 환난에 대해서도 말씀하십니다(마 24:9-14). 마태복음 24:14 "이 천국 복음이 모든 민족에게 증언되기 위하여 온 세상에 전파되리니 그제야 끝이 오리라", 종말은 천국 복음이 온 세상, 모든 민족에게 전파되어야 끝이 옵니다.

이 종말에 있을 환난은 창세로부터 지금까지 없던 환난입니다(마 24:21/막 13:19). 예수님은 하나의 중요한 관찰점을 말씀하십니다. "선지자 다니엘이 말한 바 멸망의 가증한 것이 거룩한 곳에 선 것을 보거든"(마 24:15), 이 말씀은 좀 더 구체적으로 그 큰 환난의 날들이 언제부터 있겠으며, 그 때에는 어떻게 행동해야 하는지 말씀하십니다(마

24:15-22/막 13:14-20). 그 때에 거짓 그리스도들과 거짓 선지자들의 미혹이 있을 것임도 말씀하셨습니다(마 24:23-25/막 13:21-23).

그 날 환난 후에 예수님께서 재림하십니다(마 24:29-30/막 13:24-26/눅 21:25-27). 큰 나팔 소리와 함께 주님께서 천사들을 보내셔서 택하신 자들을 사방에서 모으십니다.

그러므로 깨어 있으라고 하십니다(마 24:42, 막 13:33-37, 눅 21:36). 마가복음 13:35 "그러므로 깨어 있으라 집 주인이 언제 올는지 혹 저물 때일는지, 밤중일는지, 닭 울 때일는지, 새벽일는지 너희가 알지 못함이라". 여기에 당시 밤 시간(1, 2, 3, 4경)에 대한 표현이 있습니다.

이어서 마태복음에서 여러 비유로 말씀하십니다. 충성되고 지혜 있는 종 비유(마 24:45-51), 열 처녀 비유(마 25:1-13), 달란트 비유(마 25:14-30), 양과 염소 비유(마 25:31-46)입니다.

예수님께서 말씀을 마치시고 '이틀이 지나면 유월절이라' 하시고 '인자가 십자가에 못 박히기 위하여 팔릴 것'을 말씀하십니다(마 26:2, 막 14:1). 이 말씀을 하시는 날의 일자는 유월절 이틀 전입니다. 그러므로 유대력 1월 12일 화요일입니다.

예수님은 이번에는 베다니에 가시지 않으셨고, 밤에 감람원이라 하는 산에서 쉬셨습니다(눅 21:37).

(하네복 149~150쪽) 1월 13일 수요일

다음 날 모든 백성은 예수님의 말씀을 듣기 위해 이른 아침에 성전에 나갔습니다. 그러나 이 날 예수님은 베다니 나병환자 시몬의 집에 가셨습니다(마 26:6-13/막 14:3-9). 아마도 식사에 초대를 받으신 것 같습니다. 한 여자가 매우 값진 향유 곧 순전한 나드 한 옥합을 가지고 와서 그 옥합을 깨뜨려 예수님 머리에 부었습니다. 예수님은 이 일을 "그는 힘을 다하여 내 몸에 향유를 부어 내 장례를 미리 준비하였느니라" 하며 의미를 해석해 주셨습니다.

예수님께 향유를 부은 사건은 모두 세 번 있었으며, 첫 번은 갈릴리(눅 7:36-50)에서 있었던 독립적인 사건이었습니다. 베다니에서 있던 두 번의 사건은 마리아에 의해 예수님의 발에(요 12:2-8), 그리고 나병환자 시몬의 집에서 예수님의 머리에 부어졌습니다(마 26:6-13/막 14:3-9). 예수님은 이 두 번을 예수님 장례를 위한 것으로 받아 주셨고, 예수님의 발과 머리에, 즉 온몸에 장례를 위한 향유가 발라지게 되었습니다.

내일, 즉 유대력 1월 14일 목요일은 유월절입니다. 내일(1월 14일 목요일) 오후에 어린 양을 잡고, 해가 지면 (1월 15일 금요일 밤이 되어) 불에 구워 어린 양을 먹는 것이 율법에 따른 당시 유대인의 유월절을 쇠는 방법이었습니다(신 16:6-7). 그래서 예수님과 제자들은 유월절 음식을 잡수실 장소에 대해 말씀하십니다. 그러므로 예수님이 나병환자 시몬의 집에서 식사하신 시간과 일자는 유대력 1월 13일 아침과 오후이셨을 것입니다. 시몬의 집에서 식사가 끝나고 예수님은 유월절 음식을 잡수시게 준비하도록 하셨습니다. 제자들이 가서 예루살렘 성내에서 한 사람을 만나 큰 다락방에서 유월절을 준비하였습니다. 예수님은 인류의 죄를 대속하시기 위한 어린 양으로서 유대력 1월 14일 오후에 십자가에 죽으시므로 (유대인의 정상적 유월절 음식을 먹는 때는 유대력 1월 15일 밤이므로) 예수님은 이 음식을 잡수시지 못하고, 하루 전 유대력 1월 14일(목) 밤에 예루살렘 성내의 마련된 다락방에서 식사를 하십니다.

다시 한번 반복합니다만, 네 복음서를 읽을 때, 당시의 시간과 일자 개념으로 읽어야 합니다. 해가 지면서 밤이 되면 다음 날이 됩니다. 유대력 1월 13일 밤, 아침, 오후, 그다음 유대력 1월 14일 밤, 아침, 오후, 그다음 유대력 1월 15일 밤, 아침, 오후 이런 식으로 시간과 일자가 바뀝니다.

(하네복 150~162쪽) 1월 14일 목요일, 다락방

1월 14일(목) 밤에 마련된 곳(아마도 마가의 다락방)에서 제자들과 하시는 식사는 정상적 유월절 식사가 아닙니다. 식탁에 올라온 음식도 어린 양, 무교병, 쓴 나물의 유월절에 먹는 것들(출 12:8, 민 9:11)이 아니라, 떡과 포도주입니다. 예수님은 유월절 어린 양을 먹는 잔치 하루 앞서서 제자들과 식사를 하시면서 아주 중요한 일을 하셨습니다. 그것은 자신의 몸을 주시고, 흘리는 피로 새 언약을 주시는 것입니다. 그리고 이것을 기념하라(성찬식)고 하셨습니다(하네복 152쪽). 이러한 사실로 새 언약과 성찬식이 구약의 유월절에서 나왔다고 할 수 있습니다. 즉, 구약의 유월절이 새 언약과 성찬식의 예표로 볼 수 있을 것 같습니다.

이 식사를 하실 때, 처음에는 가룟 유다도 있습니다. 예수님은 가룟 유다가 배신하여 예수님을 팔 것을 아셨습니다. 예수님은 여러 번 가룟 유다에게 경고하십니다. 다른 제자들은 이 경고가 '누가 무슨 일을 할 것인가'를 알지 못하지만, 당사자 가룟 유다는 분명히 알게 하십니다. 다른 제자들은 말씀하실 때는 깨닫지 못하지만, 나중에 알 수 있도록 미리 말씀하십니다.

이 날 밤에 있었던 일들 중에 다른 세 복음서는 전혀 기록하지 않는데, 요한복음만 13:3-17:26의 긴 내용을 남깁니다. 이 일들은 요한복음 13:3-20에서 제자들의 발을 씻기심, 14:1-14에서 예수님이 길이요 진리요 생명이심, 14:15-31에서 보혜사 성령을 보내 주실 것임, 15:1-10에서 포도나무의 비유, 15:11-17에서 제자들을 '나의 친구'라 하심, 15:18-25에서 '세상이 너희를 미워하리라'는 사실, 15:26 "내가 아버지께로부터 너희에게 보낼 보혜사 곧 아버지께로부터 나오시는 진리의 성령이 오실 때에 그가 나를 증언하실 것이요", 16:5-15에서는 예수님 떠나가시고 보혜사를 보내 주실 것을 말씀하십니다. 요한복음 17:1-26은 예수님께서 아버지께 기도하시는 내용이 기록되어 있습니다. 제자들을 악에 빠지지 않고 보전하시기를 기도하십니다(요 17:15).

요한복음 15:1-10의 포도나무의 비유에서 '우리의 열매 맺음'에 대하여 생각해 보고자 합니다. 예수님은 여러 번 열매 맺음에 대하여 비유로 말씀하셨습니다. 아름다운 열매(마 7:15-20), 네 가지 마음 밭(눅 8:4-8, 9-15, 마 13:1-9, 19-23/막 4:1-9, 14-20), 가라지(마 13:24-30, 36-43), 내가 삼 년을 와서 이 무화과나무에서 열매를 구하되(눅 13:6-9)와 같은 비유입니다. 또한 무화과나무에 열매가 없을 때, 두 번 "이제부터 영원토록 열매 맺지 못하리라"(막 11:12-14, 20-24, 마 21:18-22) 하셨고, 나무가 말랐습니다. 이상에서 보듯이 우리는 열매가 있어야만 합니다. 열매는 어떻게 하면 가질 수 있습니까? "나는 포도나무요 너희는 가지라", 가지는 포도나무에 잘 붙어 있고, 말씀으로 깨끗해져야 하며, 예수님의 계명을 잘 지켜야 합니다(요 15:1-10). 결국 열매는 포도나무에 꼭 붙어 있고, 말씀으로 깨끗하게 해 주심을 받을 때, 나무로부터 오는 진액을 받아 가지는 열매를 맺습니다. 또 네 가지 마음 밭에서 "좋은 땅에 있다는 것은 착하고 좋은 마음으로 말씀을 듣고 지키어 인내로 결실하는 자니라"(눅 8:15) 말씀을 듣고 지키어 인내로 결실합니다. 오랜 기간 주님께(말씀에) 붙어 있을 때, 열매를 맺게 해 주십니다. 그럴 때 갈라디아서 5:22-23과 같은 성령의 열매를 맺게 하신다는 말씀으로 보입니다. 이러한 성령의 열매는 성경의 여러 곳(고전 13:1-13, 고후 6:6-7, 엡 4:2-3, 5:9, 골 3:12-17, 약 3:17-18, 벧후 1:5-7)에서 말씀하셨습니다.

누가복음 22:35-38에서 예수님은 이전에는 제자들에게 전대와 배낭과 신발 없이 보내셨는데, "이제는 전대 있는 자는 가질 것이요 배낭도 그리하고 검 없는 자는 겉옷을 팔아 살지어다" 하셨습니다.

이제 밤 2경과 3경 사이의 늦은 시간 일터인데 다락방을 나와 감람산으로 갔습니다.

2-9. 십자가·부활·승천

(하네복 163~175쪽) 1월 14일 목요일 밤과 낮

예수님은 제자들과 예루살렘 성내 다락방에서 기드론 시내 건너편 감람 산 겟세마네라 하는 곳으로 가십니다. 거기서 고뇌에 찬 기도를 세 번 하십니다. 세 번 모두 같은 기도를 하시는데, "아버지여 이 잔을 내게서 옮기시옵소서 그러나 내 원대로 마시옵고 아버지의 원대로 되기를 원하나이다" 이렇게 기도하십니다(#1 마 26:39/마 14:36/눅 22:42, #2 마 26:42/막 14:39, #3 마 26:44).

예수님의 기도가 끝나고 가룟 유다가 왔는데 많은 사람을 데리고 길잡이가 되어 왔습니다. 그들은 대제사장들, 성전의 경비대장들, 장로들(눅 22:52), (대제사장들과 서기관들과 장로들에게서 파송된) 큰 무리(마 26:47/막 14:43/요 8:3), (로마의) 천부장과 (로마의) 군대(요 18:12)입니다. 이들은 칼과 몽치, 횃불을 가지고 왔습니다. 이들의 숫자는 얼마나 될까요? 당시 일반적인 로마 천부장의 휘하 병력은 600명입니다. 천부장이 오면서 휘하 병력을 모두 이끌고 왔다면 최소 600명이 온 것입니다. 대제사장들, 경비대장들, 장로들이 오면서 아랫사람들을 데려왔으니 이들도 상당할 것입니다. 반면 예수님과 제자들은 모두 열둘이었으니, 베드로가 칼로 대제사장의 종의 귀를 떨어뜨리기는 하였으나, 제자들은 많은 무리에 대항할 엄두를 내지 못하였을 겁니다. 제자들은 다 도망가고 예수님은 붙잡히셨습니다.

이들은 예수님을 결박하여 먼저 안나스에게 갔습니다(요 18:13). 병행 본문인 마태복음 26:57에선 처음에 가야바에게로 간 것처럼 기록되어 있습니다. 그 해에 대제사장은 가야바였고, 안나스는 그의 장인이었고 가야바보다 앞서서 대제사장이었습니다(요 18:13). 따라서 마태복음 26:57에 가야바에게로 갔다는 표현은 불일치가 아니라 예수님을 끌고 현재 대제사장의 집(눅 22:54)으로 갔다는 의미로 볼 수 있습니다. 안나스와 가야바의 집은 대제사장의 집으로 한 울타리 안에 있었을 겁니다. 이것은 베드로가 처음 안나스의 집(대제사장의 집)에 들어가지 못하여 문밖에 서 있다가 대제사장을 아는 다른 제자가 나가서 문 지키는 여자에게 말하여 베드로를 데리고 들어오지만(요 18:15-16), 이후 가야바에게로 갈 때는 베드로가 제지당하지 않은 것을 통해 유추할 수 있습니다.

예수님은 먼저 안나스가 심문하고 후에 가야바에게 보내어지십니다. 주된 심문은 안나스가 합니다. 대제사장들과 온 공회(산헤드린)가 예수님을 죽이려고 거짓 증거를 찾습니다. 그들이 세운 거짓 증인과 증거들은 서로 일치하지 않았습니다. 이런 상황에서 예수님께서 자신에 대해 증거(인정)하신 것은 '하나님의 아들 그리스도이심'이었습니다(마 26:63-64/막 14:61-62). 이 내용을 산헤드린 공회는 신성모독으로 정죄하여 사형에 해당한다고 판결하였습니다. 예수님은 결박된 그대로 가야바에게 보내졌습니다. 그리고 또 날이 새어 장로들, 대제사장들, 서기관들이 그 공회(산헤드린)로 예수님을 끌어들였고, 예수님에게서 '그리스도이심'과 '하나님의 아들이심'의 대답을 재확인하였습니다(눅 22:66-71). 그러나 당시 사형을 집행할 권한이 산헤드린에게 없었으므로 로마의 총독 빌라도가 있는 관정으로 예수님을 끌고 가서 고발합니다. 이들이 빌라도에게 예수님을 고발한 내용은 "백성을 미혹하고 가이사에게 세금 바치는 것을 금하며 자칭 왕 그리스도"(눅 23:2)라는 것이었습니다. 산헤드린 공회에서 심문하고 사형으로 정죄한 '그들이 정한 죄목'과 '빌라도에게 고발하는 내용'이 다름을 보게 됩니다.

이 날은 유대력 1월 14일, 이른 아침이었습니다. 유월절 양 잡는 시간은 이 날 오후 3시경입니다. 유대인들은 유월절 오후에 양을 잡고, 해가 져서 1월 15일 무교절 밤에 무교병과 쓴 나물과 함께 그 어린 양을 먹습니다(출 12:7-8). 그런데 예수님을 고발하기 위해 로마의 관정에 들어갔다가 부정하게 되면 유월절 잔치에 참여할 수 없습니다. 그것을 염려하여 유대인들은 관정에 들어가지 않습니다(요 18:28). 그러므로 빌라도가 밖으로 나와서 그들의 고발을 들어야 했습니다.

예수님을 심문하는 빌라도는 세 번 '예수님에게 죄가 없다'고 말합니다(#1 눅 23:4, #2 눅 23:14/요 18:38, #3 눅 23:22/요 19:4). 빌라도는 예수님을 놓아주기를 원하였습니다. 그러나 정의로운 판단의 길로 가지 않았고, 명절에 백성들이 요구하는 죄수 한 사람을 놓아주는 전례를 이용하고자 하였으나 뜻대로 되지 아니하여 예수님을 채찍질하고 십자가에 못 박히게 넘겨줍니다. 예수님은 세 번 자신이 '유대인의 왕'이심을 밝히십니다(#1 마 27:11/막 15:2/눅 23:3, #2 요 18:33-34, #3 요 18:37).

요한복음 19:14 "이 날은 유월절의 준비일이요 때는 제육시라 빌라도가 유대인들에게 이르되 보라 너희 왕이로다", 유대력 1월 14일 목요일 이른 아침에 있었던 일입니다. 유대 시간으로 제일시에서 제이시 사이에 아주 짧은 시간에 고발과 판결까지 이루어졌습니다. 현대의 시간으로 치면 오전 6시부터 오전 8시 사이쯤입니다. 그런데 요한복음 19:14에서 "때는 제육시라"라는 표현이 있습니다. 유대 시간 제육시는 낮 12시입니다. 이 표현 때문에 당시 시간 표현에 대한 오해가 있어 왔습니다. 이것이 요한복음의 시간은 (다른 세 복음서와 달리) 로마식이라는 설명이 있었지만 그렇지 않다고 생각합니다. 본 저자는 '유월절 제육시'가 당시 유월절 어린 양을 잡는 때에 대한 관용적 표현이라고 생각합니다. 그러므로 '이 날은 유월절의 준비일이요 때는 제육시라'는 '이 날은 유월절의 준비일이요 유월절 양 잡는 (오후의) 날이었더라'라고 읽어야 합니다. 아마도 제사장들은 제육시(현대 시간으로 낮 12시)부터 저녁 제사(실제로는 오후 제사)를 준비하고 제구시(현대 시간으로 오후 3시)에는 제물들이 제단에서 불태워지는 것이 일반적인 저녁 제사의 모습이었을 것입니다. 그래서 제육시라는 표현이 사용된 것 같습니다.

예수님은 십자가를 지시고 골고다라 하는 곳으로 가셨습니다. 거기에서 십자가에 달리셨습니다. 십자가 위에는 '나사렛 예수 유대인의 왕'이라고 히브리, 로마, 헬라 말로 쓴 패가 붙여졌습니다(마 27:37/막 15:26/눅 23:38/요 19:19-20). 좌우편에는 다른 두 행악자가 십자가에 달렸습니다. 예수님의 옷은 네 깃으로 나눠졌고, 속옷은 제비 뽑아 군인들이 가졌습니다.

십자가 곁에는 그 어머니와 이모와 글로바의 아내 마리아와 막달라 마리아가 섰습니다(요 19:25). 유대 시간 제삼시에 십자가에 달리시고(막 15:25), 제육시가 되어 온 땅에 어둠이 임하였고 제구시까지 계속되었습니다(마 27:45/막 15:33/눅 23:44). 제구시에 성소의 휘장이 위로부터 아래까지 찢어져 둘이 되고 예수님은 숨지셨습니다. 예수님을 섬기며 갈릴리에서부터 따라온 많은 여자가 멀리서 바라보고 있었습니다. 그 중에 막달라 마리아와 야고보와 요셉의 어머니 마리아와 또 세베대의 아들들의 어머니도 있었습니다(마 27:56).

이 날은 준비일입니다. 요한복음 19:31 "이 날은 준비일이라 유대인들은 그 안식일이 큰 날이므로 …", 유대인들은 그 안식일에 시체들은 십자가에서 치워 달라 하였습니다. 군인들이 창으로 예수님의 옆구리를 찔러 피와 물이 나왔습니다. 아리마대 사람 요셉이 빌라도에게 예수님의 시체를 달라 하여 내려 유대인의 장례 법대로 향품과 함께 세마포로 싸고 아직 사람을 장사한 일이 없는 바위에 판 무덤에 넣어 두고 돌을 굴려 무덤 문에 놓았습니다. 안식일이 바로 오는 바람에 예수님의 장례가 마무리되지 못했습니다. 막달라 마리아와 요세의 어머니 마리아가 예수님을 둔 곳을 보았습니다. 돌아가 향품과 향유를 준비하였습니다. 이 때는 장례 후 바로 안식일이므로 향품과 향유를 산 것 같지 않습니다. 가용할 수 있는 것들을 확인하고 준비만 한 것으로 보입니다. 향품을 사는 것은 마가복음 16:1에서와 같이 안식일이 다 끝나고입니다. 계명을 따라 안식일에 쉬었습니다(눅 23:56).

구약에서 유월절은 유대력 1월 14일을 말합니다(레 23:5, 민 28:16). 무교절은 유대력 1월 15일부터 7일간 지키며(민 28:17), 그 중에 첫째 날(15일)과 일곱째 날(21일) 성회로 모이라(민 28:18, 25)고 하셨습니다. 성회에는 아무 일도 하지 말라(민 28:18, 25) 하셨습니다.

한편, 네 복음서에 유대력 1월 14일 '유월절'에 대한 다른 표현들이 있습니다. '유월절 양 잡는 날'(막 14:12)과 '준비일'(요 19:14, 31, 막 15:42/눅 23:54/요 19:42, 마 27:62)입니다. '유월절 양 잡는 날'이라는 표현은 유월절에 무엇을 하는가를 설명합니다. 그런데 '준비일'이라는 표현은 좀 특이합니다. '준비'라는 뜻으로 볼 때 '양을 잡는, 양을 준비하는 날'이라는 뜻으로 볼 수 있습니다. 그런데 다음 날 '안식일'과 같이 사용될 때, 표현이 특이합니다.

요한복음 19:31 "이 날은 준비일이라 유대인들은 그 안식일이 큰 날이므로 …"
마가복음 15:42 "이 날은 준비일 곧 안식일 전날이므로 …"
누가복음 23:54 "이 날은 준비일이요 안식일이 거의 되었더라"
마태복음 27:62 "그 이튿날은 준비일 다음 날이라 …"

위 말씀 문장들에서 '준비일과 안식일'의 조합이 어법에 있어서 자연스러우려면 어떤 안식일이어야 하는가 살펴보고자 합니다. 1) 준비일-안식일의 관계가 한 주간마다 한 번씩 오는 여섯째 날-일곱째 날의 관계가 아닌 것이 분명합니다. 일반적으로 1주 단위로 있는 일곱째 날인 주간 안식일에 대하여 여섯째 날을 준비일이라고 하지 않습니다. 그렇다면 2) 우연히 1/7의 확률로 준비일 다음에 토요일 안식일이 왔을까요? 즉, 준비일-토요일 안식일의 관계로 보면 어떨까요? 그러면 준비일 다음 날이 '안식일 큰 날', '준비일이 안식일 전날', '그 이튿날이 준비일 다음 날', 이러한 표현이 적절해 보이지 않습니다. 즉, 준비일과 주간 안식일에 대한 표현 어법으로는 자연스럽지 않습니다. 3) 준비일-무교절 첫날의 관계로 보면 어떨까요? 즉, 유월절과 무교절 첫날의 관계로 보면 표현이 자연스럽습니다. 즉, 무교절 첫날이 '안식일 큰 날'이고, '준비일이 무교절 첫날의 전날'이고, '무교절 첫날이 준비일 다음 날'인 것입니다. 무교절 첫날은 요일에 관계없이 성회로 모이는 날입니다. '성회'란 성회로 모이고 아무 일도 하지 않는 날입니다(레 23:4-8, 민 28:16-18). 또 다른 성회인 속죄일의 경우는 아무 일도 하지 말라 하셨고, 안식일이라 하셨습니다(레 16:29-31, 23:27, 32). 무교절 첫날을 직접 '안식일'이라 표현하시지 않았지만 아무 일도 해선 안 되는 안식일임이 분명합니다. 위의 말씀들에 '무교절 첫날을 안식일'이라고 생각하고 읽으면 표현들이 자연스러워질 것입니다. 뒤에 '3. 예수님의 그 유월절'에서 네 복음서의 내적 증거로서 '이 안식일이 주간 안식일을 말씀하는 것이 아니고 성회 안식일을 말씀하고 있다'는 것을 다시 한번 설명하겠습니다. 즉, 예수님이 14일 유월절(목요일) 오후 3시에 운명하시고, 이어서 오는 15일 무교절 첫날(금요일) 성회 안식일이 있으며, 또 다음 날 16일 주간 안식일(토요일)이 있는 것을 알게 됩니다.

(하네복 175~176쪽) 안식일들

1월 15일 금요일, 성회 안식일

예수님이 무덤에 묻히시고 14일 유월절은 해가 지면서 끝나고, 15일 무교절 첫날 밤이 됩니다. 이 첫날은 유대인의 율법에 따라 아무도 아무 일도 하지 않습니다. 성회로 모이는 날입니다. 레위기 23장과 민수기 28-29장에 성회로 모이는 날의 목록이 나열되어 있습니다. 아무 일도 하지 않고 성회로 모이는 날, 아무 노동도 하지 말고 성회로 지키라는 말씀은 이 날이 '성회 안식일'(성경에 성회 안식일이라는 표현은 없습니다) 이라는 뜻입니다. 성회로 정하신 날은 일곱째 날(주간 안식일), 무교절 첫 날과 일곱째 날, 칠칠절, 나팔절, 속죄일, 초막절 첫날과 마지막 다음 날(즉, 여덟째 날)입니다(레 23장, 민 28-29장). 성경에서 모든 성회에 대해 안식일이라는 표현을 직접 사용하지 않았습니다. 다만 속죄일에 대하여 안식, 안식일이라는 표현을 하였습니다(레 16:29-31, 23:27, 32). 예수님이 무덤에 들어가시고, 무교절 첫날이 되어 성회 날이므로 아무도 아무 일도 하지 않는 날이었습니다.

이 날 대제사장들과 바리새인들이 함께 빌라도에게 모여 사흘까지 무덤을 지킬 경비병을 요청합니다. 그들이 경비병과 함께 무덤에 가서 돌을 인봉하고 무덤을 굳게 지킵니다(마 27:62-66).

1월 16일 토요일, 주간 안식일

자연스럽게 주간의 일곱째 날 안식일이 이어졌습니다. 예수님은 무덤에 계셨습니다. 이 날은 네 복음서 본문에 따로 언급이 없습니다.

1월 17일 일요일 밤

토요일 오후 해가 지면서 밤(안식 후 첫날, 일요일)이 되었습니다. 안식일이 모두 끝났습니다. 안식일이 다 지났지만 깜깜한 밤이 되었습니다. 마가복음 16:1 "안식일이 지나매 막달라 마리아와 야고보의 어머니 마리아와 또 살로메가 가서 예수께 바르기 위하여 향품을 사다 두었다가", 안식일이 지났으므로 향품을 살 수 있었던 것 같습니다. 어두워서 정식으로 가게가 열리지는 않았을 것 같습니다. 그러나 향품이 충분히 있어야 이 밤이 지나면 아침에 무덤에 가서 예수님의 장례를 끝마칠 수 있었으므로 애써서 향품을 구입하였을 것입니다.

1월 14일(낮), 15일(밤과 낮), 16일(밤과 낮), 17일(밤)에 예수님은 3번의 낮과 3번의 밤 동안 무덤에 계셨습니다. 이것은 예수님은 표적에 대해 말씀하시며 "요나가 밤낮 사흘 동안 큰 물고기 뱃속에 있었던 것 같이 인자도 밤낮 사흘 동안 땅속에 있으리라"(마 12:40) 하셨던 것과 일치합니다.

(하네복 176쪽) 1월 17일 일요일 새벽

해가 뜨기 전까지는 예수님은 무덤에 계셨습니다. 여인들은 향품을 챙겨서 아직 어두운 길을 걸어서 예수님의 무덤으로 향했습니다.

마태복음 28:1 "안식일이 다 지나고 안식 후 첫날이 되려는 새벽에 막달라 마리아와 다른 마리아가 무덤을 보려고 갔더니"(개역개정), 안식일이 '다 지나고' 하였는데 헬라어 성경에는 '다'에 해당하는 단어가 없습니다. 그런데 왜 '다'라는 표현이 있을까요? 이것은 헬라어의 원뜻을 살리기 위해 사용한 것일 겁니다. 많은 영어로 번역된 성경 중에서 문자적으로 번역된 영어 성경은 이 부분을 '안식일들'로 번역하였습니다. 헬라어 성경에 사용된 단어는 헬라어 σαββάτων(음역 sabbatōn)이며, 뜻은 영어 sabbaths(안식일들)입니다. '안식일들'의 뜻을 살리고자 개역개정에서 '안식일'은 단수로 하면서도 '다'를 삽입한 것으로 보입니다. 그런데 이 부분은 '안식일들'로 해야 맞습니다. 두 번의 안식일(성회 안식일과 주간 안식일)이 연이어 있었으므로 헬라어에서 σαββάτων(음역 sabbatōn, sabbaths, 안식일들)으로 한 것입니다.

안식일이 다 지나고, 안식 후 첫날(이 날은 한 주간의 첫날, 즉 일요일), 매우 일찍이 해 돋을 때, 막달라 마리아, 야고보의 어머니 마리아, 살로메가 예수님 누우신 무덤으로 갑니다. 준비한 향품을 가지고 예수님께 바르기 위하여 갔습니다. 여인들은 오면서 무덤을 막고 있는 돌을 어떻게 옮길지 궁리해야 했습니다. 그런데 여인들이 도착하기 직전에 큰 지진이 나고 주의 천사가 하늘에서 내려와 돌을 굴려 내고 그 위에 앉았습니다. 여인들은 도착하여 굴려진 돌과 그 위에 앉은 천사를 보았습니다. 그 사이에 날이 밝아 왔습니다.

(하네복 176~180쪽) 1월 17일 일요일 낮, 빈 무덤

이 여인들이 무덤에서 3번에 걸쳐 모두 4명의 천사를 만납니다. 처음은 굴려진 무덤의 돌 위에 그 형상이 번개 같고 그 옷이 눈같이 흰 천사로 앉아 있었고(마 28:2-4), 두 번째는 무덤 안에 한 청년으로 앉아 있었고(막 16:5), 세 번째는 두 사람으로 여인들의 곁에 서 있었습니다(눅 24:3-4). 우리는 여기에서 놀랍고 재미있는 사실들을 알 수 있습니다.

첫째는 각각 천사의 모습들이 많이 다르다는 것입니다. 돌 위에 앉은 천사는 그 형상이 번개 같고 그 옷은 눈같이 희었습니다(마 28:3). 무덤 안 우편에 앉은 한 청년은 흰 옷을 입었습니다(막 16:5). 곁에 선 두 사람은 찬란한 옷을 입고 있었습니다(눅 24:4). 여인들이 만난 천사들을 한 토막씩 마태복음, 마가복음, 누가복음에 기록해 놓으니 이 3회에 걸쳐 만난 4명의 천사를 모두 같은 사건으로 볼 수도 있겠습니다. 이 각각의 천사들의 모습이 다르다는 것이 어떤 의미가 있는지 알 수 없겠지만, 다양했으며, 여인들의 눈에 천사가 보였다는 것이 참 신기할 따름입니다.

둘째는 우리가 그림으로나 사진으로 보는 당시 이스라엘의 무덤의 모습과 천사들의 자세가 아주 잘 어울린다는 점입니다. 첫 천사는 무덤의 돌 위에 앉아 있고, 무덤 안의 천사는 앉아 있습니다. 이것은 무덤 입구가 좁아서 머리를 숙여 들어가야 하는 것처럼, 여인들을 그 곳에서 기다리려면 머리를 계속 숙이기가 어려우니 앉을 수밖에 없습니다. 그 다음 무덤 안은 사람이 설 수 있는 높이의 공간이었던지 두 천사도 여인들처럼 곁에 서 있었습니다. 《하모나이즈드 네 복음서》를 통해서 돌이 굴려진 빈 무덤 모습과 그 공간에 자리하고 있는 세 그룹의 천사들의 모습이 잘 어울립니다. 네 복음서가 얼마나 정확하게 기록된 것인지 놀랍고, 왜 네 복음서의 조화가 필요한지 알게 되었습니다. 세 여인이 관찰한 사실은 무덤이 비어 있었다는 것입니다. 한 번도 사용한 적이 없는 무덤이므로 다른 것은 있을 수 없고, 죽으신 예수님의 몸이 그 곳에 없었습니다.

셋째는 각기 만난 천사들이 여인들에게 한 말이 모두 같습니다. 예수님께는 부활하신 후 아직 중요한 할 일이 남아 있었습니다. 그것은 천사들이 전한 말로 알 수 있습니다, 두 가지 내용인데, 먼저는 예수님이 살아나셨다는 것입니다. 이것은 아무리 반복해도 지나치지 않습니다. 또 한 가지는 제자들에게 갈릴리로 가라는 것이었습니다(마 28:5-7, 막 16:5-7, 눅 24:4-7). 3번을 반복해서 듣습니다. 그러니 갈릴리로 가는 일이 얼마나 중요한 일이었겠습니까? 갈릴리로 가서 있을 일이 얼마나 중요한 일인지 뒤에서 확인이 됩니다.

이 소식이 막달라 마리아를 통해 베드로와 예수께서 사랑하시던 그 다른 제자에게 알려졌습니다. 베드로와 그 제자 둘이 무덤에 가서 무덤이 비어 있는 것을 확인했습니다. 그리고 둘은 돌아갔습니다(요 20:2-10). 마리아는 무덤 밖에 서서 있었습니다. 무덤 안을 들여다 보았습니다. 흰 옷 입은 두 천사가 예수님의 시체를 뉘었던 곳에 하나는 머리 편에 하나는 발 편에 앉아 있었습니다(요 20:12). 이 두 천사는 누가복음 24:2의 두 천사였을 수 있습니다. 마리아가 뒤를 돌아보았고, 서 계신 예수님을 보았습니다. 마리아가 부활하신 예수님의 첫 목격자가 되었습니다(요 20:16-17). 그리고 다른 여인들도 예수님을 보았습니다(마 28:9). 예수님은 "가서 내 형제들에게 갈릴리로 가라 하라 거기서 나를 보리라"(마 28:10) 이 말씀을 전하게 하셨습니다.

마리아와 여인들이 이 소식을 11사도와 다른 모든 이에게 알렸습니다. 베드로는 다시 무덤으로 달려갔습니다. 빈 무덤을 다시 보고 돌아왔습니다. 이후, 베드로가 예수님을 직접 만나는 기록이 없지만, 베드로는 잠시 후 예수님을 만났고 사도들 중에서 부활하신 예수님을 처음으로 보았습니다(눅 24:34). 한편 엠마오로 가는 두 제자도 예수님을 만났습니다(눅 24:13-35). 그리고 같은 날, 안식 후 첫날 저녁때(요 20:19) 열 제자들이 예수님을 보았습니다. 앞뒤 상황들로 볼 때, 이 때가 1월 17일 일요일 아마도 오후이므로, 저녁이라는 표현은 실제로 오후에 대한 표현으로 보입니다. 그래서 1월 17일 일요일에 부활하신 예수님은 같은 날 막달라 마리아와 여인들, 베드로, 엠마오로 가는 두 제자, 열 제자(도마를 제외한)를 모두 만나셨습니다.

(하네복 180~181쪽) 1월 25일 월요일

그 후 8일이 지나서 1월 25일, 월요일에 열한 제자가 음식 먹을 때에 예수님이 나타나셨습니다. 도마도 예수님을 보게 됩니다. 도마는 "나의 주님이시요 나의 하나님이시니이다"(요 20:28) 하고 고백합니다.

(하네복 181~183쪽) 갈릴리에서

예수님은 제자들에게 갈릴리로 가라고 하셨습니다. 네 복음서에는 부활하신 예수님이 제자들과 갈릴리에서 만나는 것이 2가지로 기록되어 있습니다. 한번은 요한복음 21:1-23에서 보듯이 일곱 제자와 디베랴 호수에서 만나시는 것이고, 또 하나는 마태복음 28:16-20에서 갈릴리의 지시하신 산에서 만나는 것입니다. 두 만남 중에 어느 것이 갈릴리에 가서 예수님을 만나리라는 예수님의 뜻에 해당될까요?

먼저는 예수님께서 디베랴 호수에서 7명의 제자들과 만나시는 것입니다(요 21:1-23). 베드로, 도마, 나다나엘, 야고보, 요한, 또 다른 제자 둘이 함께 있다가 베드로가 "나는 물고기 잡으러 가노라" 하여 모두 나가서 배에 올랐습니다. 그 날 밤에 아무 것도 잡지 못하였습니다. 날이 새어 갈 때에 예수님이 바닷가에 서셨고 그물을 배 오른편에 던지라 하셨고, 던졌더니 물고기를 많이 잡았습니다, 그제야 제자들은 예수님이심을 알게 되었습니다. 큰 물고기 백쉰세 마리를 잡았습니다. 그리하여 예수님은 제자들과 떡과 생선으로 조반을 잡수셨습니다. 부활하신 예수님은 역시 육체를 가지신다는 것을 알 수 있습니다. 이것이 네 복음서에서 예수님이 살아나신 후 세 번째로 (제자 개인이 아니라) 제자들에게 나타나신 것입니다. 예수님은 베드로에게 3번 "네가 나를 사랑하느냐" 물으시고, 3번 "내 양을 먹이라" 하셨습니다. 그리고 베드로에게 "너는 나를 따르라" 하셨습니다.

그다음은 제자들이 예수님께서 지시하신 산에서 예수님을 만나는 것입니다. 예수님은 일전에 "내가 살아난 후에 너희보다 먼저 갈릴리로 가리라"(마 26:32/막 14:28) 하셨고, 천사들을 통해서 "갈릴리에서 보리라" 하신 것은 이 장면을 말하는 것입니다. 마태복음 28:18-20 "예수께서 나아와 말씀하여 이르시되 하늘과 땅의 모든 권세를 내게 주셨으니 그러므로 너희는 가서 모든 민족을 제자로 삼아 아버지와 아들과 성령의 이름으로 세례를 베풀고 내가 너희에게 분부한 모든 것을 가르쳐 지키게 하라 볼지어다 내가 세상 끝날까지 너희와 항상 함께 있으리라 하시니라". 이 명령의 말씀이 예수님이 제자들에게 갈릴리에 모이라고 하신 뜻이 담긴 그 갈릴리에서 모인 이유입니다. 여기에서 무슨 일이 있습니까? 예수님은 여기에서 무슨 말씀을 하셨습니까? 아주 중요한 내용입니다. 하나님 아버지께서 권세를 주셨다는 것과 모든 민족에게 가라는 것과 가르쳐 지키게 할 것과 세상 끝날까지 항상 함께 계실 것을 약속하시는 내용입니다. 여기에 온 제자들은 열한 제자입니다(마 28:16). 예수님은 여기에서 제자들에게 사명을 주시고 세상에 보내십니다. 정리하면 예수님은 부활하신 후 미리 말씀하셨던 갈릴리의 산으로 제자들을 모으시고 우리가 보통 '지상 명령'이라 부르는 사명을 주시고 세상으로 보내셨습니다.

(하네복 183쪽) 예루살렘 성에서

누가복음 24:44-49는 예루살렘 성에서 있었던 일입니다. 49절에서 이 성에 머물라 하셨기 때문입니다. 예수님은 모세의 율법과 선지자의 글과 시편에 "나를 가리켜 기록된 모든 것이 이루어져야 하리라" 하신 것이 이루어진 것이며, 그리스도의 고난과 살아나심과 그 이름으로 죄 사함을 받게 하는 회개가 예루살렘에서 시작하여 모든 족속에게 전파될 것도 기록된 대로 될 것입니다. 48절 "너희는 이 모든 일의 증인이라". 예수님은 제자들에게 예루살렘 성에 머물라 하시고 약속하신 것을 보내주시겠다고 하셨습니다.

(하네복 183~184쪽) 승천

예수님은 "너희는 온 천하에 다니며 만민에게 복음을 전파하라" 하셨습니다(막 16:15). 예수님은 베다니 앞까지 나가시어 손을 들어 축복하시고 하늘로 올려지셨습니다. 하나님 우편에 앉으셨습니다. 제자들은 큰 기쁨으로 예루살렘에 들어가 늘 성전에서 하나님을 찬양하고 나가 두루 전파하였습니다.

3. 예수님의 그 유월절

앞에서도 언급이 되었지만 예수님이 십자가에서 죽으신 날이 유대력 1월 14일 목요일 오후 3시입니다. 지금까지 교회는 금요일 오후 3시로 배워 왔습니다. 언제부터 그렇게 생각해 왔을까? 자료를 조사해 보니 아주 오래된 교부 시대의 자료에도 금요일 오후 3시에 죽으신 것으로 인식되고 있었습니다. 그러므로 이것을 뒤집는 것은 매우 어려운 일입니다. 여하튼 네 복음서로 볼 때는 알기 어려웠지만, 《하모나이즈드 네 복음서》에서는 주머니 속의 송곳처럼 알아차릴 수 있습니다. 하나님의 말씀은 한결같이 목요일을 가리킵니다. 네 복음서 여러 곳에서 스스로 증언합니다. 교부 시대부터 있던 전승을 귀하게 생각하지만, 성경 스스로 말씀하는 것을 이겨 낼 수 없지 않겠습니까? 그런데 정말 오래된 우리 생각을 바꾸기가 쉽지 않을 것입니다.

표 3은 예수님이 유월절 엿새 전에 베다니에 도착하신 날부터 십자가에서 죽으시고 부활하신 날까지 하루씩 (빠짐없이) 시간 순서대로 정리한 것입니다. 네 복음서로만은 어려웠지만, 《하모나이즈드 네 복음서》로는 하루하루 날짜와 요일과 예수님이 그 날 무엇을 하셨는지 알 수 있습니다. 여섯 가지로 당시의 유월절이 목요일인 것을 증언합니다. 네 복음서가 갖고 있던 증거들이 《하모나이즈드 네 복음서》에서 쉽게 눈에 띄게 된 것입니다. 외부에서 가져온 자료가 아니고 본래부터 네 복음서가 갖고 있었던 것이므로 '내적 증거'라고 부르도록 하겠습니다.

네 복음서의 6가지 내적 증거

유대력 1월 14일 목요일 오후 3시에 십자가에서 죽으신 것을 가리키는 네 복음서의 내적 증거는 표 3을 같이 보면 좋겠습니다.

	6일 전	5일 전	4일 전	3일 전	2일 전	1일 전	유월절	무교절 첫날	무교절 둘째 날	무교절 셋째 날
	1월 8일 금	1월 9일 토	1월 10일 일	1월 11일 월	1월 12일 화	1월 13일 수	1월 14일 목	1월 15일 금	1월 16일 토	1월 17일 일
	(요 12:1)	주간 안식일	종려 주일		(마 26:2) (막 14:1)		준비일 양 잡는 날	성회 안식일	주간 안식일	초실절 (마 28:1) (눅 24:21) (마 12:40)
밤							새 언약	무덤에	무덤에	무덤에
낮	베다니 도착	잔치 향유 #2 마리아	나귀를 타심	성전 정화 #2	공격 I (대제사장들 서기관들 장로들) 공격 II (바리새인 헤롯당) 공격 III (사두개인 들) 공격 IV (한 율 법사)	베다니 나병환자 시몬의 집 향유 #3	십자가에 달리심 오후 3시경 죽으심 무덤에	무덤에	무덤에	새벽에 부활하심

표 3) 예수님의 그 유월절. 예수님이 유월절 엿새 전에 베다니에 도착하신 날부터 십자가에서 죽으시고 부활하신 날까지 빠짐없이 하루씩 순서대로 정리한 표. 《하모나이즈드 네 복음서》를 읽어서 얻은 것임.

#1 내적 증거(요 12:1)

예수님이 예루살렘 가까운 베다니에 도착하신 것은 유월절 엿새 전이었습니다(요 12:1). 지금까지 교회는 예수님이 죽으신 당해 연도 유월절이 금요일이라고 배워 왔습니다. 그리고 금요일 엿새 전이면 베다니에 도착하신 날이 토요일입니다. 그러면 예수님이 안식일(토요일)에 여리고에서 베다니까지 여행하신 것이 됩니다. 당시에는 유대인들이 안식일에 아주 짧은 거리만 이동하였으리라 생각합니다(요 11:18, 행 1:12). 예수님이 유대인으로서 유대인의 율법을 따라 사셨다면 안식일에 먼 여행을 하지 않으셨을 겁니다. 그러므로 요한복음 12:1 예수님이 베다니에 도착하신 것은 토요일이 아니라 금요일이었을 겁니다. 그러면 엿새 후는 목요일입니다. 즉 예수님이 유월절 어린 양으로서 십자가에 달리신 날이 목요일입니다.

#2 내적 증거(마 26:2, 막 14:1)

마태복음 26:2과 마가복음 14:1에 "이틀이 지나면 유월절이라"라고 알리는 시점이 유대력 1월 12일 화요일입니다(하네복 149쪽). 화요일인 것은 《하모나이즈드 네 복음서》을 읽어서 알게 됩니다. 그러므로 이틀 후인 유월절은 목요일입니다.

#3 내적 증거(마 28:1)

마태복음 28:1 "안식일이 다 지나고 안식 후 첫날이 되려는 새벽에 막달라 마리아와 다른 마리아가 무덤을 보려고 갔더니", '안식일이 다 지나고'에서 '안식일'은 헬라어로 σαββάτων이며 음역은 sabbatōn, 뜻은 복수로 '안식일들(sabbaths)'입니다. '안식일이 다 지나고'를 일부 영어 성경들(문자적으로 번역한)에서 '안식일'을 '안식일들'로 번역하였습니다. 예를 들면, Berean Literal Bible, International Standard Version, Literal Standard Version, Young's Literal Translation 등입니다. 다른 더 많은 수의 영어 성경은 단수 sabbath으로 번역하였습니다. 복수임에도 단수로 번역한 이유는 헬라어로 볼 때 이 단어가 히브리어에서 온 단어(외래어)이며, 헬라어 문법에서는 종종 단수가 복수 모습으로 기록될 수 있고, 무엇보다도 선행 관념이 '유월절은 금요일이었고, 다음에 온 안식일은 토요일'이라고 생각이 고정되어 있었으므로 단수여야만 했던 것입니다. 그러나 헬라어 복수를 그대로 번역해야 맞는 것이었습니다. 두 개의 안식일이 연달아 있었던 것입니다. 즉, 금요일의 성회(성회 안식일)와 토요일의 주간 안식일이 연이어 있어서 헬라어 원문에 '안식일들'이 지났다고 했던 것입니다.

#4 내적 증거(눅 24:21)

누가복음 24:21 "우리는 이 사람이 이스라엘을 속량할 자라고 바랐노라 이뿐 아니라 이 일이 일어난 지가 사흘째요". 이 말씀은 예수님 부활하신 일요일에 엠마오로 가는 두 제자가 부활하여 이들과 동행하고 계신 예수님께 '당일' 예루살렘에서 일어난 일을 말하며 예수님이 십자가에서 죽으신 날이 '사흘'이 지났다고 합니다. 즉 일요일의 하루 전이면 토요일, 이틀 전이면 금요일, 사흘 전이면 목요일입니다. 목요일에 예수님이 십자가에서 죽으셨다고 말하는 것입니다.

#5 내적 증거(마 12:40)

마태복음 12:40 "요나가 밤낮 사흘 동안 큰 물고기 뱃속에 있었던 것 같이 인자도 밤낮 사흘 동안 땅 속에 있으리라", 예수님은 땅 속에 '사흘'이 아니라 '밤낮 사흘'이라고 말씀하셨습니다. 예수님이 '금요일' 오후 3시에 죽으셨으면, 낮(금요일, 토요일), 밤(토요일, 일요일) '밤낮' 이틀이 됩니다. 그러나 목요일 오후 3시에 죽으셨다면, 낮(목요일, 금요일, 토요일), 밤(금요일, 토요일, 일요일) '밤낮 사흘'이 됩니다. 그러므로 예수님이 죽으신 유월절은 목요일 오후 3시가 틀림없습니다.

#6 내적 증거

네 복음서에는 십자가를 지시기 전 며칠간의 예수님 행적이 하루도 빠짐없이 일자별로 기록되어 있습니다(표 3). 날짜가 이행되는 부분의 성경 본문을 자세히 살펴보겠습니다.

<u>유대력 1월 8일(금요일)-유대력 1월 9일(토요일)-유대력 1월 10일(일요일)</u>

요한복음 12:12에 '그 이튿날' 표현은 '토요일 다음 날 일요일'을 의미하며 '날짜의 빠짐없이' 토요일에서 일요일로 이행을 설명합니다. 즉, 시간의 연속성이 있어서 중간에 생략된 요일이 없는 것을 알 수 있습니다. 유대력 1월 10일(일요일)은 종려주일입니다.

<u>유대력 1월 10일(일요일)-유대력 1월 11일(월요일)</u>

이 사이에도 마가복음 11:12에 '이튿날'이 있어서 일요일에서 월요일로 시간 이행의 연속성을 알려 줍니다.

<u>유대력 1월 11일(월요일)-유대력 1월 12일(화요일)</u>

이 사이에는 월요일에 저주하신 무화과나무가 화요일 아침에 지날 때 무화과나무가 뿌리째 마른 것을 베드로가 보고 말합니다(막 11:19-21). 따라서 월요일과 화요일 사이에 시간적 연속성이 있습니다.

<u>유대력 1월 12일(화요일)-유대력 1월 13일(수요일)</u>

이 사이에는 예수님이 화요일 낮에 성전에서 가르치시고 밤에 감람원이라 하는 산에서 쉬시는 말씀(눅 21:37)에 이어서 수요일 이른 아침

에 모든 백성이 예수님의 말씀을 들으려고 성전에 나가는 장면이 기술되고(눅 21:38), 이 날 예수님은 베다니 나병환자 시몬의 집에서 식사하시는 모습이 기술됩니다(마 26:6/막 14:3). 따라서 화요일과 수요일 사이에 시간적 연속성이 있습니다.

유대력 1월 13일(수요일)-유대력 1월 14일(목요일)

이 사이에는 마태복음 26:20/마가복음 14:17/누가복음 22:14의 '저물 때에'/'저물매'/'때가 이르매'라는 표현을 썼습니다. 따라서 수요일이 끝나고 이어서 목요일 밤으로 이행되어 시간의 연속성이 있다고 판단됩니다.

전체적으로 7일간(금-토-일-월-화-수-목)의 기록이 있으며, 요일과 요일 사이 이행 시간의 연속성이 있고, 기록이 누락된 날이 없습니다. 그러므로 예수님이 십자가에 달리신 유월절은 유대력 1월 14일 목요일입니다.

이상의 6가지 네 복음서의 내적 증거로 당해 연도 유월절이 유대력 1월 14일 목요일이었음을 확인하였습니다.

4. 공생애 삼 년 반

〈예수님의 공생애 일람도표〉

〈예수님의 공생애 일람도표〉는 《하모나이즈드 네 복음서》를 여러 번 읽어서 예수님의 공생애를 한눈에 볼 수 있도록 정리한 그림표입니다. 기존의 네 복음서만으로는 이러한 예수님의 공생애를 정리한 자료가 나오지 못했습니다. 설혹 있다 해도 다른 사람에게 공감과 확신을 주지 못했을 겁니다. 한 장 그림에 공생애를 다 담으려다 보니 예수님의 모든 사역을 표시하지 않았고, 가장 중심이 될 만한 사건만을 일람도표에 담았습니다. 한 줄을 1년으로 5개 줄로 5년을 나타내며, 그 줄 위에 예수님의 공생애 삼 년 반을 시간 순서로 표시하였습니다.

〈예수님의 공생애 일람도표〉가 대략 만들어진 상황에서 누가복음 13:7 말씀을 보았습니다. 이 말씀은 예수님의 공생애 4년 차 유대 사역에서 하신 말씀입니다. "포도원지기에게 이르되 내가 삼 년을 와서 이 무화과나무에서 열매를 구하되 얻지 못하니 찍어버리라 어찌 땅만 버리게 하겠느냐" 하셨습니다. 이 말씀은 비유로 하셨지만 예수님의 공생애가 3년이 되었다는 뜻으로 볼 수 있습니다. 이 말씀을 하신 시점이 당시 대략 만들어진 〈예수님의 공생애 일람도표〉에서 공생애가 시작되고 만 3년쯤 시간 위치에 표시되어 있었습니다. 이것은 〈예수님의 공생애 일람도표〉와 《하모나이즈드 네 복음서》가 제대로 되었다는 것을 확인시켜 주는 검증(검증 #2) 지점이 됩니다.

공생애 기간: 삼 년 반이 맞는가?

가장 논란이 되는 부분이 요한복음 5장 1절의 명절이 무슨 명절이냐는 것입니다. 네 복음서에서 1년이 지나간다는 것을 알려 주는 것은 요한복음에 언급되는 유월절입니다(요 2:13, 6:4). 네 복음서 중 공관복음서로 불리는 마태, 마가, 누가 복음서에는 (예수님의 마지막 유월절 외에는) 시간의 흐름에 대한 정보가 없습니다. 유일하게 요한복음이 절기(명절)에 대한 정보를 주어 시간의 흐름을 알려 줍니다. 요한복음에 예수님이 절기에 예루살렘에 가신 내용을 많이 기록하고 있습니다. 요한복음에만 유월절 3회(요 2:13, 6:4, 19:14), 초막절 1회(요 7:14), 수전절 1회(요 10:22), 그리고 이름이 없는 명절 1회(요 5:1)에 예루살렘에 올라가신 장면이 묘사되어 있습니다. 우리가 잘 아는 대로 유월절은 하나님이 정하신 유대력 1월 14일입니다(출 12:2-11). 그러므로 예수님의 공생애가 삼 년 반이 되려면 유월절이 3번 언급되어야 합니다. 그리고 4번째 유월절에 어린 양으로서 십자가에서 죽으십니다. 그런데 네 복음서(사실은 요한복음)에 2번의 유월절이 언급되어 있어서 사람에 따라서는 예수님의 공생애를 2년 반으로 생각하는 사람이 많이 있습니다. 예수님은 유대인 남성으로서 일 년에 3차례 유월절(무교절), 칠칠절, 초막절에 예루살렘에 올라가셨을 것으로 판단됩니다(출 23:14-17, 34:18-23, 신 16:16).

학자들이 쓴 책들에서 이 이름 없는 명절을 유월절, 혹은 초막절, 혹은 부림절일 것이라고 추측 언급합니다. 현재로서는 이것에 대하여 어느 명절인지 성경 내외에서 결정할 수 있는 결정적 증거는 없습니다. 이러한 상황에서 몇 가지 정보로 추정해 보고자 합니다. 요한복음에서 유월절, 초막절, 수전절에 대해서는 명절 이름을 밝혔으므로 이 이름 없는 명절은 유월절, 초막절, 수전절은 아닐 것입니다. 한편 봄절기인 유월절, 무교절, 초실절, 칠칠절이 유월절로 대표되고 있고, 가을절기인 나팔절, 속죄일, 초막절이 초막절로 대표되고 있으며(출 12:1-20, 23:14-19, 레 23:4-44, 민 28:16-29:38, 신 16:1-17), 그리고 독립적으로 수전절과 부림절이 있는 것입니다. 따라서, 봄절기, 가을절기, 수전절이 언급되었으므로, 부림절이 이 이름 없는 절기일 가능성이 있습니다. 또 한 가지 추정에 도움을 주는 정보가 있습니다. 《하모나이즈드 네 복음서》에서 그 명절 기사 이후에 이어지는 밀 이삭을 자르는 사건이 나옵니다(하네복 47쪽). 밀 이삭을 자름은 이 시기가 칠칠절이 막 지났음을 말해 줍니다. 따라서 이에 《하모나이즈드 네 복음서》에서 요한복음 5:1의 명절이 칠칠절에 바로 앞서 있는 가까운 명절이므로 (그 사이에 유월절 기록은 없이) 부림절이 합당합니다.

그리고 사실 부림절과 유월절은 한 달 간격이 있습니다. 부림절이 유대력 12월 14, 15일이고(에 9:21), 이어서 있는 유월절은 해가 변하여 유대력 1월 14일입니다. 당시에 갈릴리에서 예루살렘까지 이동에 걸어서 1주일씩 걸리던 시대에 어떤 유대인이 부림절에 예루살렘에 올라갔다면 이어서 오는 유월절까지 예루살렘에 계속 머물렀을 것이라는 추측을 하게 합니다. 또한 부림절 자체가 한 해의 연말이므로 한 해가 지나고 있는 것으로 판단할 수 있습니다. 따라서 네 복음서에 유월절이 2번 기록되어 있지만 부림절의 기록을 한 해를 넘기는 절기로 보아 실제로는 3번 기록된 것으로, 혹은 3년이 지나는 것으로 볼 수 있습니다.

본 저자는 이 명절(요 5:1)을 부림절이라고 잠정적 결정을 하였습니다. 그리고 다음과 같은 검증을 통하여 그 가능성을 확인하였습니다. (유월절에 가까운) 이 부림절을 1년을 지나는 기준으로 본다면, 부림절 전의 1년(앞선 유월절에서 이 부림절까지)과 부림절 후의 1년(이 부림절 이후 뒤의 다다음 유월절까지)의 예수님의 행적 기록 양을 비교하였습니다. 이것을 검증 #3으로 하여 요한복음 5:1의 '잠정 부림절'의 앞 뒤 1년의 기록 내용을 비교해 보니 공생애 2년 차(부림절 포함) 21일의 기록(표 5), 공생애 3년 차(부림절 배제) 15일의 기록(표 5)으로 21:15로 받아들일 수 있을 정도로 합당하였습니다(검증 #3). 또한 네 복음서에 남긴 기록의 절수로 보니 공생애 2년 차 543절의 기록(표 7), 공생애 3년 차 568절의 기록(표 7)으로 543:568로 검증(검증 #4)에서 '이 명절을 부림절로 보는 것'을 받아들일 수 있을 정도로 합당하였습니다.

따라서 요한복음에만 기록된 예수님의 공생애 시간의 흐름은 다음과 같고 전체 공생애 기간은 삼 년 반입니다.

2년 차 시작을 알리는 유월절: 요한복음 2:13

2년 차 끝을 알리는 부림절: 요한복음 5:1

4년 차 시작을 알리는 유월절: 요한복음 6:4

4년 차 유대력 7월(가을)에 있은 초막절: 요한복음 7:14

4년 차 유대력 9월(겨울)에 있은 수전절: 요한복음 10:22

5년 차 유대력 1월의 (십자가에 달리시는) 유월절: 요한복음 19:14

5. 예수님의 행하신 일(정량평가)

예수님께서 행하신 일 전체는 알 길이 없습니다. 요한복음 20:30 "예수께서 제자들 앞에서 이 책에 기록되지 아니한 다른 표적도 많이 행하셨으나" 하였으며, 요한복음 21:25 "예수께서 행하신 일이 이 외에도 많으니 만일 낱낱이 기록된다면 이 세상이라도 이 기록된 책을 두기에 부족할 줄 아노라" 하였습니다. 우리는 네 복음서를 통해 전해지는 예수님의 행적의 내용은 잘 알고 있습니다. 그러나 일부분만 기록되어 전해진 것이므로 전체를 알 길이 없습니다. 예수님의 행적 중에서 네 복음서로 전해지는 사역이 어느 정도일까요? 전문 신학 논문이나 서적은 찾아보지 못했지만, 일반인이 접근할 수 있는 한도 내에서 볼 때는 조사한 연구가 없어 보입니다. 어쨌든 본 저자의 생각에 《하모나이즈드 네 복음서》가 없이는 이것에 관한 연구가 불가능하였으리라고 생각합니다. 왜냐하면 네 복음서만으로는 같은 사건인지 다른 사건인지 모르고, 하루하루의 일들을 분석할 수 없기 때문입니다. 따라서 설혹 누군가 예수님 행하신 행적을 양적으로 분석 연구하였더라도 많은 오류가 있을 것입니다. 그러면 《하모나이즈드 네 복음서》를 통해서 가능할까요? 무엇을 어떻게 살펴보면 될까요? 일 년 365일 중에 며칠의 예수님의 행적이 기록되어 있나 분석할 수 있다면 간접적으로 예수님의 일 전체를 짐작해 볼 수 있지 않을까요? 이 분석이 가능합니다. 물론 완벽하지는 않지만 아주 작은 오차로 네 복음서에 기록된 자료를 분석할 수 있습니다. 《하모나이즈드 네 복음서》를 읽으면서 기독교 역사상 아마 한 번도 시도해 보지 못했던 일을 시도해 보겠습니다. 예수님의 공생애 5개년도에 각 해마다 무슨 일을 얼마나 하셨는가 하는 것을 알게 됩니다.

연구 목적

공생애 삼 년 반, 햇수로 5년에 걸친 예수님의 행하신 사건을 《하모나이즈드 네 복음서》를 분석하여 1년 365일 중에 각 연차별, 전체 삼 년 반 기간에 며칠의 기록이 있는지 알고자 합니다.

연구 방법

《하모나이즈드 네 복음서》를 읽어 가며 공생애 각 해당 연도에 며칠의 기록이 있는지 세었습니다. 각 연차의 구분은 유월절을 기준으로 하였습니다. 요한복음 5:1의 명절을 부림절로 보았고, 요한복음 5:2-47의 베데스다 못의 기사는 부림절에 예수님께서 방문한 기사로 보아 공생애 2년 차에 포함하였습니다. 작업을 용이하게 하기 위하여 《하모나이즈드 네 복음서》를 기초로 성경 본문이 없고 주제만 담고 있는 〈하모나이즈드 네 복음서 간략 대조표〉를 따로 만들었습니다. 이 〈하모나이즈드 네 복음서 간략 대조표〉는 본 저자가 따로 만들어 사용하였으며 여기에 제공되지 않습니다. 《하모나이즈드 네 복음서》를 처음부터 끝까지 읽어 가며 사건들의 소요되는 날 수를 세어 〈하모나이즈드 네 복음서 간략 대조표〉에 표시하였습니다. 예수님의 직접 행하신 일들과 직접 하신 말씀이 기록된 네 복음서 구절만을 (그 내용이 많든 적든) 행하심이 있는 날로 여겼습니다. 예수님의 행적을 서술하듯 설명만 있고 직접 행하신 내용이 없으면 날 수로 셈하지 않았습니다. 《하모나이즈드 네 복음서》를 자세히 읽어 내려가면 하루 안에 예수님의 여러 행적이 있었던 날들이 보이고, 또는 날짜가 바뀌는 상황을 알 수 있는 표현들이 있습니다. 예수님의 공생애 사역에서 기록된 날 수를 셀 수 있습니다. 즉, 실제로 일하시고 기록된 날 수를 셀 수 있습니다. 예를 들면 '40일간 주리신 것'은 날 수로 셈하지 않았습니다. '어디에 가셨다', '이틀을 머무셨다' 하는 경우도 날 수에 포함하지 않았습니다. 군데군데 예수님이 일하시는 내용이 아니라 기록자의 깨달음과 상황 설명이 있는 경우가 있습니다. 이런 경우들도 사역하신 날 수에 포함하지 않았습니다. 예수님의 사역을 설명하며 천국, 혹은 하나님의 나라 복음을 어느 지역에서 전하셨다는 글들이 있습니다(표 1). 이런 경우도 상황 설명이고 예수님이 구체적으로 무엇을 행하셨는지 기록을 남긴 것이 아니므로 예수님의 사역의 날 수에 포함하지 않았습니다. 간접 화법으로 전하는 말씀의 경우도 행하심의 날로 셈하는 데 포함하지 않았습니다. 예수님의 구체적인 행동(병 고치심과 같은)이나 하신 말씀이 (직접 화법으로) 있는 경우만 소요된 날 수에 포함하였습니다. 이러한 날 수를 세는 방법이 경우에 따라 판단이 어려운 곳도 있습니다. 그러나 대부분 어렵지 않게 날 수를 셀 수 있습니다. 분석하는 사람에 따라 결과가 차이가 날 수 있습니다. 그러나 대부분의 경우 사건과 일자의 바뀜을 어렵지 않게 분석할 수 있습니다. 이 날 수를 평가하는 일은 본 저자 1인이 하였으며, 시간 간격을 두고 3회 실시하여 맨 나중에 얻은 결과를 분석에 사용하였습니다.

시간과 날짜의 흐름은 현대에 우리가 사용하는 그레고리력이 아니라, 성경의 날짜 개념, 예수님 당시에 이스라엘에서 사용한 유대력 월력에 의한 것입니다. 즉, 출애굽기에서 하나님께서 정하신 달력입니다(출 12:2). 하루의 바뀜도 현대의 개념처럼 밤 12시가 아니라, 성경과 예수님 당시에 이스라엘에서 사용한 해가 지면서 날이 바뀌는 시간 체계를 사용하였습니다. 한 가지 더 주의할 것은 성경을 읽을 때 '저녁'이라는 단어입니다. '저녁'은 지금처럼 '해가 진 후에 어두워진 때'를 가리키지 않는 때가 많습니다. '저녁'을 오히려 '오후'로 이해하는 것이 맞을 때가 많습니다. 이것은 구약에서도 그러한데, 일례로 하루 두 번 드리는 상번제를 아침, 저녁 제사로 드립니다. 이 저녁 제사는 오후(3시경)에 드려집니다. 그러므로 오후 제사라는 말이 현대의 우리에게 더 맞습니다. 예수님도 이 저녁 제사가 드려지는 시간인 오후 3시(유대 시간 9시)에 운명하셨습니다.

이렇게 예수님이 공생애 삼 년 반 기간에 행하신 사건들을 따로 표로 정리하고 해당 사건이 며칠간 있었던 일인지 날 수를 각각 표시하였습니다.

연구 결과

공생애 각 연차별 예수님의 행하심의 내용과 각 사건이 소요된 날 수를 결과로 표시하였습니다(표 4-1, 4-2, 4-3, 4-4, 4-5).

〈공생애 1년 차〉

<table>
<tr><th colspan="2">구분</th><th>사건</th><th>날 수*</th></tr>
<tr><td rowspan="4">공생애 1년 차</td><td rowspan="4">준비</td><td>예수님이 갈릴리 나사렛으로부터 요단 강에 이르러 요한에게 세례를 받으심</td><td>1</td></tr>
<tr><td>예수님이 성령님께 이끌리어 마귀에게 시험을 받으심</td><td>1</td></tr>
<tr><td>예수님이 요한에게 다시 오심과 5명의 제자</td><td>3</td></tr>
<tr><td>예수님의 갈릴리 가나 혼인 잔치</td><td>1</td></tr>
</table>

표 4-1) 예수님의 공생애 1년 차에 행하심이 기록된 날 수. 《하모나이즈드 네 복음서》를 읽어서 예수님의 공생애 삼 년 반의 기록 중 1년 차의 일자별 사건별로 분석함. *각 사건이 있던 날 수.

〈공생애 2년 차〉

<table>
<tr><th colspan="2">구분</th><th>사건</th><th>날 수*</th></tr>
<tr><td rowspan="15">공생애 2년 차</td><td rowspan="2">예루살렘</td><td>예수님의 첫 성전 정화(1st/2)</td><td>1</td></tr>
<tr><td>니고데모와 대화</td><td>1</td></tr>
<tr><td>사마리아</td><td>예수님이 사마리아 여인과 대화하심</td><td>1</td></tr>
<tr><td rowspan="12">갈릴리 I</td><td>예수님이 갈릴리에 오심</td><td>1</td></tr>
<tr><td>가나에서 가버나움의 왕의 신하의 아들을 고치심</td><td>1</td></tr>
<tr><td>예수님이 나사렛에서 배척당하심(1st/2)</td><td>1</td></tr>
<tr><td>예수님이 갈릴리 해변에서 네 제자를 부르심</td><td>1</td></tr>
<tr><td>산상수훈, 한 나병환자를 깨끗게 하심, 한 백부장의 하인을 고치심(1st/2)</td><td>1</td></tr>
<tr><td>안식일에 회당에서 더러운 귀신 들린 사람을 고치심, 베드로의 장모를 고치심</td><td>1</td></tr>
<tr><td>병든 많은 사람을 고치심, 새벽에 한적한 곳으로 가서 기도하심</td><td>1</td></tr>
<tr><td>시몬의 배에 오르셔서 깊은 데로 가서 그물을 내려 고기를 잡으라 하심</td><td>1</td></tr>
<tr><td>예수님이 한 나병환자를 깨끗게 하심</td><td>1</td></tr>
<tr><td>바람과 바다를 꾸짖으심(1st/2), 가다라 지방에 귀신 들린 자 둘을 고치심(1st/2)</td><td>2</td></tr>
<tr><td>중풍병자, 마태, 열두 해 혈루증-소녀 살리심(1st/2), 두 맹인, 귀신 들린 자</td><td>1</td></tr>
<tr><td>모든 도시와 마을에 두루 다니사, 추수할 일꾼들을 보내 주소서 하라</td><td>1</td></tr>
</table>

		열두 제자를 보내심(1st/3)	1
		요한이 옥에서 제자들을 보내어 예수님께 물음(1st/2)	1
	예루살렘	예수님이 안식일에 베데스다 서른여덟 해 된 병자를 고치심	3

표 4-2) 예수님의 공생애 2년 차에 행하심이 기록된 날 수. 《하모나이즈드 네 복음서》를 읽어서 예수님의 공생애 삼 년 반의 기록 중 2년 차의 일자별 사건별로 분석함. 사건 내용 중 서수/기수(예 1st/2)는 네 복음서에서 (비슷한 사건의 순서/비슷한 사건 전체 수)를 나타냄. *각 사건이 있던 날 수.

〈공생애 3년 차〉

구분		사건	날 수*
공생애 3년 차	갈릴리 II	안식일에 밀밭 사이로, 한 손 마른 사람(1st/2), 눈 멀고 말 못하는 사람을 고치심	1
		또 다른 안식일에 회당에서 오른손 마른 사람을 고치심(2nd/2)	1
		예수께서 제자들과 함께 바다로 물러가시니 갈릴리에서 큰 무리가 따름	1
		사도 열둘을 세우심, 평지수훈, 어떤 백부장의 종의 병을 고치심(2nd/2)	1
		나인성 과부의 아들을 살리심	1
		요한이 옥에서 제자들을 보내어 예수님께 물음(2nd/2)	1
		한 바리새인의 집에서 한 여자가 예수님의 발에 향유를 부음(1st/3)	1
		각 동네에서 예수님께로 나아와 큰 무리를 이룸, 씨 뿌리는 자의 비유(1st/2)	1
		… 예수님이 배에 올라 씨 뿌리는 자의 비유(2nd/2), 가라지, 겨자씨, 보화, 진주 …	1
		바람과 물결을 꾸짖으심(2nd/2), 거라사인의 지방 귀신 들린 자를 고치심(2nd/2)	1
		열두 해 혈루증 여자-회당장 야이로의 딸을 살리심(2nd/2)	1
		예수님이 나사렛에서 안식일에 회당에서 가르치심(2nd/2)	1
		예수님이 열두 제자를 보내심(2nd/3)	1
		오병이어, 내가 곧 생명의 떡이니라	2

표 4-3) 예수님의 공생애 3년 차에 행하심이 기록된 날 수. 《하모나이즈드 네 복음서》를 읽어서 예수님의 공생애 삼 년 반의 기록 중 3년 차의 일자별 사건별로 분석함. 사건 내용 중 서수/기수(예 1st/2)는 네 복음서에서 (비슷한 사건의 순서/비슷한 사건 전체수)를 나타냄. *각 사건이 있던 날 수.

〈공생애 4년 차〉

구분		사건	날 수*
공생애 4년 차	갈릴리 III	바리새인들과 서기관들이 예루살렘으로부터 옴(3rd/3), 사람의 전통을 …	1
		헬라인이요 수로보니게 족속의 여자의 딸을 고치심	1
		귀 먹고 말 더듬는, 다리 저는, 장애인, 맹인을 고쳐 주심, 칠병이어	2
		바리새인과 사두개인들의 누룩을 주의하라, 맹인 한 사람을 고치심	1
		빌립보 가이사랴, 주는 그리스도시요, 인자가 많은 고난을 (1st/3), 자기 십자가	1
		높은 산, 변형되심, 장차 예루살렘에서 별세하실 것, 엘리야가 이미 왔으되	1
		말 못하게 귀신 들린 내 아들을, 할 수 있거든이 무슨 말이냐 믿는 자에게는 …	1
		갈릴리, 인자가 넘겨져(2nd/3), 반 세겔, 어린 아이와 같이, 잃은 양, 만 달란트 빚	2
		내 때가 아직, 예루살렘을 향하여, 사마리아인의 한 마을에, 인자는 머리 둘 곳이	4
	초막절	초막절, 이미 명절의 중간이 되어 예수께서 성전에 올라가사 가르치시니	2
		초막절, 명절 끝날 예수님께서 이르시되 누구든지 목마르거든 내게로 와서 마시라	1
		음행 중에 잡힌 여자, 나는 세상에 빛이니, 나를 보내신 이, 내 말에 거하면	1
	유대	칠십 인을 보내심(3rd/3), 주여 주의 이름이면 귀신들도 우리에게 항복하더이다	2
		어떤 율법교사, 내가 무엇을 하여야 영생을 얻으리이까(1st/3), 어떤 사마리아 사람	1
		마르다와 마리아의 집	1
		우리에게도 기도를 가르쳐 주옵소서, 주기도문(2nd/2), 그 간청함을 인하여	1
		하나님의 나라가 이미 너희에게 임하였느니라	1
		한 바리새인이 자기와 함께 점심 잡수시기를 청하므로, 화 있을진저 (1st/2)	1
		그 동안에 무리 수만 명이 모여, 탐심, 염려 … 청지기, 내가 삼 년을 와서	1

		안식일, 한 회당, 열여덟 해 동안이나 귀신 들려 앓으며 꼬부라진 한 여자를 고치심	1
		예루살렘으로 여행하시더니, 좁은 문으로 들어가기를 힘쓰라, 예루살렘아	1
		날 때부터 맹인 된 사람, 실로암 못에 가서 씻으라, 안식일, 네가 인자를 믿느냐	4
		문으로 들어가는 이는 양의 목자라, 나는 양의 문이라, 나는 선한 목자라	1
	수전절	수전절이 이르니 때는 겨울이라, 예수께서 성전 안 솔로몬 행각에서 거니시니	1
	베레아	안식일, 한 바리새인 지도자의 집, 수종병 든 한 사람, 어떤 사람이 큰 잔치 비유	1
		자기 목숨까지 미워하지 아니하면 능히 내 제자가 되지 못하고	1
		모든 세리와 죄인들, 양 백 마리, 열 드리크마, 두 아들, 청지기, 한 부자와 나사로	1
		이 병은 죽을 병이 아니라, 이틀을 더 유하시고, 유대로 다시 가자	2
	베다니	나사로가 죽었느니라, 나는 부활이요 생명이니, 나사로야 나오라	1

표 4-4) 예수님의 공생애 4년 차에 행하심이 기록된 날 수. 《하모나이즈드 네 복음서》를 읽어서 예수님의 공생애 삼 년 반의 기록 중 4년 차의 일자별 사건별로 분석함. 사건 내용 중 서수/기수(예 1st/2)는 네 복음서에서 (비슷한 사건의 순서/비슷한 사건 전체수)를 나타냄. *각 사건이 있던 날 수.

〈공생애 5년 차〉

구분		사건	날 수*
공생애 5년 차	예수님의 유월절	1월 4일, 월, 에브라임에서 사마리아와 갈릴리 사이로, 한 마을(숙박지 #1), 나병환자 열 명	1
		1월 5일, 화, 숙박지 #1⇒#2로 이동, (숙박지 #2), 인자의 날, 바리새인과 세리	1
		1월 6일, 수, 숙박지#2⇒#3로 이동, 요단 강 건너 유대 지경, 아내를 버리는 것	1
		1월 7일, 목, 숙박지 #3⇒#4로 이동, 품꾼, 고난(3rd/3), 좌우편, 여리고, 삭개오, 열 므나	1
		1월 8일, 금, 여리고(숙박지 #4)에서 예루살렘으로 이동, 맹인들, 베다니에 여장을 푸심	1
		1월 9일, 토, 베다니, 잔치, 마리아는 비싼 향유 한 근을 예수의 발에 붓고(2nd/3)	1

		1월 10일, 일, 종려주일, 한 알의 밀이 땅에 떨어져	1
		1월 11일, 월, 한 무화과나무(1st/2), 성전 정화(2nd/2)	1
		1월 12일, 화, 다른 무화과나무(2nd/2), 공격 I-IV, 화 있을진저 (2nd/2), 징조	1
		1월 13일, 수, 베다니 나병환자 시몬의 집, 한 여자, 향유 한 옥합(3rd/3)	1
		1월 14일, 목, 성찬, 새 언약, 보혜사, 기도, 겟세마네, 가야바, 빌라도, 십자가	1
	부활	1월 17일, 일, 부활, 막달라 마리아(여자들), 베드로, 엠마오, 제자들	1
		1월 25일, 월, 도마	1

표 4-5) 예수님의 공생애 5년 차에 행하심이 기록된 날 수. 《하모나이즈드 네 복음서》를 읽어서 예수님의 공생애 삼 년 반의 기록 중 5년 차의 일자별 사건별로 분석함. 사건 내용 중 서수/기수(예 1st/2)는 네 복음서에서 (비슷한 사건의 순서/비슷한 사건 전체수)를 나타냄. *각 사건이 있던 날 수.

표 4-1, 4-2, 4-3, 4-4, 4-5 결과에서 보는 바와 같이 《하모나이즈드 네 복음서》를 따라가면 예수님의 공생애를 하루하루를 분리할 수 있으며, 며칠의 예수님 행적이 기록되었는지 분석할 수 있습니다. 경우에 따라서는 하루와 하루를 분리하기 어려운 경우도 있지만 그러한 경우는 아주 적어서 전체 분석에 큰 영향을 주지 않습니다.

결과 분석

《하모나이즈드 네 복음서》를 읽어서 정리하여 얻은 결과(표 4)를 연차별로 소용된 날 수를 합산한 것이 표 5와 같습니다.

<table>
<tr><th>연차</th><th>전체 날 수(일)</th><th>사역</th><th colspan="2">날 수(일)</th><th>백분율(%)</th></tr>
<tr><td>1년 차</td><td>183?</td><td>준비</td><td colspan="2">6</td><td>3.3</td></tr>
<tr><td>2년 차</td><td>365</td><td>갈릴리 I</td><td colspan="2">21</td><td>5.8</td></tr>
<tr><td>3년 차</td><td>365</td><td>갈릴리 II</td><td colspan="2">15</td><td>4.1</td></tr>
<tr><td rowspan="6">4년 차</td><td rowspan="6">365</td><td>갈릴리 III</td><td>14</td><td rowspan="6">40</td><td rowspan="6">11.0</td></tr>
<tr><td>초막절</td><td>4</td></tr>
<tr><td>유대</td><td>15</td></tr>
<tr><td>수전절</td><td>1</td></tr>
<tr><td>베레아</td><td>5</td></tr>
<tr><td>베다니</td><td>1</td></tr>
<tr><td>5년 차</td><td>14</td><td>십자가</td><td colspan="2">11</td><td>78.6</td></tr>
<tr><td>전체</td><td>1,292?</td><td></td><td colspan="2">93</td><td>7.2</td></tr>
</table>

표 5) 《하모나이즈드 네 복음서》을 읽어서 얻은 예수님의 공생애 행적이 기록된 날 수.

예수님이 요단 강에서 요한에게 세례 받으시고 공생애를 시작하신 것이 예수님 30세쯤(눅 3:23)이라고 하고 있습니다. 1년 중 언제인지 정확히 알지 못합니다. 그러나 추측할 수 있습니다. 그리고 앞서서도 언급하였지만 예수님이 “내가 삼 년을 와서 …”(눅 13:7) 말씀하신 것이 초막절과 수전절 사이의 공생애 4년 차 유대 사역하실 때입니다. 즉, 초막절이 유대력 7월 15~21일, 수전절이 유대력 9월 25일이므로 이 두 날짜 사이가 예수님의 공생애 시작일이 아닐까 생각합니다. 즉, 유대력 1월부터 반년이 지난 시점이 예수님의 공생애 시점이라고 추정합니다. 그러면 공생애 1년 차 예수님의 사역 기간을 1년 365일의 절반 183일이라고 추정하였습니다. 전체 공생애 햇수로 5년(만으로 삼 년 반)의 날 수는 1,292일, 이 중에 기록을 남기신 날 수는 93일(7.2%)입니다. 1년 차에는 183일 중 6일(3.3%), 2년 차에는 365일 중 21일

(5.8%), 3년 차에는 365일 중 15일(4.1%), 4년 차에는 365일 중 40일(11.0%), 5년 차에는 14일 중 11일(78.6%)입니다.

결론

네 복음서에 예수님의 행하심이 기록된 날 수는 공생애 전체 추정 날수(1,292일)의 7.2%(93일)입니다. 예수님의 공생애 날 수의 92.8%(100-7.2=92.8)는 네 복음서에 전혀 기록되지 않았습니다. 예수님의 공생애 행적이 나타난 93일일지라도 각각 하루에 있었던 모든 일이 네 복음서에 기록된 것이 아니라, 조그만 행적이나 말씀이 있는 날이 많고, 이 날들도 모두 하루로 셈한 결과입니다. 그러므로 요한복음 20:30-31 "예수께서 제자들 앞에서 이 책에 기록되지 아니한 다른 표적도 많이 행하셨으나 오직 이것을 기록함은 너희로 예수께서 하나님의 아들 그리스도이심을 믿게 하려 함이요 또 너희로 믿고 그 이름을 힘입어 생명을 얻게 하려 함이니라"와 요한복음 21:25 "예수께서 행하신 일이 이 외에도 많으니 만일 낱낱이 기록된다면 이 세상이라도 이 기록된 책을 두기에 부족할 줄 아노라" 이 말씀들을 실감하게 합니다.

6. 비슷한 사건들

네 복음서에는 서로 비슷비슷한 사건들이 아주 많습니다. 《하모나이즈드 네 복음서》는 분명하게 사건 사건을 시간 순서대로 읽을 수 있어서, 비슷하지만 다른 사건들을 구분합니다. 《하모나이즈드 네 복음서》를 앞서 읽은 독자라면 이미 몇 군데에서 같은 사건이라고 알고 있던 사건들이 다른 시기에 이루어진 것을 보셨을 것입니다. 충격을 받은 분도 있을 것이고, 인정하기 싫은 분도 있으실 것입니다. 비슷한 두 사건을 같은 사건이라고 생각한 사람은 '네 복음서는 불일치가 많다. 성경을 문자대로 받아들이면 안 되겠구나, 기록자가 각기 자기 관점에서 기록하니 그럴 수도 있구나, 성경은 구전과 전승 과정을 통해 전해지다 보니 네 복음서 간에 틀린 부분들이 많이 있구나' 등등 이러한 결론에 도달합니다. 그러나 네 복음서의 저자는 하나님이시며 우리에게 주신 계시의 말씀입니다. 《하모나이즈드 네 복음서》는 두 사건이 다른 사건임을 알게 하며, 성경에 일점일획도 틀림이 없음을 알게 합니다. 이처럼 비슷하지만 서로 다른 사건들이 많습니다. 그 중에 대표적인 것들을 살펴보도록 하겠습니다. (뒤에 나오는 '㉺'는 영어 versus이며, 본 책에서 한글로 표기하고자 사용한 것입니다.)

1) 제자들을 부르시는 장면(요 1:35-51 ㉺ 마 4:18-22/막 1:16-20 ㉺ 눅 5:1-11 ㉺ 마 9:9-13/막 2:13-17/눅 5:27-32)

예수님께서 제자들을 만나시거나 부르시는 장면은 크게 4번 나옵니다. 순서대로 다음과 같습니다. 1) 요한복음 1:35-51, 안드레, 이름이 안 나온 한 제자, 베드로, 빌립, 나다나엘(공생애 시작 직후), 2) 마태복음 4:18-22/마가복음 1:16-20, 베드로, 안드레, 야고보, 요한 부르심(갈릴리 I 사역), 3) 누가복음 5:1-11, 베드로의 배에 오르사 베드로를 부르심(갈릴리 I 사역), 4) 마태복음 9:9-13/마가복음 2:13-17/누가복음 5:27-32, 세관에 앉아 있는 마태를 부르심(갈릴리 I 사역).

이 중에서 베드로는 맨 처음에는 동생 안드레의 소개로 예수님을 만납니다. 이 곳은 요한이 처음 세례를 베풀던 곳이고 예수님이 요한에게 세례 받으신 곳, 요단 강 건너편 베다니로 보입니다. 이 곳은 안드레와 베드로의 집(갈릴리 벳새다)과 한참 먼 곳이었습니다. 동생 안드레는 이미 세례 요한의 제자였습니다(요 1:35-37, 40-41). 베드로는 동생 안드레가 있던 곳, 아마도 세례 요한이 세례를 주던 요단 강 건너편 베다니에 와 있었던 것 같습니다. 여기에서 처음 예수님을 만납니다. 안드레가 이미 세례 요한의 제자였다는 사실과 베드로가 그 가까운 인근에서 있다가 안드레가 불러서 예수님께 왔다는 사실들에서 안드레와 베드로가 일반 백성과 달리 진리를 구하는 속마음이 있었다는 정황을 발견합니다. 갈릴리 벳새다와 요단 강 건너 베다니가 먼 곳임에도 생업에서 떨어져 세례 요한에게 와 있었던 것 같습니다. 그런데 이 때부터 베드로가 전업(full-time)으로 예수님을 따르지 않았습니다. 두 번째로, 해가 바뀌어 갈릴리 해변에서 바다에 그물을 던지다가 예수님의 부르심을 받습니다(마 4:18-22/막 1:16-20). 그들이 곧 그물을 버려두고 예수님을 따랐습니다. 그런데 그러고도 베드로는 예수님을 전업으로 따르지 않았습니다.

세 번째로, 얼마 후 베드로는 밤새 고기를 잡고 이제 배에서 나와 그물을 씻고 있었습니다. 예수님이 게네사렛 호숫가에서 많은 무리와 함께 계시다가 베드로의 배로 오르셨습니다(눅 5:1-11). 그 날은 밤새 수고하였지만 예수님은 그에게 다시 그물을 내리라고 하십니다. 그리고 많은 물고기를 잡습니다. 베드로는 이 때부터 예수님을 전업으로 따르게 됩니다. 정리하면, 예수님께서 베드로를 제자로 만나시거나 부르시는 장면이 3번 있습니다. 그런데 지금까지 예수님이 베드로를 3번 부르시는 것을 설교나 책에서 언급하지 못합니다. 세 사건이 다른 사건이라고 확정하지 않기 때문입니다. 더구나 두 번째, 세 번째 부르심이 같은 사건이라고 생각하는 분위기가 있고, 각 기록자가 같은 사건을 다른 관점에서 기록했거니 생각하는 듯합니다. 그런데 실상은 예수님이 베드로를 세 번 만나시거나 부르시고 나서야 베드로가 전업 제자의 삶을 살았다는 것이 사실입니다. 이처럼 《하모나이즈드 네 복음서》는 기존의 네 복음서에서 발견하기 어려웠던 것을 알 수 있게 합니다.

본 저자가 소속된 대학생성경읽기선교회(UBF, university bible fellowship)는 예수님께서 제자들을 부르시는 장면을 아주 중요하게 생각하며, 여러 번 읽고 배우려 하고 있습니다. 왜냐하면 UBF 멤버들은 대학생 때에 초청을 받고 성경 공부를 시작한 사람들이 대부분이며 자기 인생을 설계하는 나이에 주님의 부르심을 접하게 됩니다. '꿈꾸던 자기 미래'가 있지만 대학생 때 만난 예수님 때문에 부르심에 고민을 많이 합니다. 설계된 자기 인생을 다 지우고 새로 예수님을 중심에 놓고 인생의 방향을 바꾸어 주님 안에서 부르심을 따라 살기로 결단합니다. 이 때부터 신학을 공부하는 것이 아니고 자기 전공을 마치고 직장

일을 하면서 자비량 평신도로 캠퍼스 복음 역사를 섬깁니다. 그래서 대부분의 동료들은 베드로가 고기 잡아 가족을 부양해야 했던 고민을 똑같이 하기 때문에, 베드로가 인생을 주님께 맡기고 사람을 낚는 어부가 되겠다고 예수님을 따라 나선 것이 큰 은혜가 됩니다. 저는 20대이던 1980년대에 이 부르심을 배우고 캠퍼스 복음 역사를 위해 살기로 해온 지 40년이 지났습니다. 내가 너로 사람을 낚는 어부가 되게 하리라는 베드로에게 주신 예수님의 뜻과 약속의 부르심은 정말 위대한 부르심입니다.

2) 두 번의 성전 정화(요 2:13-22 ㉢ 마 21:12-13/막11:15-17/눅19:45-46)

예수님의 성전 정화하신 것을 한 번 있었던 사건이라고 생각하는 분이 많은 것 같습니다. 저도 두 사건이라고 구분하여 강의하거나 책으로 기록된 것을 접하지 못했습니다. 첫 성전 정화는 예수님의 공생애 2년 차 유월절에 성전에 가셨을 때입니다. 두 번째는 공생애 5년 차 예수님이 유월절 어린 양으로 십자가에 달리시는 때입니다. 분명 두 번째 성전 정화는 유대력 1월 11일 월요일입니다. 전날 유대력 1월 10일 일요일에 예수님은 예루살렘 성에 나귀 타고 입성하신 종려주일이었습니다. 이 날 1월 10일은 또한 유월절 어린 양을 취하는 날입니다(출12:3). 그러므로 양을 취하는 유대력 1월 10일이 지난 그다음 날인 11일 월요일에는 더 이상 소와 양은 찾는 사람이 없을 터이니, 성전 안에서 장사하는 사람들도 소와 양을 차려 놓은 상을 두지 않았을 법합니다. 그래서 공생애 5년 차에 있던 성전 정화에 공생애 1년 차에는 있던 소와 양이 없는 것이 하나의 관찰할 점입니다. 이 부분도 검증(검증

#5)을 하게 하는 부분입니다.

3) 고향 나사렛을 공생애 기간에 두 번 방문하심(눅 4:16-30 ㉹ 마 13:54-58/막 6:1-6)

예수님이 공생애 기간에 고향 나사렛을 두 번 방문하신 것이 기록되어 있습니다. 그런데 이 부분도 두 번이라고 하는 설교나 책을 접해 보지 못했습니다. 두 번인 것을 알고 두 경우에 언제이고 얼마나 간격이 있고, 두 번 모두 배척받으시는데, 그 내용과 정도가 어떤가? 이런 식으로 접근을 못 해 온 것 같습니다. 예수님이 나사렛을 방문하신 것은 갈릴리 I 사역 때와 II 사역 때 각 한 번씩이 기록되어 있습니다. 물론 예수님이 실제 방문한 숫자가 아니라 네 복음서에 기록된 방문 숫자입니다.

공생애 기간에 기록으로 남은 두 번의 나사렛 방문을 고향 방문이라는 관점에서 볼 수도 있고, 다른 관점으로 갈릴리 여러 마음을 하나님의 나라 복음을 전하시기 위해 다니신 것(마 10:11-14, 막 6:10-11/눅 9:4-5)과 같은 방문으로 볼 수도 있습니다.

4) 산상수훈과 평지수훈(마 5:1-8:1 ㉹ 눅 6:17-7:1)

수훈은 일반적으로 산상수훈(마 5:1-8:1, 갈릴리 I 사역)과 평지수훈(눅 6:17-7:1, 갈릴리 II 사역), 두 가지를 말합니다. 하나는 산 위에 올라 말씀하셨고, 다른 것은 평지에서 말씀하셨습니다. 두 경우 모두 말씀 모음집이 아닙니다. 분명히 육하원칙에 따라 특정이 되는, 어디서 누가 누구에게 말씀하신 것으로, 분명히 다른 두 사건입니다. 예수님은 많은 말씀과 가르치심을 주셨고, 길에서나, 성전에서나, 집에서나 우리에게 꼭 필요한 것들을 말씀하셨는데, 왜 유독 산상수훈과 평지수훈만이 수훈이라는 이름이 붙여졌을까요? 수훈, 혹은 보훈이라고 합니다. 수훈은 한자로 후세에 전하는 교훈이라는 뜻이고, 보훈은 보배로운 교훈 이란 뜻입니다. 산상수훈과 평지수훈의 공통되는 특징은 한 장소에서 비교적 길게, 다른 사람들의 끼어듦이 없이, 수려하게 이어지는 예수님의 가르치심입니다. 이러한 특징이 눈에 띄어 수훈이란 이름이 붙여진 것 같습니다.

5) 한 나병환자를 깨끗게 하심(마 8:1-4 ㉹ 막 1:40-44/눅 5:12-14 ㉹ 눅 17:12-19)

예수님께서 나병환자를 고치시는 사건은 네 복음서에 세 사건이 기록되어 있습니다. 마태복음 8:1-4는 갈릴리 I 사역 때 예수님이 산상수훈의 산에서 내려오시니 한 나병환자가 나아왔고, 마가복음 1:40-44/누가복음 5:12-14는 갈릴리 I 사역 때 예수님이 한 동네에 계실 때 한 나병환자가 왔으며, 누가복음 17:12-19는 예수님이 마지막 유월절에 예루살렘에 올라가시는 때, 사마리아와 갈릴리 사이로 지나가시다가 한 마을에 들어가시니 나병환자 열 명이 예수님을 만나 멀리 서서 예수님께 요청하였습니다. 앞의 두 사건에서 나병환자는 깨끗하게 해 달라고 요청합니다. 세 번째 사건에서는 불쌍히 여겨 달라고 요청합니다. 당시 나병은 병이면서 더러움(부정함)과 깨끗함(정함)의 문제로 인식되었습니다. 예수님은 앞서 두 번은 나병환자에 손을 내밀어 대셨고, 세 번째 사건에서는 "가서 제사장들에게 너희 몸을 보이라" 하셨습니다. 구약에 따르면 나병환자는 부정하여 진영 밖에 살라 하셨습니다

(레 13:44-46, 민 5:2-3). 민수기 5:2-3 "이스라엘 자손에게 명령하여 모든 나병 환자와 유출증이 있는 자와 주검으로 부정하게 된 자를 다 진영 밖으로 내보내되 남녀를 막론하고 다 진영 밖으로 내보내어 그들이 진영을 더럽히게 하지 말라 내가 그 진영 가운데에 거하느니라 하시매". 그 뜻은 나병환자의 부정으로 진영을 더럽히지 말라는 뜻입니다. 더구나 나병환자에게 손을 대는 것도 부정하게 되는 것으로 생각하는 것이 합당하리라고 생각됩니다. 구약에 나병환자에게 손대는 것에 관하여 언급이 없지만 그렇더라도 (당연히 닿는 사람이 부정하게 되므로) 금하신 것이 포함되리라 생각됩니다. 그런데 예수님은 그들을 멀리 두시고 말씀만 하셔도 될 터인데, 손을 내밀어 대셨습니다. 이 일은 예수님의 하늘의 거룩하심과 권능이 (예수님을 통하여) 이 땅을 고치시고 깨끗하게 하심을 알게 합니다. 예수님 말씀하신 대로 '하나님의 나라가 이미 임하신 것'을 드러냅니다(마 12:28, 눅 11:20).

6) 맹인을 눈 뜨게 하심(마 9:27-31 ㉢ 막 8:22-26 ㉢ 요 9:1-41 ㉢ 눅 18:35-43 ㉢ 막 10:46-52 ㉢ 마 20:29-34)

예수님께서 맹인의 눈을 뜨게 하신 사건은 6회에 걸쳐서 8명입니다. 맹인들의 특이점은 예수님을 다윗의 자손이여(6회 중 4회) 하고 부른 것입니다. 이들은 소리로서 예수님을 붙잡고자 한 듯하며, 예수님의 호칭을 '다윗의 자손'이라 하였는데, 당시 이 호칭이 갖는 의미는 '그리스도' 입니다(마 22:42/막 12:35/눅 20:41). 마태복음 12:22-23에도 눈 먼 사람이 고침을 받으나, 그는 귀신 들려 눈 멀고 말 못하는 사람으로서 이곳의 여섯 사건과 성격이 달라 포함하지 않았습니다.

순서	시기	맹인 숫자	다윗의 자손이여	눈을 만지심
마 9:27-31	갈릴리 I	2	○	○
막 8:22-26	갈릴리 III	1		침, ○
요 9:1-41	유대 사역	1		침, 진흙, ○ → 실로암
눅 18:35-43	예루살렘 길	1	○	
막 10:46-52	예루살렘 길	1(바디매오)	○	
마 20:29-34	예루살렘 길	2	○	○

표 6) 네 복음서에 기록된 예수님이 맹인을 보게 하신 여섯 예.

7) 열두 해 혈루증 여자 고치심/소녀 살리심(마 9:18-26 ㊐ 막 5:21-43/눅 8:40-56)

네 복음서에 예수님이 죽은 자를 살리신 사건은 모두 4번 기록되어 있습니다. 순서대로 다음과 같습니다.

갈릴리 I 사역	한 관리의 방금 죽은 딸을 살리심(마 9:18-26)
갈릴리 II 사역	나인성 과부의 독자를 살리심(눅 7:11-17)
갈릴리 II 사역	회당장 야이로의 딸을 살리심(막 5:21-43/눅 8:40-56)
베레아 사역 직후	죽은 나사로를 살리심(요 11:1-44)

이 중에서 첫 번과 세 번째 사건을 같은 사건으로 오해합니다. 마태복음 9:18-26의 갈릴리 I 사역 때에는 방금 죽은 한 관리의 딸을 살리신 사건입니다. 마가복음 5:21-43/누가복음 8:40-56의 갈릴리 II 사역 때에는 죽어 가고 있는 회당장 야이로의 어린 딸이 예수님이 가시는 도중에 죽어서 살리신 사건입니다. 두 사건 모두 공통적으로 열두 해를 혈루증으로 앓아 온 여자가 중간에 등장하므로 같은 사건으로 생각했을 겁니다. 그러나 각각 두 사건이 있기 전후의 정황과 등장인물,

그리고 어린 딸이 죽은 상황과 죽어 가고 있는 상황이 서로 불일치합니다. 반면에 같은 사건을 기록하고 있는 병행 본문 마가복음 5:21-43과 누가복음 8:40-56은 내용이 같습니다(검증 #6).

8) 한 백부장의 하인을 고치심(마 8:5-13 ㊏ 눅 7:1-10)

한 백부장의 하인을 고치신 사건(갈릴리 I 사역)은 가버나움에서 있었습니다. 어떤 백부장의 사랑하는 종을 고치신 사건(갈릴리 II 사역)도 가버나움에서 있었습니다. 두 사건은 약 1년의 간격이 있었습니다. 백부장은 로마의 군인으로 이방인입니다. 가버나움에 왜 백부장이 있었는지 잘 모르지만 가버나움이 갈릴리 호수 옆이며 교통 왕래가 많은 지역입니다. 멀리 다메섹에서 갈릴리를 지나 지중해 해변을 지나 애굽에 이르는 해변 길 국제도로가 지나가는 곳입니다. '해변 길'이라는 이름을 갖고 있습니다. 가버나움이 해변 길 교통의 요지에 있어서 사람들의 이동 통제 혹은 관세, 통행세를 걷는 것과 관련이 있어 보입니다. 두 백부장 모두 예수님의 칭찬을 듣습니다. 두 백부장은 똑같이 말씀만 하사 내 하인을 낫게 해 달라고 했으며, 예수님은 이스라엘 중에 이만한 믿음을 만나보지 못하였다고 하셨습니다. 두 사건의 앞선 상황, 등장인물, 대화 내용을 보면 두 사건이 다른 사건임을 알 수 있습니다.

9) 바람과 바다를 꾸짖으심, 건너편 지방에 가심(마 8:23-34 ㊏ 막 4:35-5:20/눅 8:22-39)

마태복음의 예수님이 가다라 지방에 가셔서 귀신 들린 자 둘을 고치신 사건은 갈릴리 I 사역 때 일입니다. 마가복음과 누가복음의 사건은 갈릴리 II 사역 때이고 비슷하지만 예수님이 거라사인의 땅에 가셔서 귀신 들린 자 하나를 고치십니다. 두 경우 모두 배 타고 가시는 중에 예수님은 주무십니다. 바다에 큰 놀이 일고 배가 물결에 덮이게 되었을 때, 예수님께서 바람과 바다를 꾸짖어 잔잔하게 됩니다. 그리고 모두 돼지가 물에서 몰사합니다. 그러나, 이 일이 있기 전후의 정황이 다른 두 개의 사건입니다. 마가복음 4:35-5:20과 누가복음 8:22-39는 병행 본문으로 내용이 같습니다(검증 #7).

10) 열두 제자를 보내심(마 10:1-11:1 ㉢ 막 6:7-13/눅 9:1-6)

예수님께서 제자들을 보내시는 장면이 4번 나옵니다. 전도 자체가 목적이기도 하지만, 예수님께서 제자들을 훈련하는 의미도 있어 보입니다. 첫 번은 마태복음 10:1-11:1에 있으며, 12제자를 보내십니다. 갈릴리 I 사역 때이며, 아직 사도로 세우기 전입니다. 두 번째는 마가복음 6:7-13/누가복음 9:1-6입니다. 갈릴리 II 사역 때이며, 12사도를 세우신 이후입니다. 세 번째는 누가복음 10:1-24에 나오며, 70인을 보내십니다. 유대 사역 때입니다. 그리고 네 번째는 마태복음 28:16-20에서 부활하신 예수님이 갈릴리 한 산에서 제자들을 세상에 보내십니다. 그 후 예수님은 승천하십니다. 이 중에서 첫 번과 두 번째 사건을 같은 사건이라고 판단할 수 있습니다. 그러나 다른 사건입니다. 두 번째 사건의 마가복음 6:7-13과 누가복음 9:1-6이 내용의 일치(병행 본문)를 볼 수 있습니다(검증 #8).

11) 요한이 옥에서 제자들을 보내어 예수님께 물음(마 11:2-6 ㉢ 눅 7:18-23)

세례 요한이 옥에서 제자 둘을 보내어 예수님께 "오실 그이가 당신이오니이까 우리가 다른 이를 기다리오리이까" 하며 묻는 것이 《하모나이즈드 네 복음서》에서 두 번을 가리키고 있을 때, 본 저자는 당혹스러웠습니다. 그가 예수님 앞서 와서 예수님이 '하나님의 어린 양'임을 증거하는 사명을 감당해야 하는데 도대체 예수님을 증거한 그가 이와 같은 질문을 하면 나머지 믿음이 부족한 우리는 어떻게 예수님을 그리스도로 확신 있게 붙잡을 수 있겠습니까? 그가 한 번을 물어도 당혹스러운데 두 번씩이나 물었다는 것이 쉬이 받아들여지지 않았습니다. 처음 자기 제자들을 보낸 것이 갈릴리 I 사역 때(마 11:2-6)이며, 두 번째는 갈릴리 II 사역 때(눅 7:18-23)입니다. 처음 보낸 때는 예수님이 마태복음 10장에서 12제자들을 보내시고, 그 즈음입니다. 두 번째는 예수님이 나인성 과부의 죽은 아들을 살리시고 난 직후로 보입니다. 두 사건은 부분적으로 마태복음 11:12-15와 누가복음 7:21, 29-30에서 다르나, 전체적으로는 두 사건으로 보기 어려울 정도로 같습니다. 두 번의 세례 요한의 질문 뒤에 그들에게 하신 두 번의 예수님의 답변은 똑같고, 이어서 제자들에게 하시는 말씀도 똑같습니다.

12) 한 손 마른 사람(마 12:9-14 ㉨ 막 3:1-6/눅 6:6-11)

안식일에 회당에서 한 손 마른 사람을 고치신 사건은 너무도 흡사합니다. 그러나 마태복음 12:9-14의 사건은 안식일에 밀밭 사이로 가며 제자들이 시장하여 이삭을 잘라 먹은 사건과 같은 안식일(마 12:9)에 있던 사건입니다. 마가복음 3:1-6/누가복음 6:6-11의 사건은 다른 안식일(눅 6:6)에 있던 사건입니다. 그리고 예수님이 마태복음에서는 안식일에 구덩이에 빠진 양을 설명하시고, 마가복음과 누가복음에서는 안식일에 선을 행하는 것과 악을 행하는 것, 어느 것이 옳으냐 말씀하십니다. 마가복음과 누가복음이 병행 본문으로 내용이 같습니다(검증 #9).

13) 예수님께 향유를 부음(눅 7:36-50 ㉹ 요 12:2-8 ㉹ 마 26:6-13/막 14:3-9)

예수님께 향유를 붓는 사건은 3번 있었습니다. 첫 사건은 갈릴리 II 사역 때에 갈릴리 바리새인 시몬의 집에서입니다(눅 7:36-50). 한 여자가 향유 담은 옥합을 가지고 예수님 뒤로 그 발 곁에 서서 울며 눈물로 그 발을 적시고 자기 머리털로 닦고 그 발에 입맞추고 향유를 부었습니다. 두 번째 사건은 베다니 나사로, 마르다, 마리아의 집에서입니다(요 12:2-8). 마리아가 지극히 비싼 향유 곧 순전한 나드 한 근을 가져다가 예수님의 발에 붓고 자기 머리털로 그 발을 닦았습니다. 이 일은 예수님 십자가를 지시는 유월절에서 5일 전 안식일(토요일)이었습니다. 세 번째 사건은 그로부터 4일 뒤, 유월절 하루 전날 수요일 베다니 나병 환자 시몬의 집에서 있었습니다(마 26:6-13/막 14:3-9). 한 여자가 매우 값진 향유 곧 순전한 나드 한 옥합을 가지고 와서 깨뜨려 예수님의 머리에 부었습니다.

예수님은 두 번째와 세 번째 사건을 예수님의 장례를 위해 준비한 사건으로 받아 주셨습니다. 그래서 살펴보면, 예수님이 정작 십자가에서 죽으시고 장례할 시간이 없어서 장례 절차와 형식을 제대로 죽은 몸에 치르지 못했던 것을 발견하게 됩니다. 그래서 여자들은 예수님의 죽은 몸을 무덤에 두는 곳을 보았다가 돌아가서 향품과 향유를 준비하는 것(눅 23:56)을 볼 수 있고, 안식일이 다 지나고 무덤에 가서 장례 일들을 마무리하길 원했습니다. 그러나 예수님은 부활하셔서 무덤에 없으셨고, 결국 예수님의 죽은 몸에는 장례 형식들을 갖추지 못했습니다. 그러나 예수님은 미리 두 번째와 세 번째 향유 부음을 자신의 장례를 위한 준비로 받아 주셨습니다. 마리아는 향유를 예수님의 발에 부었습니다. 나병환자 시몬의 집에서 한 여자는 향유를 예수님의 머리에 부었습니다. 발과 머리에 향유가 부어져서 결과적으로 예수님의 온몸에 향유가 부어졌고 더할 나위 없이 멋진 장례 형식이 이미 이루어졌습니다. 마태복음 26:6-13과 마가복음 14:3-9는 병행 본문으로 내용이 같습니다(검증 #10).

14) 오병이어 ㉢ 칠병이어(마 14:13-21/막 6:30-44/눅 9:10-17/요 6:1-13 ㉢ 마 15:32-39/막 8:1-10)

오병이어는 갈릴리 II 사역 때에 벳새다에서 있었던 일이고, 이 때는 디베랴부터 걸어서 온 유대인 무리들이 참여하였습니다. 이 벳새다는 분봉 왕 헤롯 빌립이 다스리던 곳이고, 갈릴리 호수로 흘러드는 요단강 동쪽에 있습니다. 로마 황제 아구스도의 딸 율리아를 기념하여 벳새다 율리아로 불리는 곳입니다. 빌립, 안드레, 베드로의 고향 갈릴리 벳새다(요 12:21)와 다릅니다. 네 복음서에 모두 오병이어 내용을 기록했습니다. 반면에 칠병이어는 갈릴리 III 사역 때, 예수님께서 제자들과 두로, 시돈, 데가볼리를 지나 도착한 갈릴리 호수가에서 있었던 일입니다. 그들은 예수님이 병을 고치시는 것을 보고 이스라엘의 하나님께 영광을 돌렸습니다(마 15:31). 그들이 '이스라엘의 하나님'이라고 표현을 하여, 이들이 이방인인 것을 알 수 있습니다.

대부분의 비슷한 사건들은 한 복음서에 비슷한 사건 모두를 택하여 기록하지 않았습니다. 예를 들면, 비슷한 사건 (가)와 (나)가 있을 경우, 마태복음이 (가)를 기록에 남기면, 마가복음과 누가복음은 (나)를 기록에 남겼습니다. 그래서 (가)와 (나)가 같은 사건이라는 오해를 했습니다. 그러나 오병이어 사건은 네 복음서에 모두 기록을 남겼고, 칠병이어 사건은 마태복음과 마가복음에만 기록을 남겼습니다. 결과적으로 마태복음과 마가복음은 오병이어와 칠병이어 사건 모두를 기록으로 갖고 있습니다. 따라서 아무도 오병이어와 칠병이어가 같은 사건이라고 주장하지 않습니다. 그런데 만일 마태복음과 마가복음에서 오병이어 사건 없이 칠병이어 사건만 기록으로 남겼다면, 오병이어와 칠병이어는 같은 사건이라고 생각할 가능성이 있습니다. 여하튼 네 복음서의 기록은 정확하므로 그 사건 전후의 상황을 살펴야 하며, 각 사건을 육하원칙에 따라 살펴보아야 합니다.

15) 두 번의 한 무화과나무(막 11:12-14/11:20-24 ㉷ 마 21:18-22)

마가복음의 무화과나무는 유대력 1월 11일 월요일 아침 베다니에서 나오셔서 예루살렘으로 가시면서 있었던 사건인데, 다음 날 유대력 1월 12일 화요일 아침에 다시 그 나무 곁을 지나다가 뿌리째 마른 것을 발견하는 사건입니다(막 11:12-14/11:20-24). 마태복음의 무화과나무는 (유대력 1월 12일 화요일 아침에) 조금 더 지나 예루살렘 성으로 들어가시기 바로 전에 있던 나무로서 예수님 말씀하시고 '곧' 마른 나무입니다(마 21:18-22).

이 두 사건은 하루 사이에 있었던 일이라서 같은 사건으로 보고 싶은 생각이 많이 있습니다. 그런데 만일 같은 사건이라고 결정하면 성경에 불일치, 즉, 무화과나무가 바로 마른 것인지 하루 있다가 마른 것이 목격된 것인지와 같은 불일치가 발생합니다. 아니면 2번 모두 실제 있었던 일이 아니라 예수님과 베드로가 말로만 연극을 하였다고 해야 합니다. 그러나 네 복음서에 기록된 대로 읽으면 됩니다. 오히려 우리는 하루 사이에 왜 비슷한 일을 예수님께서 왜 두 번씩 행하셨는지를 생각해야 합니다.

비슷한 사건들에서 생각하게 하는 것

네 복음서에는 위의 15가지 외에도 더 많은 비슷한 사건들이 관찰됩니다. 어찌 되었든, 예수님의 행하신 일들이 기록된 날의 수가 92.7%가 기록되지 않았는데, 즉, 기록으로 남길 수 있는 일들이 이 외에도 많이 있는데, 왜 하나님께서는 같은 사건으로 오해할 수 있는 형태로 네 복음서를 우리에게 주셨는지 궁금합니다. 아마도 하나님의 계시의 말씀을 주의 깊게 경청하기를 요구하시는 것 같습니다. 또, 반복하심으로 확실한 하나님의 뜻임을 표현하시는 것 같습니다. 사건 사건을 네 복음서에 분배 배치하셨습니다. 요한복음이 절기를 보여 주며 삼 년 반을 연주하는 동안에 마태, 마가, 누가복음은 서로 같이 소리를 내기도 하고, 때로는 둘이, 혼자 소리를 냅니다. 사중창을 노래하듯 합니다. 이 하모니를 계획하시고 네 복음서를 우리에게 주셨습니다. 《하모나이즈드 네 복음서》가 말하고 있습니다. 네 복음서를 하나님께서 처음부터 계획하시고 하모니를 이루도록 처음부터 네 기록자에게 기록하게 하시고 이제 《하모나이즈드 네 복음서》로 그 계획들이 드러나게 하시고, 네 복음서의 하모니를 우리에게 들려주십니다. 이 놀라운 작품을 만드신 하나님을 찬양합니다.

7. 예수님의 반복 교육

예수님께서 반복 교육하신 것이 《하모나이즈드 네 복음서》에서 많이 관찰됩니다. 반복은 교육에 있어서 일반적이고 기본입니다. 항상 예수님 곁에 있었던 제자들에게도 반복 교육이 필요했을 것입니다. 예수님이 항상 한 장소에서 가르치신 것이 아니므로, 무리들은 대부분 반복해서 듣지 못했을 겁니다.

반복된 가르침이 있었더라도, 각각의 복음서는 반복된 가르침 여럿 중에 하나만 기록으로 남겼습니다. 예를 들면 반복 가르침 (가)와 (가′)가 있다면 마태복음과 마가복음은 (가)를, 누가복음은 (가′)만을 기록으로 남깁니다. 그러면 복음서를 읽는 독자는 반복 교육이 있었다는 것을 눈치채지 못합니다. 그리고 (가)와 (가′)가 같은 것이라고 생각합니다. 한 복음서에 (가)와 (가′)를 모두 기록으로 남겼다면 반복 교육하셨다는 것을 쉽게 알 수 있었을 것입니다. 《하모나이즈드 네 복음서》로 정리가 되고 보니 반복 교육하신 것이 드러난 것입니다.

예수님의 반복 교육의 몇 가지 특징이 있습니다. (아래, 중복 평가되는 경우 있음)

첫째, 한 주제에 대한 두 가지 말씀(혹은 비유)에서 내용이 조금 달라질 수 있습니다. 이 경우 설명이 보완되는 효과가 있습니다.

1) 산상수훈 8복과 평지수훈 3복(마 5:1-12 ㉢ 눅 6:20-23)

갈릴리 I 사역에 있었던 산상수훈(마 5:1-8:1)과 갈릴리 II 사역에 있었던 평지수훈(눅 6:17-7:1)은 중복된 내용이 많습니다. 그 내용을 다 살펴볼 수 없고, 그 중 앞부분 '복'에 대한 말씀만 보면, 마태복음(산상수훈)에서는 8복이 누가복음(평지수훈)에서는 3복이 기록되어 있습니다. 누가복음의 3복은 마태복음의 8복에 완전 일치하지 않습니다. 누가복음의 3복은 가난한 자(6:20), 지금 주린 자(6:21), 지금 우는 자(6:21)이며, 마태복음에서는, 이 3복에 근접한 내용들은, 심령이 가난한 자(5:3), 의에 주리고 목마른 자(5:6), 애통하는 자(5:4)로 되어 있습니다. 마태복음에 있는 이 3가지 외에 5가지 복은 온유한 자(5:5), 긍휼히 여기는 자(5:7), 마음이 청결한 자(5:8), 화평하게 하는 자(5:9), 의를 위하여 박해를 받는 자(5:10)입니다. 예수님이 말씀하시는 누가복음의 가난함, 주림, 우는 것이 무엇일까? 영적인 의미인지? 실생활을 말씀하시는지? 아니면 두 가지 모두 말씀하시는지? 예수님이 말씀하시는 복은 실생활과 영적인 의미 중 한쪽을 배제하지 않고 모두 말씀하시는 것 같습니다. 따라서 단순 반복이 아니라 보완하여 설명하고 계십니다.

2) 므나와 달란트 비유(눅 19:11-27 ㉢ 마 25:14-30)

므나 비유와 달란트 비유는 예수님이 같은 것을 설명하고 계신 것 같습니다. 그런데 두 비유 사이에 차이점이 있습니다. 므나 비유에서는 종들이 공동으로(?) 한 몫, 즉 종 열을 불러 은화 열 므나를 줍니다. 한 종이 한 므나씩 받은 것으로 볼 수도 있습니다. 그러나 문자적으로는 한 공동체가 공동으로 받은 것을 비유하신다고 볼 수도 있습니다. 달란트 비유에서는 그 종들을 불러 각각 그 재능대로 다섯 달란트, 두 달란트, 한 달란트를 줍니다. 므나 비유에서는 어떤 귀인이 왕위를 받아 가지고 오려고 먼 나라로 가는 상황이고, 달란트 비유에서는 어떤 사람이 타국에 갈 때 그 종들에게 소유를 맡기는 상황입니다. 그 밖에도 소소한 내용들에 차이가 있습니다. 이 비유들은 예수님의 재림에 관한 상황 설명이라고 생각됩니다. 므나 비유와 달란트 비유가 예수님의 재림과 관련하여 한 마디로 설명하기 어려운 일들을 두 번의 비유로 보완 설명하신 것 같습니다. 두 비유의 공통점은 결과물을 판단하실 때 공동이 아니라 각 개개인으로 판단하십니다. 여하튼 두 비유가 중심을 잘 잡아줄 때 예수님 재림의 상황을 더 정확하게 이해하게 되는 것이 아닌가 생각됩니다.

3) 화 있을진저(눅 11:37-54 ㉤ 마 23:13-36)

예수님께서 사람에 대하여 '화 있을진저' 하신 것은 세 번 있었고, 그 처음은 평지수훈 앞부분에서 (3복에 이어서) 말씀하신 3가지 화(눅 6:24-26)입니다. 그 이후에 두 번 있은 '화 있을진저' 하신 말씀은 첫 번과는 다르고, 바리새인들과 서기관들(율법교사들)에 관한 말씀입니다. 누가복음에서는 공생애 4년 차 유대 사역 때 바리새인에 3가지 화, 율법교사에 3가지 화를 따로따로 말씀하셨습니다. 마태복음에서는 예수님 십자가를 지시는 같은 주의 공생애 5년 차 유대력 1월 12일 화요일, 서기관들과 바리새인들을 함께 언급하시고 7가지 화를 말씀하셨습니다.

두 번째, 세 번째 하신 '화 있을진저' 말씀은 대상이 바리새인들과 서기관들로 같고, 내용도 겹치므로 한 번 하신 같은 사건을 누가복음 11:37-54와 마태복음 23:13-36에서 각각 기록한 것인가 생각할 수 있습니다. 그러나 그렇지 않고 여러 달의 간격을 두고 반복하여 2번에 걸쳐 말씀하신 것입니다. 말씀하신 내용은 서너 가지는 겹치나 다른 서너 가지는 다릅니다. 따라서 단순 반복이 아니라 바리새인과 서기관에게 화가 되는 일들의 이유가 보충 확대 설명이 되고 있습니다.

둘째, 한 주제에 대한 예수님의 가르치심은 똑같습니다.

1) 주기도문(마 6:9-15 ㉷ 눅 11:1-4)

주기도문을 가르치시는 장면이 복음서 두 곳에 나옵니다. 처음은 마태복음 6:9-15에 있으며 갈릴리 I 사역 때 산상수훈 중에 "그러므로 너희는 이렇게 기도하라" 하시며 말씀하셨습니다. 다음은 누가복음 11:1-4에 나오며 공생애 4년 차 초막절이 지나 유대 사역 때, 제자 중 하나가 "주여 요한이 자기 제자들에게 기도를 가르친 것과 같이 우리에게도 가르쳐 주옵소서" 하며 요청하였을 때였습니다. 두 가르치심 사이에 간격은 2년 반 정도입니다.

마태복음의 주기도문과 누가복음의 주기도문은 거의 같습니다. 그러므로 우리가 아는 주기도문도 한 가지입니다. 2년 반이나 지났고, 제자가 갑자기 질문을 해 온다면 '제자들이 어떻게 기도해야 하는지'에 대한 예수님의 답변도 다를 수 있을 것인데, 두 주기도문이 같다는 것은 예수님이 즉흥적으로 말씀하신 것이 아니라 '꼭 가르쳐 주셔야 하는 것이 이미 정해져 있고 일정하다'고 보는 것이 옳습니다.

2) 어떤 율법교사, 내가 무엇을 하여야 영생을 얻으리이까(눅 10:25-28 ㉷ 막 12:28-31 ㉷ 마 22:34-40)

앞에서도 언급되었지만, 서기관(율법사, 율법교사)이 예수님께 모든 계명 중에 첫째가 무엇입니까? 내가 무엇을 하여야 영생을 얻으리이까? 물었을 때, 예수님은 하나님 사랑(신 6:5)과 이웃 사랑(레 19:18)이라고 한결같이 말씀하셨습니다(표 2). 그러므로 하나님 사랑과 이웃 사랑은 아주 중요한 계명입니다. 순서대로 각각 공생애 4년 차 유대 사역, 공생애 5년 차 예루살렘, 또 공생애 5년 차 예루살렘에서의 일입니다.

3) 하나님의 나라가 이미(마 12:22-37 ㊖ 눅 11:14-23)

하나님의 나라가 이미 임하였다고 말씀하신 것이 두 번인데, 두 사건의 정황이 너무도 흡사합니다. 마태복음에서는 공생애 3년 차 갈릴리 II 사역 때이며, 누가복음에서는 공생애 4년 차 유대 사역 때입니다. 두 사건 모두 귀신 들려 눈 멀고 말 못하는 사람(마태복음), 말 못하게 하는 귀신 들린 사람(누가복음)을 각각 고치신 후에, 똑같이 귀신의 왕 바알세불을 힘입어 귀신을 쫓아냈다고 말하는 사람들이 있었습니다. 이에 대하여 예수님이 하신 말씀입니다. "그러나 내가 하나님의 성령을 힘입어 귀신을 쫓아내는 것이면 하나님의 나라가 이미 너희에게 임하였느니라"(마 12:28), "그러나 내가 만일 하나님의 손을 힘입어 귀신을 쫓아낸다면 하나님의 나라가 이미 너희에게 임하였느니라"(눅 11:20), 예수님은 이와 같이 하나님의 나라가 이미 임하였음을 일관되게 말씀하셨습니다. 이처럼 일관된 말씀으로 우리는 현실은 힘들고 어려워도 마음으로 하나님의 나라에 살고 있는 것입니다.

이처럼 언제 어데서 말씀하시든지 똑같은 것을 말씀하시는 것들의 내용을 보면, 위에 세 경우같이 기독교 교리에 근간이 되는 사실들임을 알 수 있습니다.

셋째, 며칠 사이에 반복 교육하신 경우가 있습니다.

1) 씨 뿌리는 자의 비유(눅 8:4-8 ㉠ 마 13:1-9/막 4:1-9)

이 비유를 두 번 말씀하셨습니다. 두 번 다 갈릴리 Ⅱ 사역에서 있었습니다. 사이 간격도 얼마 되지 않아 보입니다. 누가복음에서는 8:4 "각 동네 사람들이 예수께로 나아와 큰 무리를 이루니 예수께서 비유로 말씀하시되" 하였고, 마태복음 13:1-2/마가복음 4:1에서는 '예수님께서 집에서 나가 바닷가에 앉으시고 가르치셨다, 큰 무리가 모여들거늘 예수님이 배에 올라 앉으시고 무리는 바닷가 육지에 있었다'입니다. 누가복음에서는 바닷가로 느껴지지 않습니다. 누가복음은 백 배의 결실을, 마태복음과 마가복음은 백 배, 육십 배, 삼십 배의 결실을 말씀하십니다. 누가복음은 제자들이 바로 이 비유의 뜻을 묻고 예수님께서 바로 답을 주십니다. 마태복음과 마가복음은 제자들이 묻고 예수님은 다른 설명을 먼저 하시고 이어서 답을 주십니다. 이 모든 내러티브가 누가복음이 마태복음/마가복음과 다르고, 마태복음은 마가복음과 같습니다. 이것이 검증 #11 포인트입니다.

이 씨 뿌리는 자의 비유에서 한 가지를 더 생각할 수 있는데, 그것은 두 말씀하심의 사이 간격이 얼마 되지 않는다는 사실입니다. 예수님은 가시는 곳마다 다른 무리를 만나셨고, 마가복음 4:13 "또 이르시되 너희가 이 비유를 알지 못할진대 어떻게 모든 비유를 알겠느냐" 하신 것처럼 비유의 가장 기초가 되는 비유이므로 다른 때 다른 무리에게도 이 말씀을 하셨을 수 있습니다. 그 중에서 누가가 한 번, 마태와 마가가 다른 때의 가르치심을 한 번 기록을 남겼다고 보입니다. 그런데 두 번의 비유의 가르침의 사이 간격이 아주 짧습니다. 네 복음서에 기록된 다른 가르침들은 사이 간격이 많이 떨어져 있습니다. 그러나 씨 뿌리는 자의 비유 간격이 아주 짧은 것을 통해서 예수님의 반복 교육은 더 자주 있으셨을 것 같다는 추측을 하게 합니다.

2) 므나와 달란트 비유(눅 19:11-27 ㉢ 마 25:14-30)

두 비유를 말씀하신 것이 날짜 간격이 매우 가깝습니다. 므나 비유는 공생애 5년 차 유대력 1월 7일 목요일 삭개오의 집에서, 달란트 비유는 5일 후 유대력 1월 12일 화요일 감람 산에서 있었습니다. 5일 사이 간격입니다. 예수님의 십자가를 지심이 가까워지면서 재림에 관한 비유를 반복하여 말씀하신 것 같습니다.

넷째, 어떤 뒤에 있을 큰일에 대하여 반복하여 얘기하십니다.

1) 인자가 많은 고난을 받고(마 16:20-21/막 8:30-31/눅 9:21-22 ㉢ 마 17:22-23/막 9:31-32/눅 9:43-45 ㉢ 눅 17:25 ㉢ 마 20:17-19/막 10:32-34/눅 18:31-33)

예수님이 많은 고난을 받고 죽으심에 대하여 4번 반복하여 말씀하십니다. 처음은 갈릴리 Ⅲ 사역, 둘째는 갈릴리 Ⅲ 사역, 셋째는 예루살렘으로 가시는 숙박지 #2에서, 넷째는 숙박지 #3에서 #4로 이동하시는 길에서 각각 있었습니다. 이렇게 반복하여 말씀하신 이유는 제자들이 예수님이 예루살렘에 가시면 메시야로서 권능을 보이시리라는 생각에 사로잡혀 있었기 때문이며, 또 제자들이 예수님의 고난을 받아들이려 하지 않았기 때문이며, 또 미리 말씀하심으로 후에 이 일이 발생하고 나서 제자들의 믿음을 돕기 위함으로 보입니다. 이를 위하여 4번 반복하여 말씀하시고 기록된 것은 그만큼 예수님의 고난과 죽음의 일이 중요하고 제자들은 연약하기 때문으로 보입니다.

2) 닭울기 전에 세 번 나를 부인하리라(요 13:36-38 ㉠ 마 26:33-34/막 14:29-30)

첫 번은 유대력 1월 14일 밤에 예루살렘 다락방에서, 두 번째는 같은 날 감람 산에서 말씀하셨습니다. 두 번 모두 베드로가 "주를 위하여 내 목숨을 버리겠나이다", "모두 주를 버릴지라도 나는 결코 버리지 않겠나이다" 하였을 때 예수님께서 하신 말씀입니다.

다섯째, 어떤 일에 대하여 반복적이며 점증적으로 가르치십니다.

1) 나와 함께 그릇에 손을 넣는 자니라(요 13:10 → 요 13:18 → 마 26:21/막 14:18 → 마 26:23/막 14:20 → 마 26:25 → 눅 22:21 → 요 13:26 → 요 13:27)

《하모나이즈드 네 복음서》에는 가룟 유다가 예수님을 팔려는 생각을 알 수 있도록 경고하시는데, 8번에 걸쳐서 그 경고가 점증적인 것을 관찰할 수 있습니다. 순서대로 1) 요한복음 13:10 "예수께서 이르시되 이미 목욕한 자는 발밖에 씻을 필요가 없느니라 온 몸이 깨끗하니라 너희가 깨끗하나 다는 아니니라 하시니", 2) 요한복음 13:18 "내가 너희 모두를 가리켜 말하는 것이 아니니라 나는 내가 택한 자들이 누구인지 앎이라 그러나 내 떡을 먹는 자가 내게 발꿈치를 들었다 한 성경을 응하게 하려는 것이니라", 3) 마태복음 26:21/마가복음 14:18 "다 앉아 먹을 때에 예수께서 이르시되 내가 진실로 너희에게 이르노니 너희 중의 한 사람 곧 나와 함께 먹는 자가 나를 팔리라 하신대", 4) 마태복음 26:23/마가복음 14:20 "그들에게 이르시되 열둘 중의 하나 곧 나와 함께 그릇에 손을 넣는 자니라", 5) 마태복음 26:25 "예수를 파는 유다가 대답하여 이르되 랍비여 나는 아니지요 대답하시되 네가 말하였도다 하시니라", 6) 누가복음 22:21 "그러나 보라 나를 파는 자의 손이 나와 함께 상 위에 있도다", 7) 요한복음 13:26 "예수께서 대답하시되 내가 떡 한 조각을 적셔다 주는 자가 그니라 하시고 곧 한 조각을 적셔서 가룟 시몬의 아들 유다에게 주시니", 8) 요한복음 13:27 "조각을 받은 후 곧 사탄이 그 속에 들어간지라 이에 예수께서 유다에게 이르시되 네가 하는 일을 속히 하라 하시니"입니다. 1번부터 8번을 보면 예수님께서 점증적으로 점점 분명하게 가룟 유다를 지목하고 계십니다. 이 사실이 놀랍습니다. 그런데 한 가지 더 놀라운 것은 네 복음서 상태로는 흩어져 있어서 이 사실을 알 수 없습니다. 《하모나이즈드 네 복음서》가 이 점증적인 것을 우리로 하여금 알게 합니다. 이 점이 《하모나이즈드 네 복음서》가 바르게 엮어진 것임을 스스로 증명합니다(검증 #12).

결론적으로 우리가 받은 네 복음서도 분명 제자들이 생각나는 대로 남긴 기록이 아니라 예수님께서 우리에게 전하시고자 하는 말씀을 갈릴리 I, II, III, 유대, 베레아 사역에 따라 계획하신 대로 말씀하신 것을 기록으로 남기게 하셨고, 결국 네 복음서의 조화(하모니)를 통해서 전체 윤곽을 살펴볼 수 있게 하셨다고 생각해야 합니다. 그런 의미에서 《하모나이즈드 네 복음서》가 주님의 계획에 따라 예비된 책이라고 생각합니다.

8. 네 복음서 기록(시기별 사역별 정량평가)

우리는 앞서 요한복음은 예수님이 절기에 예루살렘에서의 행적을 기록하였음을 알고 있습니다. 공관복음에서는 이것을 기록하지 않아 세월의 흐름을 알 수 없음도 알고 있습니다. 유대 사역과 베레아 사역에 대해 마태복음과 마가복음은 전혀 기록을 남기지 않았음도 언급하였습니다. 반면에 아마도 누가복음은 다른 사역에서 마태복음과 마가복음보다 적게 기록했으리라 추측할 수 있습니다. 공관복음은 셋씩, 둘씩, 혹은 혼자 예수님의 행적을 기록합니다. 본 저자는 네 복음서의 이러한 모든 것이 처음부터 기획되었기 때문에 일어난 일이라고 생각합니다. 각 복음서의 고유한 역할이 있으면서 모이면 조화를 이루는 것이 하나님께서 그렇게 디자인하셨고, 당연히 우리는 인도하시는 대로 각각 혹은 조화롭게 네 복음서를 읽어 내려가면 될 것입니다. 그래서 또 예수님의 공생애의 여러 시기, 사역에서 각각 네 복음서는 얼마만큼 기록을 남겼나? 궁금해집니다. 따라서 각 복음서가 어느 사역을 얼마나 기록했나 살펴보았습니다. 표 7은 《하모나이즈드 네 복음서》에 따른 시기별 사역별 네 복음서별 기록된 말씀의 절수를 조사한 표입니다. 이 일은 《하모나이즈드 네 복음서》를 읽어 가며 해가 바뀌는 것과 사역이 바뀌는 것을 살펴서 작성한 것입니다.

순서	사역	마태복음		마가복음		누가복음		요한복음		계	
		장과 절	절수	장과 절	절수	장과 절	절수	장과 절	절수	절수	%
서언	-	1:1-17	17	1:1	1	1:1-4	4	1:1-18	18	40	1.1
탄생성장	-	1:18-25 2:1-23	31	-	-	1:5-80 2:1-52	128	-	-	159	4.2
1년차	준비	3:1-17 4:1-11	28	1:2-13	12	3:1-38 4:1-13	51	1:19-51 2:1-12	45	136	3.6
2년차	예루살렘	-	-	-	-	-	-	2:13-25 3:1-21	34	34	0.9
	유대	4:12a	0.5	1:14a	0.5	-	-	3:22-36 4:1-2	17	18	0.5
	사마리아	-	-	-	-	-	-	4:3-42	40	40	1.1
	갈릴리 I	4:12b-25 5:1-48 6:1-34 7:1-29 8:1-34 9:1-38 10:1-42 11:1-30	268.5	1:14b-45 2:1-22	53.5	4:14-44 5:1-39	70	4:43-54	12	404	10.7
	예루살렘	-	-	-	-	-	-	5:1-47	47	47	1.2
3년차	갈릴리 II	12:1-50 13:1-58 14:1-36	144	2:23-28 3:1-35 4:1-41 5:1-43 6:1-56	181	6:1-49 7:1-50 8:1-56 9:1-17	172	6:1-71	71	568	15.0
4년차	갈릴리 III	15:1-39 16:1-28 17:1-27 18:1-35 19:1b	129.7	7:1-37 8:1-38 9:1-50 10:1a	125.5	9:18-50 9:51-62	45	7:1-10	10	310.2	8.2
	초막절	-	-	-	-	-	-	7:11-53 8:1-59	102	102	2.7
	유대	-	-	-	-	10:1-42 11:1-54 12:1-59 13:1-35	190	9:1-41 10:1-21	62	252	6.7
	수전절	-	-	-	-	-	-	10:22-39	18	18	0.5

	베레아	-	-	-	-	14:1-35 15:1-32 16:1-31 17:1-10	108	10:40 -42 11:1 -16	19	127	3.4
	베다니	-	-	-	-	-	-	11:17 -54	38	38	1.0
5 년 차	유월절 이동	19:1c -30 20:1 -34	63.3	10:1b -52	51.5	17:11- 37 18:1-43 19:1-28	98	11:55 -57 12:1	4	216.8	5.7
	베다니 / 예루 살렘	21:1-46 22:1-46 23:1-39 24:1-51 25:1-46 26:1-75 27:1-61	364	11:1-33 12:1-44 13:1-37 14:1-72 15:1-47	233	19:29- 48 20:1-47 21:1-38 22:1-71 23:1-56	232	12:2-50 13:1-38 14:1-31 15:1-27 16:1-33 17:1-26 18:1-40 19:1-42	286	1,115	29.5
	무덤에	27:62- 66	5	-	-	-	-	-	-	5	0.1
	부활/ 후	28:1-20	20	16:1- 20	20	24:1-53	53	20:1-31 21:1-25	56	149	3.9
계	-	-	1,071	-	678	-	1,151	-	879	3,779	100

표 7) 《하모나이즈드 네 복음서》에서 예수님의 시기별, 사역별, 네 복음서별 기록된 말씀의 절 수.

본 저자가 앞서서 《하모나이즈드 네 복음서》를 한 권의 책으로 볼 수 있고 또 그렇게 볼 것을 제안하였습니다. 한편 《하모나이즈드 네 복음서》에서 각각 네 복음서가 예수님의 사역의 각 시기 기록에 어느 정도 기여했는가 알 수 있습니다. 표 7에서 네 복음서 전체를 종합한 맨 우측 열(column)을 결과로 볼 수 있습니다. 이미 앞서 언급한 것들도 포함하여 표 7에서 유추할 수 있는 결과를 정리하면 다음과 같습니다.

가) 《하모나이즈드 네 복음서》에 대한 공생애 대표적 예수님의 행적들에 대한 기록을 보면, 갈릴리 Ⅰ 사역(404절, 10.7%), 갈릴리 Ⅱ 사역(568절, 15.0%), 갈릴리 Ⅲ 사역(310.2절, 8.2%), 유대 사역(252절, 6.7%),

베레아 사역(127절, 3.4%)입니다. 그러나 이 모든 사역보다 예수님이 십자가를 지시는 마지막 6일간의 기록이 1,115절(29.5%)로 월등히 많습니다.

나) 마태복음의 특징은 갈릴리 I 사역(268.5절)에 대한 기록이 많습니다.

다) 마가복음의 특징은 갈릴리 II 사역(181절)에 대한 기록이 많습니다.

라) 누가복음의 특징은 유대 사역(190절)과 베레아 사역(108절)에 대한 기록이 많습니다. 한편 갈릴리 I 사역(70절)과 갈릴리 III 사역(45절)에 대한 기록이 적습니다.

마) 요한복음의 특징은 거의 모든 사역과 명절에 있었던 사건을 빠짐없이 기록하였습니다. 요한복음은 절기에 예수님이 예루살렘에서의 행하신 행적을 기록하고 있습니다. 공관복음에서는 이것을 기록하지 않아 시간의 흐름을 알 수 없습니다.

바) 유대 사역과 베레아 사역에 대해 마태복음과 마가복음은 전혀 기록을 남기지 않았습니다.

사) 예수님의 탄생과 성장에 대하여 마태복음(31절)과 누가복음(128절)에만 기록을 남겼습니다.

맺음말

《하모나이즈드 네 복음서》와 《예수님의 삼 년 반》을 읽는 독자들의 생각과 반응이 무척 궁금합니다. 이 책들이 너무도 파격적이기 때문에 독자들이 충격을 받았을 것으로 생각됩니다. 모두 공감을 해 주면 좋으련만, 반대하는 의견이 너무 많으면 어쩌나, 이런 생각들이 듭니다. 그러나 《하모나이즈드 네 복음서》에서 네 복음서의 정리된 조화와 질서는 누구도 부인할 수 없으리라 생각합니다. 그럼에도 이 일들이 너무 크고 중하므로 혹시 본 저자가 잘못 판단하는 것은 아닌지 노심초사하며 이 책들을 준비해 왔습니다. 조화와 질서의 하나님에 대한 놀라움과 네 복음서를 주신 데 대한 감사가 너무 큽니다. 하나님 앞에 두려운 마음으로 바르게 깨닫는 마음을 주시도록 간구합니다.

검증 결과

'엮은 원칙과 작업 과정'에 소개된 대로 《하모나이즈드 네 복음서》가 바르게 엮어진 것인가? 수학 문제를 풀고 검산을 하듯이 검증을 하였습니다. 비슷하지만 다른 두 사건의 전후 배경과 해당 말씀의 내용을 육하원칙에 따라 비교하였습니다. 또 병행 본문은 서로 같은가 비교하였습니다. 다른 것은 다르다고 하고, 병행 본문은 서로 같다고 할 수 있으면 검증이 된 것입니다. 《하모나이즈드 네 복음서》에 검증을 할 수 있는 포인트가 수없이 많습니다. 이 책에서 살펴본 대표적인 검증은 모든 포인트에서 옳게 검증되었습니다. 이 책에서 '검증 #'으로 표시된 곳이 12개입니다. 이 검증은 《하모나이즈드 네 복음서》가 바르게 엮어졌다는 것을 객관적으로 보여 주는 보조 자료입니다.

네 복음서에 대한 불일치와 오류에 대한 오해가 말끔히 해소되었습니다. 병행 본문들의 일치 또한 놀랍고, 검증을 통하여 네 복음서의 질서(조화)가 더 확실해졌습니다. 예수님께서 하나님 아버지의 뜻에 따라 디자인하신 공생애 일정들, 계획에 따라 이루어진 제자 교육, 반복 교육하심, 후대에 우리에게 전하게 하시기 위해 네 복음서를 보존해 주심, 네 복음서 외의 어떤 자료의 도움 없이 《하모나이즈드 네 복음서》 스스로 조화와 질서를 보이고, 불일치가 없음을 스스로 증명하게 하신 하나님의 지혜에 놀랍기만 합니다.

《하모나이즈드 네 복음서》가 세계 모든 언어로 번역 출판되기를 기도합니다. 하나님의 때에 하나님의 방법으로 이루어지길 기도합니다.

가람 이병기 전집 1

시조

가람 이병기 전집

❶

시조

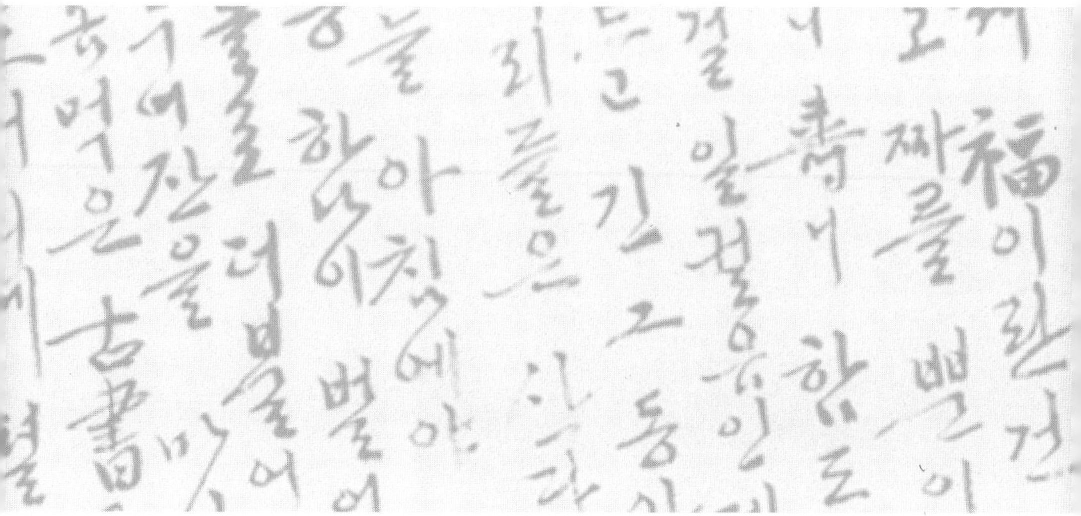

전북대학교
출판문화원

△ 가람 이병기 선생

△ 가람 가족사진(계동 1934년, 앞줄 좌로부터 둘째딸 한희, 둘째아들 경희, 셋째아들 종희, 큰아들 동희, 뒷줄 두번째 부인)

△ 가람 생가 전경

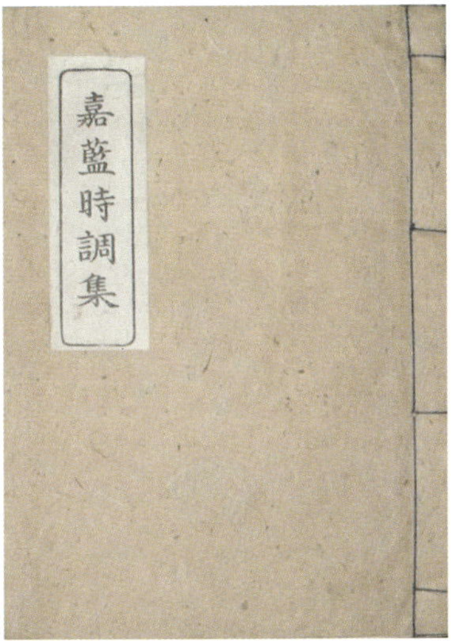

△ 가람시조집(1939. 문장사 초간본)

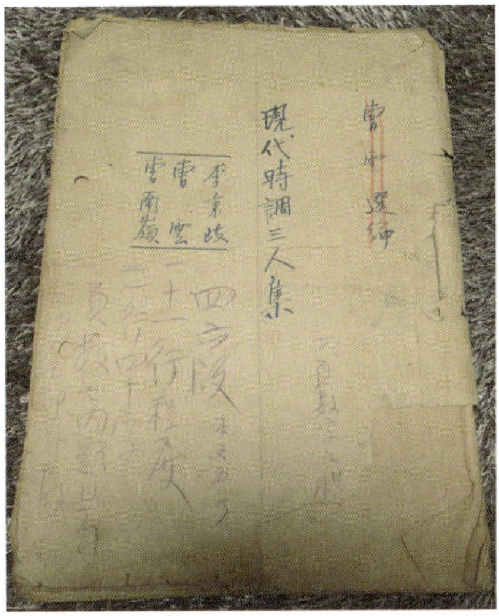

△ 새로 발견된 현대시조삼인집(1951)

△ 가람시비(전주 다가공원)

『가람 이병기 전집』 간행에 부쳐

최승범(『가람 이병기 전집』 간행위원회 고문)

이제, 선생님의 전집 간행을 보게 되니, 그 감회가 이루 말로 다 할 수 없다. 선생님이 돌아가신 지 반세기 만이다. 선생님을 뫼시고 산 세월도 짧진 않지만, 선생님의 전집을 내게 되기까지 이렇게 지나간 세월도 길었다. 그러나 어찌 하랴. 하지만 내가 돌아가기 전에 선생님 전집의 간행을 보게 되니, 그래도 이제 마음이 홀가분하다.

선생님이 돌아가시기 2년 전인 1966년에 선생님의 주요 글들을 일부 가리어 뽑아 만든 『가람 문선文選』(신구문화사, 1966)이 간행되었고, 선생님이 돌아가신 지 8년 후인 1976년에는 선생님의 일기를 가리어 뽑은 『가람일기』(신구문화사, 1976) 상·하권이 발행되었다. 나는 이 두 가지 책의 발간 작업을 맡아 하였다.

그러나 선생님의 전집을 간행하는 일은 여의치가 않아, 돌아가신 지 반백년이 되어 이루게 된다. 돌아보면 꿈 같은 세월이었다. 지금 전북대학교의 전신인 '전시연합대학' 시절부터 선생님을 뫼시고 공부를 시작하여, 1952년 처음 개교된 전북대학교 국어국문학과를 1회로 졸업하고, 1968년 선생님이 돌아가실 때까지, 나는 선생님 곁에 있었다. 지난 2001년에는 선생님의 잊지 못할 소중한 면모들을 정리한 『스승 가람 이병기』(범우사, 2001)를 세상에 내놓기도 하였다.

하지만, 선생님이 남기신 그 엄청나고 방대한 박람강기博覽强記의 다양한 업적들을 모두 정리할 수 있는 기회는 좀처럼 와주지 않았는데, 이제 50년 만에 선생님의 전집 완간을 보게 된다. 형언할 수 없이 기쁘다. 우리 어문학은 말할 것도 없고, 우리 근현대 국학의 크나큰 경사이다.

전집을 정리하고 보니, 그 분량이 총 30권에 이른다. 우리나라 근현대 국학계의 어르신들 중에 단연 최고봉이 아닌가 한다. 그 분야 면에서도 창작(시조, 시, 수필, 일기, 전기, 소설, 번역 등), 서지학, 국어학, 고전문학, 현대문학, 구비문학, 민속학, 역사학, 교육학 등에 걸쳐 참으로 놀라운 다양하고 풍부한 업적을 남기시었다.

이번 이 큰 어르신의 전집 간행 일을 맡아 애써준 제자 김익두 · 이경애 · 유화수 교수를 비롯한 전집 간행위원회 임원 여러분들의 공로가 큼을 애써 경하한다. 아울러, 이런 큰 일이 가능하도록 물심양면으로 도움을 아끼지 않으신 송하진 지사님, 김승수 전주시장님, 정헌율 익산시장님, 그리고 내 모교인 전북대학교 이남호 총장님께 깊은 감사의 말씀을 올린다.

아무쪼록, 이 방대한 선생님의 전집이 세상에 나가, 선생님이 남기신 업적의 전모가 세상에 널리 제대로 알려지기를 바라고, 아울러 그 어렵던 일제 치하에서도, 우리 말글을 끝끝내 지키시고 '단 한 줄의 친일문장도 남기지 않으신' 선생님의 높고 고결하신 정신과 뜻도 이제는 세상과 후세에 제대로 전해지기를 간절히 바란다. 이 전집의 간행을 위해 애써주신 모든 분들께, 다시 한 번 머리 숙여 깊은 감사를 드린다.

2017년 10월 3일

『가람 이병기 전집』 간행위원회 고문을 대표하여

최승범 삼가 쓰다.

간행사

김익두(『가람 이병기 전집』 간행위원장)

평소에 『가람 이병기 전집』을 간행해야겠다고 오랫동안 생각해 왔으나, 먼저 해결해야 할 다른 일들에 매달리다가, 이제라도 가람 선생님의 전집을 간행하게 되니, 다른 어떤 일의 성사보다도 크게 기쁘다.

선생님은 필자 은사님들의 은사 곧 할아버지 은사님이시다. 이젠 고인이 되신 필자의 은사 일산 김준영 선생님, 소석 이기우 선생님, 그리고 아직 노익장 하시는 고하 최승범 선생님은 모두 가람 선생님 문하에서 혹은 그 곁에서 선생님과 더불어 전북대학교 국어국문학과를 만드시고 이끌어주신 분들이다. 이 분들의 은사가 가람 선생님이시니, 가람은 우리의 할아버지 은사님이신 셈이다.

선생님이 서거하신 지 반 세기 만에, 선생님의 전집이 세상에 나오게 된다. 전집의 분량이 무려 30권이나 된다. 우선 그 분량에 우리는 놀라게 된다. 처음에 가람 선생님의 전집 자료들을 모으기 시작하였을 때만 해도, 선생님이 남기신 문학적-학문적 업적이 이렇게 많을 줄은 몰랐다. 육당 최남선 선생의 전집이 총 15권, 춘원 이광수 선생의 전집이 총 20권, 그리고 건재 정인승 선생의 전집이 7권이니, 가람 선생님의 이와 같은 방대한 전집 분량은 우리의 상상을 초월할 정도이다.

우선 이런 방대한 분량의 전집 내용을 놓고 볼 때, 선생님은 잠시도

쉬지 않고 문학가-학자로서의 길을 걸어가신 분임을 알 수가 있다. 선생님의 이러한 부단하고 굴하지 않는 노력에 의한 창작과 학술 분야의 업적들이, 이번에 총 30권의 『가람 이병기 전집』으로 세상에 빛을 보게 된다.

그 내용 또한 어느 한쪽에만 기울어져 있지 않고 매우 폭넓고 다양하다. 선생님이 업적을 남기신 문학-학문 분야는 크게 창작분야와 학술분야로 나눌 수 있다.

창작분야는 다시 시조 · 시 · 소설 · 수필 · 전기 · 번역 · 일기 등 7개 분야에 걸쳐 있다. 이 중에서 특히 선생님의 일기인 『가람일기』 48권은 당대 우리 어문학사와 그 주변부에 매우 소중한 자료들을 제공해 주고 있다.

학술분야는 다시 문헌-서지학, 국어학, 고전문학, 현대문학, 구비문학-민속학, 교육학, 역사학 등 무려 7개 분야에 걸쳐 이루어지고 있다. 선생님의 이러한 그침이 없는 방대한 창작의 결과물들과 범인으로는 도저히 이루어내기 어려운 폭넓고 깊고 다양하고 풍성한 박람강기博覽強記의 학문적 궤적 앞에, 우리는 새삼 흠모의 마음으로 두 손을 모으지 않을 수 없다.

선생님은 나라가 기울어지기 시작한 구한말인 1891년(고종 28년)에 전라북도 익산시 여산면 원수리源水里 참실골/진사동眞絲洞에서 태어나시어, 7세 때부터 고향의 사숙私塾에서 한학漢學을 공부하시다가, 당대 중국의 근대 사상가 량치챠오梁啓超의 『음빙실문집飮氷室文集』을 읽으시고 신학문에 뜻을 두시었다고 한다. 량치챠오는 입헌군주제에 입각해서 중국의 전통을 계승 · 보존하면서 서양의 새로운 사상 · 학문 등을 적극적으로 수용 · 재창조하고자 한 근대 중국의 사상가이며, 그는 가람 선생님뿐만 아니라, 도산 안창호 · 만해 한용운 등 우리나라 근대 독립운동가 · 사상가 · 지식인들에게 많은 영향을 미친 분이다.

19세 때이자 우리가 나라를 일제에 빼앗기던 1910년에는 전주공립보통학교에 입학하여 처음 '신학문'을 접하셨고, 3년 후인 1913년에는 관립 한성사범학교를 졸업하셨다.

한성사범학교 재학 중이시던 1911년에는 '조선어강습원'에서 당대의 유명한 국어학자이자 독립운동가인 한흰샘 주시경周時經선생으로부터 민족정신과 조선어문법을 배우셨다. 주시경 선생과 선생님의 해후는 이후에 선생님의 사상과 학문과 문학에 지대한 영향을 미치었다.

이후에, 선생님은 관립 한성사범학교를 졸업하신 직후이자 22세 때인 1913년부터 오늘날 초등학교의 전신인 남양南陽공립보통학교 · 전주제2보통학교 · 여산礪山공립보통학교 등의 학교에서 교편을 잡으시면서, 국어학 · 국문학 · 역사학 · 민속학 등에 관한 방대한 문헌을 수집하는 한편, 시조를 중심으로 하는 시가문학을 창작 · 연구하기 시작하셨다. 이 당시 수집한 서책은 뒷날 방대한 장서를 이루었으며, 말년에는 이 자료들을 선생님이 근무하신 서울대학교에 기증하시어 '가람문고'로 보존 · 활용케 하셨다.

선생님이 30세 때인 1921년에는 권덕규權悳奎 · 임경재任暻宰 등과 함께 '조선어연구회'를 발기 · 조직하여 이 모임의 간사 일을 맡아 보셨다. 1922년부터는 오늘날의 고등학교에 해당하는 동광고등보통학교 · 휘문고등보통학교에서 교편을 잡으시면서 시조에 뜻을 두어, 1926년 '시조회時調會'를 발기하셨다. 이후, 선생님이 37세가 되시던 1928년에는 이 모임을 '가요연구회歌謠硏究會'로 개칭하여 조직을 확장하면서, 시조 혁신을 제창하는 논문들을 발표하셨다.

선생님이 39세가 되시던 1930년에는 '조선어철자법 제정위원'이 되셨으며, 연희전문학교·보성전문학교의 강사를 겸하시면서 조선문학을 강의하셨다.

그러다가, 선생님이 51세가 되시던 1942년에는 '조선어학회사건'으로 당시 여러 국어학자들과 함께 함경남도 홍원 감옥에서 1년간 옥고를 치르셨다. 출옥 후에는 잠시 고향으로 돌아오셨다가, 1945년 일제가 물러가고 광복이 되자, 다시 서울로 올라가 미군정청美軍政廳 편수관을 지내시면서, 해방 후의 어수선한 우리나라 교육계의 국어국문학 분야 초중등교육의 기초를 놓는 일에 몰두하셨다. 이 당시 선생님이 편수·편찬해내신 중고등학교 국어 교과서들이 지금도 남아 전한다.

선생님이 55세가 되시던 1946년부터는 5년여 동안 서울대학교 교수 및 여러 대학의 강사로 동분서주하시면서, 대학교의 국어국문학 분야의 전문교육과 연구에 몰두하셨다.

6·25 남북전쟁이 발발하자, 1951년부터는 전라북도 전시연합대학 교수를 역임하시고, 이어서 전북대학교 문리과대학 학장을 지내시다가, 1956년 정년으로 퇴임하셨다. 1957년에는 학술원 추천회원이 되셨다. 같은 해인 1957년, 선생님이 그토록 심혈을 기울여 오신 『조선말큰사전』의 간행을 보게 되자, 그 기쁨을 이기지 못한 과음過飮으로 인하여 뇌일혈로 쓰러지셔서, 이후 오랫동안의 치병 생활을 하셨다.

선생님이 69세가 되시던 1960년에는 학술원 임명회원이 되셨고, 학술원 공로상을 수상하셨다. 선생님이 71세가 되시던 1962년에는 나라에서 문화포장을 받으셨고, 전주시 다가동의 다가공원에 아담한 '가람시비'가 세워졌다.

이후에, 선생님은 1957년 이후 치병 생활 10여 년만인 1968년에, 선생님이 태어나신 전라북도 익산시 여산면 원수리源水里 참실골/진사동

眞絲洞 고향집에서 78세를 일기로 서거하셨다. 서거 후, 선생님의 유해는 국립묘지가 아닌 고향 참실골/진사동 생가 뒷산의 선영에 안장되었다. 1990년에는 건국훈장 애국장이 서훈되었다.

한편, 선생님께서 서거하시기 2년 전인 1966년에는 임종국 선생의 『친일문학론』이 발간되어, 이 책에서 '단 한 줄의 친일 문장도 쓰지 않으신' 가람 선생님의 올곧은 삶이 세상에 알려지기도 하였다.

이 『가람 이병기 전집』은 2014년 4월 18일 필자와 이경애 박사의 발의 · 추진으로 '가람 이병기 전집 간행위원회'가 조직되었고, 위원회의 추인을 받아 전집 간행에 필요한 자료들을 모으기 시작하는 한편, 전집 간행에 필요한 자금 마련을 위해 관련 유관기관인 전라북도 · 익산시 · 전주시 등과 협의하고, 유족들과도 관련 문제들을 협의하기 시작하였다.

이런 사업추진의 과정에서 일단 전북대 2,000만 원, 전라북도 · 전주시 · 익산시에서 각각 3,000만 원씩의 지원을 받게 되었으며, 여러 어려움 끝에 유족들로부터 원본 『가람일기』 46권의 사진 스캔 자료들을 확보할 수 있게 되었다. 이러한 자료 수집 과정들과 자금 확보 과정이 원활하게 진행되면서, 전북대학교에서 전집 발간에 필요한 인쇄 · 출판비 1억여 원을 지원하기로 하는 결정이 이남호 총장님에 의해 이루어졌다.

우리 '가람 이병기 전집 간행위원회'는 이에 큰 힘을 얻어, 3년 동안 수십여 명의 학부생 · 대학원생 및 강사 · 교수들의 적극적인 참여에 의해, 가람 선생님 관련 자료들을 두루 모아, 입력 및 교정 작업에 몰두하였다. 이런 과정에서, 2016년 6월 8일에는 유족 대표와 전북대학교 출판문화원이 『가람 이병기 전집』(30권) 간행 출판 계약을 체결하였다.

2017년 봄에 접어들자, 거의 모든 자료 입력 및 교정 작업이 일차 마무리되어, 전집 출판 기관인 전북대학교 출판문화원으로 전집의 입력 교정 원고들이 넘어가기 시작하였다. 그런데, 미처 예상하지 못한 문제가 발생하였다. 그것은 출판사로 넘어가 다시 나오게 되는 교정지 교정 작업의 비용이 미리 계정되지 못한 것이었다. 일반 출판 서적들의 경우에는, 이런 출판 교정 비용은 저자 자신이 감당하는 경우가 일반적이기 때문에 따로 비용을 책정할 필요가 없는데, 이 가람 전집의 경우는 사후 출판이고 그 분량 또한 매우 방대하기 때문에, 이런 비용 문제가 발생하게 되는 것이었다.

이 문제를 해결하기 위에 필자는 간행위원장 자격으로 할 수 없이 다시 우선적으로 전북대학교 측과 익산시와 협의하기로 하였다. 협의 결과, 전북대학교 측에서 1,000만 원, 그리고 익산시 측에서 1,000만 원을 출판 교정비 명목으로 추가 지원해주기로 결정하였다. 이렇게 해서, 우리는 『가람 이병기 전집』의 간행 출판 작업과 관련한 주요 문제들을 일단 해결할 수 있게 되었다.

이후, 우리는 작업 과정 중에서 연례 모임 및 임시 모임을 통해서, 가람 전집의 입력 · 내용 분류 · 편집 등의 세부 사항들을 결정해 나갔으며, 이에 따라 전집 내용의 분류, 전반적인 체계, 표기법, 판형 문제 등에 관한 세부 사항들이 처리되었다. 전집 간행에 관한 이런 세부적인 처리 문제에 관해서는, 본 전집의 1권 앞쪽에 따로 실려 있는 '편집 및 간행 원칙'과 '해제'를 참고하시기 바란다.

이제, 3년여의 고생 끝에, 이 방대한 『가람 이병기 전집』 30권이 세상에 나오게 되니, 깊은 감회가 밀려옴을 어쩔 수 없다. 이러한 감회는, 우리 국어문학사 더 나아가 우리 근현대 국학사, 문화사 혹은 지성사 전반에 걸쳐서, 이 전집이 가져올 영향과 결실들이 지대할 것이라는 데에서 더욱 크게 일렁인다. 이런 '위대한 범용凡庸을' 성취하신 가람 선생님의 높고 크고 넓고 깊으신 업적 앞에, 우리는 다시 한 번 깊이 머리를 숙인다.

끝으로, 이 전집을 간행하는 데에 도움을 주신 분들의 성함을 여기에 적어, 길이 그 이름들을 기억하고자 한다.

먼저, 이 전집의 발간을 위해 협조를 아끼지 않으신 유족들에게 감사를 드린다. 가람 며느님이신 유재희님, 손녀 이희경, 손자 이원배, 이앙배님은 이 전집이 나오는 데에 필요한 주요 자료들을 모두 제공해 주셨다. 특히, 가람 선생님의 외조카이신 유범상 전북대 교수님의 노고를 기억하고자 한다. 유 교수님은 이 전집의 주요 자료들을 모으는 데 매우 중요한 역할을 맡아 주시었다.

다음으로는, 이 전집이 나올 수 있도록 재정적인 도움을 주신 분들로, 송하진 전라북도 지사님, 김승수 전주시장님, 박경철 전 익산시장님, 정현율 현 익산시장님, 그리고 전북대학교 이남호 총장님께 감사를 드린다. 이분들의 도움이 없었으면, 이 전집은 세상에 나오지 못하였다.

이 전집을 만들기 위해 실제로 불철주야 고생해준 전북대학교 국어국문학과 학부 및 대학원생, 강사, 교수님들께도 깊은 감사의 마음을 드린다. 특히, 이 책의 난삽한 기초자료들을 입력하는 작업에 2년여 동안을 고생해준 전북대학교 국어국문학과 학부 및 대학원의 학생들과 강사들은 이 전집을 만든 장본인들이라고 해도 과언이 아니다. 이 여러 분들의 성함도 본 전집의 마지막 권 말미에 적어 기억하고자 한다. 그리고, 이 전집의 『가람일기』 중 1~3권의 순한문 행초서 필사본 일기 자료를 입력하고 교정하고 번역해주신 호원대학교 유화수 교수와 서울대학교 규장각 황재문 교수님께도 깊은 감사의 말씀을 올리고자 한다. 이분들은 우리 간행위원회 능력으로 해결하기 어려운 이 자료들의 입력과 교정을 가능케 해주셨다.

그리고, 이 전집을 만드는 작업을 위해 밖에서 관심과 격려와 자료 제공을 아끼지 않으신 전북대학교 국어국문학과 최승범 명예교수님, 우석대학교 김해정 교수님, 원광대학교 오하근 교수님, 군산대학교 허소라 교수님, 신석정문학관 정군수 관장님, 그리고 이 전집의 간행을 맨 처음 필자에게 간청해주신 시인 김용택 형님께도 이 자리를 빌려 깊은 감사의 마음을 드리고자 한다. 그리고, 이 전집의 간행을 보지 못하고 타계하신 전북대학교 국어국문학과의 은사 소석 이기우 선생님, 일산 김준영 선생님께도 이 자리를 빌려 머리 숙여 깊은 감회의 마음과 감사를 올린다.

끝으로, 3년여 동안을 아무런 불평 없이 묵묵히 도와주시고 따라주신 우리 '가람 이병기 전집 간행위원회'의 여러 간행위원님들께도 깊은 우애와 사랑을 표하고자 한다. 특히, 전집의 시작에서부터 마지막까지 전집 간행 작업 실무 일체를 도맡아 불평 한마디 없이 마무리해주신 우리 간행위원회 총무이사 이경애 박사님, 유화수 교수께 깊은 감회와 감사의 말씀을 드린다. 앞으로도, 가람 선생님의 연구와 업적 선양의 길에 더욱 더 강건히 매진해주실 것을 부탁드린다.

2017년 10월 3일 개천절에

가람 이병기 전집 간행위원회 간행위원

김익두 · 박태건 · 유범상 · 유화수 · 이경애 · 이민희 · 이택회 등을 대표하여

간행위원장 김익두 삼가 쓰다.

축사

이남호(전북대학교 총장)

가람 이병기 선생님은 우리 전북대학교가 낳은 우리 근현대 국학의 최고봉이실 뿐만 아니라 우리 전북대학교 인문대학의 전신인 문리과대학을 만드시고 몸소 그 초대 학장을 지내신 분이십니다.

선생님의 이런 선대 업적을 토대로 해서, 우리 전북대학교 인문대학 역사가 처음으로 본격적인 시작을 하였습니다. 우리 대학의 삼성문화회관 앞에는 대학에 기여하신 두 큰 문인의 시비가 서 있는데, 그분이 바로 가람 이병기 선생님과 신석정 시인입니다.

전북대학교 인문대학 국어국문학과 1회 졸업생도, 대학원 1호 학위수여자도 모두 선생님께서 가르치신 제자 분들인데, 고하 최승범 명예교수님과 고 일산 김준영 교수님이 곧 그분들이십니다.

우리 전북대학교의 초기가 인문대학과 농과대학에서부터 시작된 점을 감안해 보면, 선생님은 우리 전북대학교의 기초를 세우신 선구자이십니다.

그럼에도 불구하고, 아직까지 선생님의 전집이 나오지 못하여 두루 아쉬워하던 차에, 우리 대학교의 국어국문학과 김익두 교수님과 이경애 박사님께서 이 전집의 간행 사업을 추진하기로 하였습니다. 3년여에 걸친 고생 끝에 총 30권의 방대한 전집으로 간행하게 되었으니, 전북대학교 총장이기에 앞서 구성원의 한 사람으로서 그 기쁨은 이루 다 말할 수 없습니다.

특히, 이번의 이 전집 간행 사업의 결실로 인하여 그동안 주로 시조 시인으로만 알려져 왔던 가람 선생님의 다양하고 깊고 넓고 풍부한 업적들이 제대로 두루 세상에 알려지게 된 것을 학자로서 크게 기쁘게 생각합니다.

교육자로서 해방 이후 우리 현대 국어교육의 기초를 세우신 업적, 국문학자로서 『국문학전사』·『국문학개론』 등을 저술하여 우리 국문학의 토대를 마련해주신 업적, 일제 강점기 나라가 망한 시대에 민족혼을 보존·부활시키기 위해 모진 압박을 이겨내시며 마침내 이루어내신 『조선말큰사전』의 혁혁한 국어학 업적, '단 한 줄의 친일문장도 거부'하시며 이루어내신 선생님의 따뜻하고 소박·소탈한 현대문학 작품들, 척박한 시대의 살림에도 사재를 털어 모아놓으신 서울대 '가람문고'의 소중한 서지학-문헌학 자료 업적들 등을 생각하면, 오늘날 우리가 선생님만큼 과연 나라와 지역의 미래를 위해 전심전력을 하고 있는가 하는 반성으로 저절로 머리가 수그려집니다.

끝으로, 이런 어려운 일을 마다하지 않으시고 매진하여 여러 어려움을 극복하고 이 방대한 대 전집의 완간을 이룩해낸 전북대 국어국문학과의 김익두 교수님과 이경애 박사님, 그리고 이 사업을 도와주신 국어국문학과의 여러 관계자 분들, 특히 송하진 전라북도 지사님, 김승수 전주시장님, 정헌율 익산시장님을 비롯한 여러 분들의 큰 도움에 머리 숙여 깊이 감사를 드립니다. 앞으로 우리 대학은 이 전집의 완간을 계기로 하여, 가람 이병기 선생님과 선생님이 남기신 업적을 기리는 일에 더욱 매진할 것을 약속드립니다. 감사합니다.

2017년 10월 3일

축사

송하진(전라북도 지사)

가람 선생의 깊고 넓고 풍부한 업적의 첫 집대성

우리 전라북도는 역사 이래 수많은 혁혁한 인물들을 많이 낳은 인물의 고장입니다. 그럼에도 불구하고 그런 훌륭한 인물들을 제대로 드러내고 제대로 선양하고 올바르게 배워 계승하지 못하고 있는 분들이 수없이 많습니다.

이런 훌륭한 분들 중에서, 근현대 전라북도가 낳은 우리 국학계의 가장 우뚝한 분을 꼽으라면, 우리는 서슴없이 가람 이병기 선생님을 치켜들지 않을 수 없습니다.

가람 선생님은 그동안 세간에 주로 '시조시인'으로만 알려져 왔으나, 사실은 시조뿐만 아니라, 시 · 소설 · 수필 · 일기 · 번역 등 여러 분야에 걸쳐서 활발한 활동과 업적을 남기시고 있고, 그 뿐만 아니라 학술분야에서는 문헌-서지학, 국어학, 고전문학, 현대문학, 구비문학 및 민속학, 교육학, 역사학 등 여러 분야에 걸쳐서 수많은 혁혁한 업적을 남기시고 계심이, 이번 전집 간행 작업 과정에서 확인되고 있습니다.

뿐만 아니라, 선생님의 남기신 업적을 정리한 결과, 그 전집의 분량이 무려 30권이나 된다는 간행위원장님의 말씀을 듣고 더욱이 그 놀라움을 금할 길이 없습니다.

이번에 간행되는 『가람 이병기 전집』은 여러 면에서 우리 전라북도

뿐만 아니라, 우리나라 전체 국민들에게도 크나큰 새로운 선물이라고 확신합니다. 그동안 구름에 가리워져 있던 우리 근현대 국학과 국문학의 가장 큰 봉우리 하나가 우리 눈앞에 분명하게 나타나기 시작하기 때문입니다.

이런 면에서, 우리 전라북도가 이런 우리 근현대 국학계의 큰 분을 새로 발굴해내고 이를 온 세상에 널리 제대로 알리게 하는 일에 앞장서게 된 것을 무엇보다 크게 기쁘게 생각합니다.

이번의 이 『가람 이병기 전집』(30권)의 발간을 계기로, 앞으로 가람 이병기 선생님과 선생님의 문학, 학문, 활동의 여러 업적들이 좀 더 높이 멀리 제대로 드러나, 이 분야에서 우리 전라북도는 물론 우리나라 전체의 크나큰 영광이 이루어지기를 간절히 바랍니다. 그리고, 선생님과 선생님이 남기신 업적들을 기리는 사업들이 앞으로 무궁히 발전하기를 빕니다.

끝으로, 이 어려운 일을 위해 사계 여러분들의 중지를 모아 몸소 기획하시고, 전집의 완간을 이루어내신 '가람 이병기 전집 간행위원회' 위원장 전북대학교 국어국문학과 김익두 교수님과 이경애 박사님, 이 큰 사업을 음으로 양으로 이끌어주신 이남호 전북대학교 총장님, 김승수 전주시장님, 정헌율 익산시장님, 그리고 전북대학교 국어국문학과를 비롯한 사계의 여러 관계자분들께도, 이 자리를 빌려 깊은 감사를 드립니다.

2017년 10월 3일

축사

김승수(전주시장)

3년여의 오랜 기다림 끝에 결실을 맺게 된 『가람 이병기 전집』(30권)의 발간을 진심으로 축하드립니다.

전주는 가람 선생님의 성장기와 장년기를 함께한 도시입니다. 고향인 여산을 떠나 전주공립보통학교를 다니시며 학창시절의 꿈을 키워온 선생님은, 졸업 후 전주제2보통학교에서 교편을 잡으시며 전주와의 인연을 이어오셨습니다. 또한 6·25 전쟁 발발 직후에는 전라북도 전시연합대학 교수를 역임하셨으며, 곧이어 전북대학교 문리과대학 초대 학장을 지내시기도 하셨습니다.

이러한 왕성한 활동과 함께 전주 곳곳에는 가람 선생님의 흔적들이 남아 있습니다. 1951년부터 56년까지 선생님이 기거하셨던 '양사재養士齋' 건물은 지금도 전주 한옥마을 내에 잘 보존되어 많은 이들의 발길을 이끌고 있습니다. 선생님이 서재로 쓰시던 방에는 '가람다실'이라는 현판이 걸려 있으며, 선생님의 모습을 담은 여러 사진들이 남겨져 있습니다. 또한 다가공원에는 선생님의 뛰어난 문학적 소양과 눈부신 전주 발전의 업적을 기리는 '가람시비伽藍詩碑'가 세워져 있습니다.

하지만 우리에게는 늘 아쉬움이 있었습니다. 그것은 선생님께서 남기신 문학적-학문적 업적들이 제대로 정리되지 못한 데서 오는 아쉬움이었습니다. 이러한 때, 『가람 이병기 전집』을 발간한다는 전북대학교 김익두 교수님의 연락은 저에게 한 줄기 큰 희망으로 다가왔습니다.

총 30권에 달하는 방대한 전집 간행 작업이 가능할까 걱정되기도 했습니다. 하지만 송하진 전라북도 지사님과 이남호 전북대학교 총장님, 정헌율 익산시장님, 그리고 여러 관계자분들의 애정 어린 도움으로, 힘든 여정을 극복하고 오늘의 값진 결과를 얻게 되었습니다.

훌륭한 작품을 정리하고 보존하는 것은 가람 선생님을 향한 존경의 표현이자, 후대에게 물려줄 소중한 문화를 지키는 과정이라 생각합니다. 이러한 의미로 이번에 발간되는 『가람 이병기 전집』(30권)은 우리에게 많은 귀감이 될 것으로 기대합니다.

소중한 전집 발간을 위해 노력해주신 김익두 교수님과 이경애 박사님을 비롯한 모든 분들께 이 지면을 빌려 진심으로 감사드립니다. 다시 한 번, 『가람 이병기 전집』의 발간을 축하드리며, 이를 계기로 가람 이병기 선생님의 업적이 오래도록 기억되기를 바랍니다.

감사합니다.

2017년 10월 3일

축사

정헌율(익산시장)

『가람 이병기 전집』 간행을 진심으로 축하드립니다.

익산은 가람 선생님께서 태어나시고 생을 마치신 곳이기에, 이번 전집 발간이 익산 시민들에게는 누구보다 더 큰 기쁨이자 영광이 아닐 수 없습니다.

가람 선생님은 익산시 여산면 태생으로 익산이 낳은 위대한 문학가이자 민족운동가이십니다. 일제강점기 국문학 연구의 기틀을 다지고 조선어문연구회를 조직해 우리 말과 글의 연구 보급에 앞장서셨으며, 쇠퇴 일로에 있던 우리 시조시를 부흥시켜 현대적 시풍을 확립하는 등 업적을 남기셨습니다.

익산시에서는 가람선생의 생애와 업적을 기리고자 매년 가람문학제를 열어 선생의 문학혼과 정신을 계승하고 있으며, 가람 전집 간행사업과 함께 추진해 온 가람문학관 건립도 어느덧 완공을 눈앞에 두고 있습니다. 유네스코 세계유산 등재로 새로운 역사문화 중심 도시로 주목받고 있는 익산시가 이러한 사업들을 통해 역사와 문학혼이 살아 숨 쉬는 진정한 문화도시로 거듭나고 있습니다.

이번에 간행되는 30권의 전집에는 이병기 선생님이 생전에 남기신 저작물과 단행본, 신문 잡지 등에 발표된 자료 등 가람 선생의 문학과 학문이 집대성되어 있습니다. 전집 간행을 계기로, 사계의 전문가 여러분들이 한국 문학사 및 문화사에 한 획을 그은 가람의 학문적 업적과 문화사적 의미를 체계화하고 가람 저술의 전모를 파악하여 가람 연구의 초석을 세워주시기를 바랍니다.

마지막으로, 가람 선생님의 전집이 세상에 빛을 보기까지 3년여 간의 열정과 노고를 바치신 전북대학교 김익두 교수님, 이경애 박사님, 유화수 교수님, 유범상 교수님, 박태건 교수님, 이택회 선생님을 비롯한 간행위원회 여러분과 이남호 전북대 총장님, 송하진 전라북도지사님, 그리고 김승수 전주시장님을 비롯한 사계의 여러분들께 진심으로 감사드립니다.

앞으로, 우리 익산시에서는 이번 사업의 결실을 바탕으로 해서, 가람 선생님을 기리는 사업을 부단히 줄기차게 이어 나아갈 것을 다짐해 보며, 그동안 애쓰신 모든 분들께 다시 한 번 깊은 감사를 드립니다.

2017년 10월 3일

축사

이원배(유족 대표)

올해가 할아버님께서 작고하신 지 50년이 되는 해입니다.

할아버님께서 작고하신 지 50년이 지났지만, 아직도 할아버님을 기억해주시고, 존경해주시고, 연구해주시는 분들께 유가족을 대표해서 무어라 감사의 말씀을 드려야 할지 모르겠습니다. 이번에 할아버님의 전집 발간을 위하여 아낌없는 조언과 용기를 불어넣어 주신 원로 문인들과 제자 분들과, 그 밖의 여러분들께도 충심으로 감사 말씀을 드리는 바입니다.

훌륭한 업적을 남기신 할아버님과 할아버님을 기억해주시는 분들의 덕분으로 『가람 이병기 전집』이 간행되고 또한 여산 생가에 문학관이 세워지게 되니, 그 후손으로서 참으로 다행스럽고 더할 수 없이 감회가 깊습니다.

할아버님의 유작들이 새 체제로 총정리되어 간행되는 시점에서, 가족처럼 앞장서서 온갖 정성을 기울여 주신 전북대학교 김익두 교수님과 이경애 박사님께 깊은 감사를 드립니다. 흩어진 자료를 수집 · 정리하기란 참으로 어려운 작업인데 그것을 하나하나 챙겨주시고, 자료들을 꼼꼼히 정리하고 오류를 최소한으로 줄이려고 정성을 다하여 주신 간행위원회 여러분들께도 고마운 감사의 인사를 드립니다.

이렇게 어려운 산고産苦를 치르고 나온 할아버님의 전집을 대하니 너무 감격스럽습니다. 이 전집이 나왔다는 기쁨과 함께 아쉬움이 앞서는 것은 조금 더 일찍 서둘러 전집이 나왔더라면 얼마나 좋았을까 하는 생각 때문입니다. 할아버님의 큰 행적을 이어받는 이 일을 진작에 했어야 했는데 후손으로서 도리를 다하지 못해 송구스럽고, 할아버님의 정과 깊은 뜻을 다시 한 번 더 느끼고 가슴 깊이 새깁니다.

이번에 발간되는 전집으로 더욱 많은 분들이 관심을 갖고 풍성한 연구가 이뤄지길 희망하며, 할아버님의 학문이 더욱 발전하기를 기원합니다. 아울러, 전집이 간행될 수 있도록 도와주신 전북대학교와 전라북도와 전주시와 익산시의 무궁한 발전이 있기를 기원합니다.

2017년 10월 3일

편집 및 간행 원칙

1. 먼저 이 전집의 이름은 일반적인 관례에 따라, 『가람 이병기 전집』이라 명명하기로 하였다.
2. 이 전집의 내용은, 간행위원회가 조사·취합할 수 있는 모든 자료들을 다 모으고 검토하여 전집 자료로서의 적합성을 살펴 결정하였다.
3. 이 전집에 포함된 자료들은 가람 이병기 선생이 직접 관여하여 이루어진 문학작품 및 문학작품집, 연구서 및 각종 연구물, 편찬 자료 등을 모두 포함시켰다.
4. 이 전집의 최상위 구분-분류는 창작물과 연구물로 구분하였다.
5. 창작물은 다시 시·시조·소설·수필·번역·일기 등 6개 분야로 나누어 정리하였다.
6. 연구물은 다시 문헌-서지학, 국어학, 국문학(고전문학, 현대문학), 구비문학 및 민속학, 교육학, 역사학 등 6개 분야로 나누어 정리하였다.
7. 창작물 및 연구물의 각 하위 영역들에서는, 먼저 해당 하위분야의 단행본/저술을 배치하고, 그 뒤에 낱개로 발표된 창작물 혹은 연구물들을 배치하였다.
8. 각 해당 분야 하위구분 내에서의 글의 배치 순서는 소제목별·연도

순으로 하였다.

9. 전집에 실린 가람의 글 및 가람 당대의 글들은 그 원문에 충실하되, 오늘날 독자들의 가독성 문제를 고려하여 한글표기 뒤에 해당 한자를 본문 글자보다 작은 글자로 괄호 없이 병기하였으며, 누구나 다 알 수 있는 한자어들은 한글로만 표기하기도 하였다.
10. 각주 부분의 한자漢字 병기는 글자의 가독성을 고려하여 해당 한자를 같은 크기의 글자로 (　)로 묶어 표기하였다.
11. 원문이 당대의 글이 아닌 고전 원문인 경우에는 원문에 충실하되 띄어쓰기와 마침표 및 쉼표를 적당한 위치에 넣어 가독성을 높이고자 하였다.
12. 전집의 각 권마다 맨 앞쪽에 관련 사진들을 선별·배치하여, 시각성과 자료의 충실성을 높이고자 하였다.
13. 각 권의 말미마다 그 권의 색인과 필요한 경우 목록표를 배치하여, 독자들이 필요한 부분을 찾아보는 데에 편리하게 하였다.
14. 전집의 부록으로 전집 전체의 색인집을 따로 만들어, 전집 전체를 일일이 찾지 않고도 곧바로 독자들이 필요한 부분을 손쉽게 찾을 수 있도록 하였다.
15. 전집의 최종 권은 가람 선생과 관련된 사진들을 모아 정리하여, 선생의 면모를 살피는 데 도움이 되도록 하였다.

가람 이병기 연보 (1891~1968)

1891년 3월 8일(음 1월 28일), 전라북도 익산군 여산면 원수리(진사동) 573번지 수우재守愚齋에서 이채李保와 윤병의 장남으로 출생.

1897년~1908년, 고향 사숙에서 한문을 수학.

1906년 12월 5일, 충청남도 논산군 두마면(은동)의 광산 김씨 수洙와 결혼.

이 해 양계초의 『음빙실문집』을 읽고 신학문에 뜻을 세움.

1908년 7월 10일, 장녀 순희 탄생.

1909년 4월 13일, 일기 쓰기 시작.

1909년 4월 16일, 전주공립보통학교 4학년 입학.

1910년 3월 28일, 전주공립보통학교 졸업.

4월 16일, 관립한성사범학교 1학년 입학.

1912년 1월 21일, 조선어강습원 중등과 입학. 주시경 선생으로부터 조선어문법을 배움.

1912년 10월 7일~31일, 일본 수학여행.

1913년 3월, 조선어강습원 고등과 1회 졸업.

3월 23일, 관립한성사범학교 졸업.

1913년 4월~1914년 4월, 경기도 남양주 남양공립보통학교 훈도.

1914년 4월~1917년 7월, 전라북도 전주 제2공립보통학교 훈도.

1917년 8월~1919년 3월, 전라북도 여산공립보통학교 훈도.

1919년 4월 14일, 상경.

8월 10일부터 한문으로 적던 일기를 순 국문으로 쓰기 시작.

1919년 8월 12일~8월 21일, 1차 만주 봉천 여행.

1919년 9월 27일~10월 4일, 2차 봉천 여행.

1919년 10월 8일~10월 11일, 봉천 여행을 '독립운동에 참여하는 것'으로 하여 경찰서에서 취조를 받음. 상업 목적이었음을 주장하고 풀려남.

1920년 1월 3일, 국어 연구에 뜻을 같이했던 환영 이규영 사망.

9월, 『공제』 1호에 「수레 뒤에서」 발표.

11월 14일, 조선불교회에서 박한영의 『능엄경』 강의와 권덕규의 '조선어 강의'를 듣기 시작.

12월 5일, 불교회 제1회 총회에서 이사를 맡음.

1921년 11월 3일, 권덕규와 '조선어사전' 편찬을 계획.

11월 26일, 권덕규, 임경재 등과 휘문의숙에서 조선어연구회를 발기함.

12월 3일, 조선어연구회 결성 총회에서 간사를 맡음(1930년 1월까지 간사 일을 함).

1922년 5월 5일, 전주 유지들이 설립한 호영강습원에 많은 기여를 함.

10월 13일, 동광학교에서 첫 수업을 함(조선어, 한문).

10월 16일, 동광학교 교가·운동가 작사.

1923년 7월 24일~8월 11일, 박한영, 이광수 등과 금강산 여행.

9월 7일, 「말모이」(고어집) 카드 작성.

12월, 『조선문단』을 통해 시조, 수필 발표.

1924년 2월 1일, 휘문고등보통학교 조선어연구회 주최로 『훈민정음』 반포 8회갑 기념회를 개최하고 『훈민정음』에 대한 강화를 함. 3월 16일, 장녀 순희 신왕균에게 출가(충남 아산군 영안면).

1924년 3월, 동광학교가 보성고보 분교가 되기까지 근무.

4월 5일, 휘문고등보통학교 교원 부임(조선어·한문·습자 담당).

4월 14일, 장남 동희 출생.

5월 7일, 계동 79-14번지 집을 구입.

7월 30일~8월 11일, 박한영, 권덕규와 제주도 여행.

8월 25일, 『동아일보』에 시조 「제주ㅅ길에」를 발표함.

1926년 4월 16일, 차녀 한희 출생.

4월 18일, 조선어연구회 임시회의 개최, 「조선어 문법」 기초를 결의.

5월 1일~26일, 경성중등교원 일본시찰단의 일원으로 일본 여행.

9월 17일, 영도사에서 시조문학의 구심점이 된 시조회詩調會를 창립.

10월 7일~10일, 휘문고보 2학년생 평양 수학여행 인솔.

11월 4일, 조선어연구회와 신교사新教社 주최로 『훈민정음』 반포 8회갑 기념 축하회를 식도원에서 개최.

11월 6일, 조선어연구회 주최로 교육·언론계 인사 30여 명과 국일관에서 『훈민정음』 반포 기념 축하회 개최.

11월 24일~12월 13일, 『동아일보』에 「시조란 무엇인고」를 발표한 이후 시조를 이론적으로 연구.

12월, 『조선문단』에 「한강을 지나며」 발표.

1927년 1월 3일~6일, 조선어연구회 주최 조선어강습회 개최.
2월 8일, 동인지『한글』창간호 발행.
10월 24일, 훈민정음 반포 481주년 기념 '가갸날'로 명칭을 정하고 명월관에서 축하회를 가짐.
1928년 4월 17일, 경신학교에서「조선가요에 대하여」강연.
9월 2일, '시조회'를 '가요연구회'로 개칭하고 연구조직을 확립함.
12월 30일, 천도교강당에서「시조의 사적 발전과 문학의 지위」로 강연.
1929년 1월 14일~15일, 안국동 예배당에서 개최된 한글강습회 강사로「한글과 시조」에 대하여 강연.
2월 19일~20일, 연동청년면려회에서「한글과 고가요」에 대하여 강연.
3월 16일, 조선어연구회에서 한글 횡서에 대한 토의.
7월 29일, 교육협회 주최 '철자법 문제 강연회'의 사회를 봄.
8월 23일, 차남 경희 출생.
10월 31일(음. 9. 29), '가갸날' 기념 축하회 참석. 조선어사전 편찬회 위원을 맡음.
12월 13일, '한글맞춤법통일안' 제정위원으로 위촉.
1930년 1월 5일, 조선어연구회 총회에서 간사 사임.
6월 14일, 조선총독부 박물관 소장의 조선고활자 조사.
8월 7일~9일, 쌍계사 소장 판각板刻 조사.『월인천강지곡』185장판을 인출.
11월 16일, 수색水色 고택골 뒷산에 자리한 주시경 선생 묘소 참배.

11월 18일, 한글반포 기념식을 명월관에서 거행하고 다음 해부터는 10월 29일을 기념일로 정함.

12월 13일, 조선어연구회 한글철자법 제정위원이 됨.

1931년 1월 6일, 조선어사전 편찬위원회의 규칙 개정에 참여.

1월 24일, 한자어 제한위원회에 참석.

2월 14일, 조선어·한문교원회 결성.

5월 2일, 경성제대 고선전람회 참관.

7월 25일부터 약 1개월간 동아일보사 주최 한글강습회 연사로 전주·군산·순천·여수·목포·영광 등지를 순회 강연. 각 지방의 방언, 민속, 민요, 고문헌을 수집.

10월 4일, 경성제대 조선활자인쇄자료전 관람.

10월 29일, 한글반포 485주년 기념식에 참석.

12월 1일, 총독부에 납본한 휘문고보의 교지 『휘문』의 일부가 삭제 당함.

1932년 4월 21일, 삼남 종회 출생.

10월 1일, '고서화 진장품 전람회' 관람.

10월 29일, 한글기념식에서 '한글운동사'를 강연.

11월 25일, 휘문고보의 교지 『휘문』 제10호 발행금지 당함.

11월 26일부터 10일간 철자법위원회의 회의 참가.

1933년 1월 11일, 조선문흥회 창립총회에서 간사를 맡음.

4월 23일, 주시경 선생 묘소 참배.

7월 25일~29일, 화계사에서 '한글맞춤법통일안' 개정안을 토의.

1934년 5월 7일, 진단학회 발기인 총회에 참여.

5월 26일, 경성제대 도서관 소장의 『진찬의궤』 열람.

6월 12일, 미아리 서해 최학송 묘에 문인 일동과 함께 기념비 세움.

1935년 1월 2일, 조선어표준어 사정위원.

2월 23일, 조선어학회 임시총회에서 박승빈의 한글반대운동에 대한 토의.

8월 7일~14일, 전남·북 서해안 일대 답사. 이때 신석정 시인과 만남.

1938년 3월 31일, 휘문고보 사임(학교 교육에서 조선어 과목이 없어졌기 때문).

4월 8일, 연희전문학교 강사, 『조선문학』을 강의.

6월 7일, 조선어학연구회 사전편찬위원회 위원 위촉을 거절.

10월, 보성전문학교에서 「종래의 가악」에 대하여 특강.

12월 19일, 진단학회 위원회 참석.

1939년 2월 1일, 문장사 발행 『문장』지의 시조 신인작품 추천위원이 됨.

8월 16일, 『가람시조집』(문장사) 발간.

1940년 3월 25일, 『역대시조선』(국제문화관) 발간.

5월 11일, 조선어학회 '철자법 추가개정안' 토의.

10월 12일, 경복중 강사.

11월 22일, 신명균 영결식에 나감.

11월, 『인현왕후전』(박문출판사) 발간.

1941년 4월 26일, 아악부 강사 촉탁 사령장을 받음.

11월 1일, 덕수상업 강사.

1942년 10월 22일, 조선어학회 사건으로 구속된 후 함남경찰서와 종로경찰서 형사에게 연행 구속당함. 이후 홍원 형무소에 복역.

1943년 9월 18일, 기소유예로 함흥형무소에서 출감.

1944년 3월 30일, 계동 가옥을 매매하고 낙향.

9월 6일, 장남 동희 현역병증서 받고 학도병으로 나감(이후 실종되어 돌아오지 못함).

8월 28일, 『지나명시선』(한성도서주식회사) 발간.

1945년 8월 17일, 광복 직후 여산민회를 조직, 부위원장에 피선.

8월 31일, 이리 청년들 초청으로 한글 강연.

10월 30일, 미군정청 학무국 편수관으로 취임, 국어교재 편찬.

11월 2일, 미군정청 편수주임에 임함.

12월 10일, 국어교본 편찬회에서 한자 폐지 문제에 대한 토의.

1946년 9월 1일, 『어린이 역사』(정음사) 발간

9월 30일, 서울대학교 문리과대학 국어국문과 교수 부임. 단국대·신문학원·서라벌예술대학 강사로 출강.

1947년 9월 5일, 미군정청 편찬과장을 사임함.

9월 15일, 서울대학교에서 '조선의 극가' 개강.

1948년 4월, 동국대학교, 국민대학교, 숙명여자대학교, 세종중등교원양성소, 의대 예과 강사.

5월, 『의유당 일기』(백양당) 발간.

12월, 『근조 내간집』(국제문화관) 발간.

1949년 3월 10일, 차녀 한희, 충청남도 공주읍의 송석일과 결혼.

5월, 『가루지기타령』(국제문화관), 『어우야담』(국제문화관) 발간.

7월, 『요로원야화기』(을유문화사) 발간.

1950년 1월, 『역대 조선 여류문집』(을유문화사) 발간.

6·25 사변에 남하하지 못하고 6월 30일 서울대 문리대 임시자

치위원회에서 상임위원에 선출되어 3개월간 대학을 지키고자 노력.

9·28 서울 수복 후 문리대 학도호국단 감찰부에서 '가람의 사상 문제'에 대한 시비가 일자, 이병도 박사가 극력 변호.

10월 25일, 여산 고향으로 낙향.

1951년 1월 3일, 차남 경희, 전라북도 완주군 화산면 유재희와 결혼.

3월 5일, 회갑.

4월 15일, 전주 명륜대학 교수 취임.

5월 7일, 전북 전시연합대학 교수 겸임으로 개강식에 참석.

7월 31일, 원광대학 명예국문학과장 및 교수 겸임을 수락.

11월, 전북대학교 문리과대학 임시관리책임자로 피선.

1952년 9월 5일, 전북대학교 문리과 대학장 취임.

10월 10일, 삼남 종희, 충청남도 공주읍 윤옥병과 결혼.

1953년 1월 7일, 부인 회갑.

4월 6일, 학술원회원.

1954년 1월 29일, 『전북대학교보』 편집위원회 위원장을 맡음.

1956년 4월 1일, 중앙대학교 문리과대학 교수.

5월 1일, 서울대학교 대학원 강의.

1956년 8월, 정년으로 전북대학교 퇴임. 중앙대와 서울대 대학원 강사로 활동.

1957년 4월 18일, 학술원 회원, 학술원 추천회원.

6월, 『국문학전사』(신구문화사) 발간.

10월 9일, 한글날 기념행사, 『우리말큰사전』 출간기념회에 참석 후 귀가 도중 뇌일혈로 와병.

1958년 3월 31일, 강단직을 사임하고 생가가 있는 여산으로 귀향.

5월, 『현대시조선총』(새글사) 발간.

1960년 7월 17일, 학술원공로상을 받음.

8월 2일, 학술원 임명회원이 됨.

1961년 4월, 『국문학개론』(일지사) 발간.

6월 8일, 전북대학교에서 명예 문학박사 학위를 받음.

1962년 8월 15일, 문화포장을 받음.

1963년 5월 16일, 갑오동학혁명기념탑 건립추진위원회 위원장.

5월 24일, 서울대 도서관에 장서 기증.

1966년 5월 20일, 『가람문선』(신구문화사) 발간. 한국시조작가협회 초대 회장.

11월, 『가람 이병기박사 송수논문집』(삼화출판사) 발간.

12월, 회혼례.

1968년 11월 28일, 향년 78세로 새벽 3시 익산군 여산면 원수리 생가에서 별세.

12월 2일, 장례는 전라북도 문화인장으로 여산 남초등학교 교정에서 영결식을 갖고, 생가 뒤 용화산 기슭 유택에 듦.

1969년 11월 30일, 전주시 다가공원에 가람시비가 건립됨.

1973년 6월 23일 생가가 전라북도 지방문화재 기념물 제6호로 지정됨.

1976년 『가람일기』(신구문화사) 발간.

1993년 6월 1일, 국가유공자로 지정됨.

2001년 『스승 가람 이병기』(최승범 저, 범우사) 간행.

* 상 훈

- 1960년 7월 17일, 학술원공로상.

- 1962년 8월 15일, 문화포장.

- 1962년 10월 9일, 공로패(한글반포 516주년 세종문화큰잔치).

- 1977년 12월 13일, 건국포장.

- 1990년 12월 16일, 건국훈장 애국장.

『가람 이병기 전집』 해제

이경애(『가람 이병기 전집』 간행위원)

1. 간행 목적과 필요성

가람 이병기 선생(1891~1968)은 국학의 태두로서, 현대시조의 개척자이자 민족어운동의 선구자인 동시에 문학사가였고, 고전의 발굴과 해제를 선도한 문헌-서지학자이자 고전연구자였다. 이렇듯 가람은 방대한 분야의 국문학과 국학에 중요한 업적을 남겼음에도 불구하고, 그가 작고한 지 50여 년이 지나도록 그의 전집은 발간되지 않았다.

『가람 이병기 전집』은 흩어져 있던 가람의 저술들을 총 망라하여 수집하고, 종합하고, 정리하여 하나로 발간하는 작업이다. 이는 '가람학' 정립을 위한 기초연구 작업으로서 반드시 선행되어야 할 작업이며, 가람 연구의 활성화를 꾀하는 동시에 아울러 한국문학 연구의 새 지평을 여는 작업이다. 가람에 대한 일방적 '우상화'에 현혹되지 않고서라도, 한국문학사에서 가람의 문학과 학문은 그에 합당하는 올바른 평가를 받아야 하고, 가람학의 정체성을 그대로 되살려 한국학의 새로운 미래를 개척할 필요가 있다.

가람이 남긴 저술 자료들을 집대성하여 그대로 정리하고 종합하는 가람 전집이야말로 진즉에 이루어졌어야 할 작업이다. 가람 전집의 간행은 더 이상 미룰 수 없는 한계에 도달하였다. 백년 이내 근현대 가람 관련 1차 자료들이 점점 사라져가고 있다. 1차 자료들은 갈수록 수집하기 어렵고 보전상태도 불량하며, 또한 당대의 열악한 인쇄 · 출판 환경으로 인하여 출판 · 인쇄상의 수많은 오류들이 나타나고 있다. 가람의 저술 자료들도 이와 마찬가지 상태이다.

가람이 이루어놓은 업적이 하나라도 헛되이 사라지지 않아야 한다. 그것들이 남김없이 후학에 이어지고 새로운 영감과 활력을 불러일으키는 영양의 보고가 되어야 하기 때문이다. 이 전집을 통해서 가람의 문학과 학문에 대한 규모와 참 면모가 확실하게 드러날 것이며, 또한 가람에 대한 그동안의 오해와 편중에서도 벗어날 수 있을 것이다. 그러기 위해『가람 이병기 전집』간행 작업은 그가 남긴 엄청난 자료들에 대해 오류를 바로잡고 정본을 확정하여, 가람학의 1차 토대를 정립하기 위하여 가장 바람직한 최선의 방향을 모색하고 충실히 이행하여 가람 전집 간행을 위한 자료 정리하고 이를 바탕으로 최선의 전집을 간행하고자 한다.

2. 자료조사의 범위와 방법

본 전집의 시대적 범위는 가람 이병기가 생전에 남긴 저작물 자료들, 곧 그가 남긴 모든 단행본 저술 및 신문 잡지 등에 발표한 글들을 대상으로 하였다. 이를 위해 1900년대부터 1960년대까지의 저술 자료들을 수록하는 가람 전집을 위하여 '자료의 수집 · 정리 및 구체적인 편집 방안'을 마련하고 간행의 기초를 정하였다. 이 자료들을 수록하여 온전한 전집으로 간행하기 위해서는 철저한 학문적 검토와 수정이 있어야 가능하다.

따라서 그 방대하고 다양한 자료들을 제대로 정리하기 위해 전문적인 연구가 이루어졌고, 여러 차례의 협의와 세미나 등을 통해 자료들의 효과적 처리를 위한 구체적인 방안을 마련하였다. 또한 연구 대상의 사회적 범위는 그가 살며 족적을 남긴 경향 각지를 대상 범위로 하되,

특히 그가 오랫동안 몸담아 산 서울 및 전라북도 지역의 모든 관련 자료들을 조사 정리하였다.

우선 가람이 남긴 모든 자료들을 수집하고 원본대로 입력 · 정리하는 작업과정에서 입력 자료들의 총량 및 다양성을 구체적으로 점검 논의하였다. 그리하여 입력 · 정리된 자료들을 일정 기준에 따라 구분-분류하고, 입력된 원본에 대한 기본 오류들의 수정 문제를 다루었으며, 편집 및 출판에 관련된 여러 가지 문제들, 예컨대 표기법, 한자병기 문제, 맞춤법, 띄어쓰기, 가독성, 편집 체제, 색인 등의 문제들을 논의하였다. 또한 본 연구 결과 간행될 전집을 전제로 가람학의 1차 토대를 정립하는 방향을 모색하고 논의하였다.

3. 가람 전집 간행 경위

가람 생전에도 전집을 편찬하려는 시도는 있었다. 그러나 많은 자료의 수집에도 불구하고 전집이 되지 못하고 선집의 형태로 바뀌어 『가람문선』이 출간되었다.[1] 이후 가람 연구의 시조 편중 연구와 한계를 지적하는 논의들이 거듭되었고 자료 수집에 따른 연구의 한계가 인식되면서 전집의 필요성은 더욱 높아졌다. 2010년대에 들어서면서 전집에 대한 논의는 동시다발적으로 이루어졌고, 전집 발간의 필요성과 분위기도 더욱 높게 조성되었다.

그것은 가람의 고향인 익산시와 원광대학교를 중심으로 시작되었다. 2011 '가람 이병기 학술대회'에서 가람 전집 간행의 당위성과 방안이 제시되었고[2] 이듬해 학술대회에서는 가람학 정립의 초석으로, 가람 이병기 문학관의 핵심 콘텐츠이며, 익산 지역 문화콘텐츠를 위한 필수

1 이병기, 「『가람文選』이 나오기까지」, 『가람문선』, 신구문화사, 1966.

2 오하근, 「가람전집 발행을 제고함」, 『가람 이병기 탄생 120년 기념 학술대회 자료집』, 가람 이병기 학술대회추진위원회, 2011, 104면.

요건으로 전집 간행의 필요성을 공론화하였다.[3]

한편 서울대에서는 가람 이병기와 그의 시대를 새롭게 조명하는 논의에서 가람의 저작물을 총괄하는 개괄적 논의가 이루어졌다. 거의 전체를 두루 포괄한 자료 조사가 있었고,[4] 전체 저작물 목록 자료의 규모와 분류 외에도 서울대 도서관 가람문고 소장 도서 목록 및 『일사 · 가람문고 고서저자목록』과 대비해서 전체 저작물을 효과적으로 목록화하는 것이 중요하고 긴요한 작업임을 밝히기도 하였다.[5] 이후 이민희는 가람 전집을 위한 기초 연구로 가람 저작물에 대한 문헌자료를 조사하여 가람 저작물의 성격과 관심사를 큰 틀에서 개관하고 연대별로 정리한 목록을 발표하였다.[6]

이상의 학술 대회와 연구 발표에서 이루어진 논의는 가람 전집을 간행하는 동력이 되었다. 이러한 촉구와 성원에 힘입어 2014년 4월 전북대학교를 중심으로 『가람 이병기 전집』 간행위원회가 조직되어, 『가람 이병기 전집』 간행 사업을 진행하게 되었다.[7] 간행 사업은 전북대학교, 전라북도, 익산시, 전주시의 지원을 받았다.[8] 전집 발간과 더불어 익산

---

3 하정일 · 박태건, 「가람 전집 발간의 의의와 방안」, 『가람 李秉岐』(가람 이병기 학술대회 자료집, 주관: 익산시 '가람시조문학제 제전위원회', 주최: 원광대학교, 2012. 9. 7).

4 임미진, 「가람 이병기 서지 연구」, 『가람 이병기와 그의 시대』, 서울대 한국어문학연구소 주관 발표논문집, 2013. 12.

5 이민영, 「서지학자로서의 가람 이병기와 가람문고 연구」, 『가람 이병기와 그의 시대』(서울대 한국어문학연구소 주관 발표논문집, 2013. 12.)

6 이민희, 「동향 : 가람(嘉藍) 이병기(李秉岐) 저작물에 관한 기초 연구」, 『민족문학사연구』 제58권, 2015.

7 이 사업은 가람 이병기 전집 간행위원회(전북대 국문과, 위원장 김익두)를 중심으로 2014년부터 3년 넘게 진행되었다.

8 전북대학교는 가람이 9 · 28 수복 이후 낙향하여 전시연합대학 때부터 재직하여 초대 문리과 대학장을 역임하고 정년퇴임(1956. 8.)하기까지 강의를 하였던 곳이다. 전주시 한옥마을에는 전북대학교 시절 가람이 살았던 「양사재」가 있으며, 익산시에는 가람이 태어난 여산 생가가 있고, 이곳에 가람 이병기 문학관이 2017년 10월 건립된다. 결국 전집 간행을 위한 일련의 과정들이 가람의 고향과 지역사회와 그가 몸담았던 대

시의 가람 문학관 건립 사업도 같은 시기에 진행하여 완공된다.

전집 발간은 이론이나 목록화에 그치는 것이 아니라 막대한 시간과 경비와 인력을 필요로 하는 실질적인 작업이다. 이를 위해 전집 발간을 위한 구체적인 방안과 좀 더 실증적인 조사와 세밀한 고증과 분석이 요구된다. 이제까지 축적된 선행연구와 전집 자료의 목록을 바탕으로 가시적 성과물로 발간되기 위해서는 총력을 집중하였다.

앞선 학술대회와 발표회 등의 논의와 자료 정리, 목록화, 편집 체제 연구 등은 본 가람 전집 간행 작업과 연구에 직 · 간접적으로 도움을 주었고, 그 연구자들이 전집 간행위원으로 직접 참여하였음을 밝힌다.

4. 기존의 간행자료들

『가람문선』(이병기, 신구문화사, 1966.)은 신구문화사에서 전집으로 출간하고자 기획했던 것인데 출판사 사정이 여의치 않자 수집한 7천 매 원고를 절반 정도의 선집으로 축소하여 한 권으로 출판한 것이었다. 『가람문선』은 『가람시조집』(이병기, 문장사, 1939)의 시조 72편을 비롯하여 신문잡지에 발표된 것들을 합한 165편이 실렸으며, 일기 406편, 수필기행 15편, 시조론 6편, 고전연구 6편, 잡고 15편과 연보로 구성되어 있다. 전체 구성상 1/4(132/499)이 시조와 시조론으로 『가람문선』에서 가람의 문학과 학문의 비중은 시조 관련 분야가 매우 크다. 『가람문선』의 구성은 창작시조가 165/308편, 수필 및 기행문 15/80편, 문학 관련 각종 평론이 21/296편, 그중 시조론은 6/21이라면 시조에 편중된 선택의 비중을 짐작할 수 있을 것이다.[9]

학을 연고로 인연이 이어지고 있다.

9 당시 편집위원은 신동문, 최승범, 박재삼, 고은이 기초 편집을 하였고, 수집 원고의 편찬위원으로는 이희승, 정인승, 김상기, 백철, 신석정, 정병욱, 이태극, 강한영, 신동문, 최승범, 박재삼, 고은 등이 참여했다.

『가람문선』은 가람의 저술에 대한 최선의 종합이었고, 『가람시조집』, 『국문학전사』, 『국문학개론』, 『가람일기』와 함께 이 5권이 그동안 가장 손쉽게 접할 수 있는 대표적인 가람 연구 자료로 활용되었다. 그 중 『가람문선』과 『가람시조집』의 선택에 의한 타 자료의 배제는 가람 연구가 시조와 시조론 연구에 치우치는 경향을 가져오고 가람의 학문을 다양하게 탐구하는 연구를 제한적이게 한 주된 원인이 되었을 가능성이 크다.

이 자료를 바탕으로 가람 연구의 대부분이 시조나 시조론 연구에 치우쳐 있고 시조 연구도 『가람문선』의 시조만을 주로 연구하게 된 연유가 기초 자료의 부족에서 오는 심층적 연구의 한계 때문이었음을 추정할 수 있다. 그리하여 그의 학문의 전체 규모와 실체를 파악하지 못하고 단편적이거나 미시적 연구에 머물러 있었던 선행 연구가 자료의 선택과 배제에서 오는 영향이 컸다고 보는 것이다.

5. 가람 전집 수록 자료의 총량과 규모

1) 단행본 수록 자료 규모와 특성

가람 전집에 실릴 자료 단행본 저술 자료는 시조집 2권, 시조론 1권, 국문학사 1권, 국문학개론 1권, 주해서 8권, 번역 1권, 선집 5권, 교과서 11권, 서지목록 2권, 어린이 역사서 1권, 단어집 1권이 있다. 그리고 그의 미발표 육필 일기와 고어 육필 노트 이 총 36종이다. 이들을 단행본 저술 자료 목록을 항목별로 구분하면 다음 〈표 1〉과 같다.

〈표 1〉 가람 전집의 단행본 수록 자료

종류	순	저서명	발표연도	저자	출판사
시조집	1	가람시조집	1939	이병기	문장사
	2	현대시조삼인집	(1951)	이병기 조운 조남령	미발표
시조론	3	시조의 개설과 창작	1957	이병기	현대출판사
		시조와 창작론 제1권 (시조의 개설과 창작 중복)	1957	이병기	발행자불명 (등사판)
문학사	4	국문학전사	1957	이병기 백철 공저	신구문화사
문학개론	5	국문학개론	1961	이병기	일지사
		국문학개설 (국문학개론 중복)	1950	이병기	전북대학교 문리과대학 (등사판)
일기	6	가람일기(미발표본)		이병기	육필노트
교주 및 주해	7	인현왕후전	1946	이병기 주해	박문출판사
	8	한중록	1947	이병기 주해	백양당
	9	의유당일기	1948	김의유당 저 이병기 주	백양당
	10	요로원야화기 외 11편	1948	이병기 선해	을유문화사
	11	가루지기타령	1949	신재효 선 이병기 교주	국제문화관
	12	어우야담	1949	유몽인 저 이병기 교주	국제문화관
	13	계축일기	1956	이병기 주	단국대학교 국어문학 연구회
	14	한듕록	1961	이병기 김동욱 공주	민중서관

번역 및 선집	15	역대시조선	1940	이병기 교주	박문서관
	16	현대시조선총	1958	이병기 이태극 공편	새글사
	17	명시조감상	1958	이병기 신석정 공저	박영사
	18	지나명시선	1944	이병기 박종화 공역	한성도서 주식회사
	19	근조내간선	1948	이병기 편주	국제문화관
	20	조선역대여류문집	1950	이병기 이병도 공편	을유문화사
교과서	21	문학독본 상	1948	이병기	상문당
	22	중등국어 1	1949	이병기	금룡도서
	23	중등국어 2	1949	이병기	금룡도서
	24	중등국어 3	1949	이병기	금룡도서
	25	중등국어 4	1949	이병기	금룡도서
	26	중등국어 5	1949	이병기	금룡도서
	27	중등국어 6	1949	이병기	금룡도서
	28	표준옛글	1955	이병기 정인승 공저	신구문화사
	29	표준문예독본	1955	이병기 정인승 백철 공편	신구문화사
	30	표준 고등글본	1956	이병기 정인승 백철 공편	신구문화사
	31	표준국문학사	1956	이병기 백철 공저	신구문화사
서지	32	서목:가람이병기소장본	1963	이병기	발행자불명 (등사판)
	33	일사 · 가람문고고서저자목록 (가람문고만 발췌수록)	1966	서울대 부속도서관	등사판
역사	34	어린이역사 (동아일보 연재)	1946	이병기	정음사
단어집	35	국문단어의 종합적 정리	1949	이병기 감수	유문사
기타	36	고어집		이병기	육필노트

『가람시조집』(1939)은 가람이 최초로 출판한 시조집으로, 72편의 시조가 수록되어 있다. 가람이 펴낸 시조집은 『가람시조집』 1권뿐이었는데 최근 유실된[10] 줄 알았던 이병기, 조운, 조남령의 『현대시조삼인집現代時調三人時調集』이 최근 다행히도 발견되어 67년 만에 이를 전집에 수록하여 빛을 볼 수 있게 되었다.[11] 이 삼인시조집은 가람의 시조뿐만 아니라 월북한 조운과 조남령 연구의 자료로 시조문학사상으로도 큰 수확이다.[12]

『시조와 창작론』은 전북대학교에서 사용했던 교재로 1957년보다 훨씬 이전이며, 『시조의 개설과 창작』(현대출판사, 1957)에 중복 수록되어 있다. 『시조의 개설과 창작』은 가람의 시조론을 최종 종합한 시조론서이며, 『국문학전사』, 『국문학개론』도 가람의 국문학 저술로 가람의 국문학을 최종 종합한 주요 대표 저술이다. 『국문학개설』(등사판)은 전북대학교 문리과대학 교재로 사용한 자료이며 출판 연대는 1951년 이후로 보아야 한다.[13] 이 책은 뒷부분을 보충 완성하여 『국문학개론』

---

10 1951년 10월 15일 가람은 하루 종일 서적을 정리하면서 "조운, 남령, 가람 『삼인시조집』 원고가 없다."고 애타게 찾았으나 그 후 발견되지 않았다. 이 원고가 2015년 작고한 가람의 셋째 며느님 윤옥병 여사의 유품 속에 있던 것을 손주 이앙배 씨가 발견하여 2017년 빛을 보게 되었다.

11 이병기 저, 정병욱 최승범 편, 『가람일기』, 신구문화사, 1976, 651면.

12 발견된 『現代時調三人時調集』이라는 표제의 삼인시조집은 3인의 미발표 시조 원고로 인쇄에 넘기기 전 가람이 교정을 마친 원고이다. 가람 시조 36편, 조운 시조 29편, 조남령 시조 15편 총 80편이 실려 있다. 그 중 새롭게 발견된 미발표 시조는 가람 16편, 조운 7편, 조남령 9편이다. 이 시조집의 발견으로 세 시조시인들의 교분과 그들의 시조를 더욱 풍부하게 살필 수 있게 되었다. 특히 조운과 조남령의 월북 직전 미발표 작품이 전해지게 되어 더욱 의의가 크다.

13 이병기, 『가람일기』, 신구문화사, 1976, 634-639면.
"개설을 초하다(1950. 12. 28)", "『국문학개설』 원고를 쓰다. 전북 전시연합대학의 국문학개설학 개강."(1951. 5. 10.), "종일 집에서 『국문학개설』 초고를 정리.(1951. 6. 9.)" 등으로 볼 때 1951년 이후로 보아야 한다.

(일지사, 1961)으로 출판하였다.

『국문학전사』는 고전문학사와 국한문학사는 가람이, 신문학사는 백철이 공저하였다. 논의에 따라 가람 저술이 아닌 경우 전집에서 제외해야 한다는 의견도 있다. 그러나 가람은 『국문학전사』「자서」에서 저술 의도가 국문학의 '전사全史'에 있다고 밝혔다. 또한 역사적 흐름에 따라 사회적 의미를 고려하되 문예양식을 중심으로 문학사를 기술한다는 체계의 성격이 드러나 있으며, 이 책이 출간됨으로써 고전문학의 전통적 계승 속에서 근대문학과 현대문학이 창조되었다는 전통단절론의 편견을 극복한 의의와 평가를 받고 있다. 따라서 공저 전체를 조망할 수 있도록 전집에 수록하는 것이 타당하다.

『가람일기』(신구문화사, 1976)는 원래 일기를 축소[14]하여 펴냈으나 이번 전집에는 가람일기 48권(2권 유실)의 육필 노트를 유족의 협조로 확보하여 미발표 일기를 전집에 그대로 수록할 수 있게 되었다. 1909년부터 1966년까지 58년간 기록한 그의 일기는 행초서로 기록한 한문 일기 3권, 국문 일기 11권, 국한문 혼용 34권의 육필 노트 기록이다. 이 일기로 가람의 인생행로와 삶의 여정과 굴곡[15]을 온전하고 세세하게 살필 수 있다. 가람의 육필을 통해 국어 표기상의 변화를 살필 수 있고, 가람의 문학적 연구뿐만 아니라 근 현대 우리의 사회적 · 문화적 연구의 다양한 자료로 활용될 것이다.

가람이 펴낸 교주 및 주해서는 8권으로 그중 『한중록』, 『인현왕후전』, 『요로원야화기』는 『문장』에 소개하고 연재한 주해 작품을 그대로 단행본으로 출판했다. 또한 『의유당일기』, 『근조내간선』, 『계축일기』 등을 주해하여 편찬하고 『조선역대여류문집』[16]은 15편의 여류 문

14 앞의 책, 6면. 원래 200자 원고지 5천여 매의 분량인데 3천5백 매만 수록함.

15 방민호, 『해방 공간과 6.25전쟁 속의 가람 이병기』, 『서정시학』 25권 4집, 2015.

16 『조선역대여류문집』은 이민천 민병도 공저로 되어 있지만 실제로는 가람과 이병도 공저이다. 15편의 여류 문집의 필사본 자료와 해설이 들어 있다. 이 책은 전집에 필

인들의 필사본 작품과 해설을 실었다. 가람은 특히 여류문학과 내간체 등 한글로 쓴 우리글의 아름다움과 문체를 보여주는 고전 작품을 높이 평가하고 이 작품들을 주로 주해하였다. 이들은 고전 부흥과 대중화를 선도했던 가람의 의도와 성과를 잘 드러내는 저술이다.

또한 재미있는 이야기로 항상 화제가 풍부했던 가람은 고담 · 기담 · 소화 등 관심이 많아 이를 수집 기록하였는데[17] 이러한 특성을 잘 반영하는 책들이 『어우야담』, 『요로원야화기』이다. 한편 가람은 일찍부터 신오위장본 판소리 사설 자료를 필사하고 연구하였다. 그가 필사한 자료를 주해한 책이 『가루지기타령』(국제문화관, 1949. 5)이다.[18] 판소리를 '극가'라 하여 문학적으로 본격적인 연구를 시작한 이가 바로 가람이며, 그 의의가 크다.

가람이 공저 수록에 대한 논란[19]은 『국문학전사』 외에도 『지나명시선』(이병기 · 박종화 공역), 『한듕록』(이병기 · 김동욱 공주) 등이 있다. 『한듕록』은 앞서 출판한 『한중록』(백양당, 1947)과 중복되기도 하고 김동욱이 주도하에 편찬하여 전집에서 배제해야 한다는 의견도 있

사본은 제외하고 해설만 싣기로 한다.

17 최승범, 『스승가람이병기』, 범우사, 2001, 21-23면. 가람은 항상 풍부한 화제로 좌중을 웃게 하였으며, 강의 시간에도 동서고금의 해학적인 고담 기담 소화로 웃음을 곁들이는 화제의 독무대로 만들었고 심지어 조선어학회 사건으로 홍원 감옥에 수감되어 혹형을 당하는 상황에서도 재미있고 용기를 잃지 않는 화제로 동지의 고초를 위로해주었다 한다.

18 이경애, 「가람 이병기의 판소리 문학 연구」, 『판소리연구』 제40권, 2015. 10, 105면. 가람의 신오위장본 판소리 자료 수집은 오랜 기간에 걸친 집념의 작업이었으며 가람은 신재효의 판소리 여섯 마당의 자료를 일일이 필사하여 확보했다. 판소리 관련으로 「토별가와 신오위장」(『문장』 제2권 5호, 1940.) 「극가와 소설」(『전북대학교보』, 1955. 3. 24.)을 발표했고, 『국문학전사』와 『국문학개론』에 대표 서민문학으로 종합 정리하여 서술했으며 가람의 판소리 연구는 이후 후학들의 엄청난 연구를 이끌어냈다.

19 오하근, 앞의 책, 104면.

었다. 그러나 가람이 주도하지 않았다 하더라도 그 내용이 '가람본', '일사본', '나손본' 한중록 셋을 비교한 원문을 수록하였으며, 가람의 한중록 주해를 참고하였고, 그와 이름을 공저로 한 것은 영향력이나 의도가 있었을 것이다. 이러한 정황을 참작하여 비교 자료로 전집에 수록하는 것이 타당하다는 논의에 따라 수록하기로 하였다. 『명시조감상』, 『지나명시선』도 공저 부분에서 부분적으로 나눌 수 있으나 가람의 영향이나 저작물의 특성상 전체 규모를 파악하기에 원래 저작대로 수록하는 것이 바람직하다 하여 그대로 수록하였다.

일찍부터 시조를 연구한 가람은 역대 시조들을 선별하여 소개하고 훌륭한 고시조와 현대시조들을 선집으로 펴냈다. 그리고 이들을 바탕으로 3권의 시조선집을 편찬했다. 『역대시조선』(이병기 교주, 박문서관, 1940)은 고시조 307수를 엄선하여 이를 주석하여 편찬했다. 『명시조감상』(이병기 · 신석정 공저, 박영사, 1958)은 44편의 고시조는 가람이 주석하고 감상을 붙이고, 41편의 현대시조 부분은 신석정이 썼으며 고시조와 현대시조의 기준을 최남선의 시조로 하였다. 『현대시조선총』(이병기 · 이태극 공편, 새글사, 1958)은 1900년 이후에 등장한 명실상부한 현대시인 중에서 65명을 택하여 456편, 953수의 시조를 엮은 선집이다. 현대시조로는 처음 되는 앤솔러지로 시조를 살리고 싶고, 살려야 할 필요가 있고, 또 살릴 수 있다는 것은 가람의 시조 혁신에 대한 지론과 의지를 드러낸 저술이다.

가람은 평생 교육자로 살면서 평생 한글운동과 국어교육에 헌신하였다.[20] 광복 후 국어 교재 편찬과 국어교사 양성이 시급함을 강하게

20 한성사범을 졸업한 가람은 1913년부터 남양(南陽) · 전주 제2 · 여산(礪山) 등의 공립보통학교에서 교편을 시작하여 서울에서 1922년부터 동광 · 휘문고보에서 '습자'와 '조선어 급 한문' 과목을 가르쳤고, 일제 말 조선어가 폐지되자 휘문고에서 물러나고 이후 대학에서 국문학 강의를 함.

주장한 가람은 광복 직후 군정청 편수관을 지냈으며 중등용 국어교과서의 편수주임을 맡아 초·중등 국어교과서의 편찬에 관여하였다.[21] 가람이 편찬한 국어교재는 『중등국어 1~6』을 비롯하여 『문학독본』, 『표준 옛글』(2회 개편), 『표준 문예독본』, 『표준 고등글본』, 『표준 국문학사』 등 11권이 있다. 이들 교과서 자료의 내용은 가람의 문학론을 바탕으로 그의 문학 작품 감상 기준과 비평적 안목에 의하여 고전·현대 문학의 모범이 될 만한 작품들로 선정하여 펴냈으며 이후 교과서 작품 선정에 큰 영향을 주었다.

『조선어문학 명저 해제』(『문장』 2권 8호, 1940. 8)와 『한국명저해제』(『사조』 1권1호~1권7호, 1958. 6~12) 등 해제를 발표한 가람은 자신이 수집하여 소장한 고서를 기증하기 전 귀중본, 희귀본 등으로 분류하여 『서목』[22]을 작성하였다. 이후 가람은 생전 수집한 도서 4천2백여 권을 서울대에 기증하였다. 그중 고서는 따로 규장각 '가람문고'에 보관하고 있으며, 서울대 부속도서관에서는 그 목록으로 『일사·가람문고 고서저자목록』을 발행하였다. 가람이 수집하고 필사한 고서자료는 가람 연구[23]뿐만 아니라 타 연구자의 많은 자료로 이용되고 있어, 국학 연구의 귀중한 보물 창고이다. 따라서 이 자료는 가람 소장 목록을 효과적으로 볼 수 있는 자료로 전집 수록의 의미가 있다.

고어古語의 한자 훈과 풀이를 육필로 쓴 노트를 『고어집』이라 하였다. 이는 가람이 노트에 펜으로 필사한 것으로 분류두공부시언해, 석보상절, 월인천강지곡, 능엄경언해, 법어, 불경언해, 선종영가집, 용비

---

21 정영훈, 「해방기 국어교과서 편찬과 가람 이병기」, 『가람 이병기』(가람 이병기 학술대회 자료집, 주관 : 익산시 '가람시조문학제 제전위원회', 주최: 원광대학교, 2014. 9. 19.) 95-99면.

22 가람이 평생 수집하여 소장한 고서의 목록을 귀중본, 희귀본 등으로 분류하여 적은 등사판 자료이다.

23 이민희, 「가람 이병기와 서지학」, 『애산학보』 40, 2014, 218면.

어천가, 어록, 이문집람, 궁중용어, 불설아미타경, 몽산화상법어약록, 백련초해, 가곡선, 반야심경소현정기, 오위장초, 두시언해, 내훈 등에서 뽑은 한자 훈과 고어 풀이를 빽빽하게 적은 노트이다. 이는 불규칙하고 정리를 할 수 없이 쓴 메모 형식의 노트여서 원본 사진으로 수록한다.

한편, 이번에 수록하게 된 『국문 단어의 문법적 정리』는 이 고어집과 깊은 연관성을 갖는 책으로 그동안 주목을 받지 못했으나 가람의 국어학 연구에 중요한 의미를 갖는 책이다. 이 책은 그 서문에서 전문대학 및 각종 국가시험 수험자의 참고서용으로 출간한다고 밝혔다. 국문 학습의 기본적인 중요 어구를 정리하여서, 시험문제에 포함될 어휘의 범위를 대략 한정하고 이것을 표준삼아 철저한 국문 단어의 지식을 체계적으로 이해하도록 편술하였다고 하였다. 그러나 이 책은 수험용이라기보다는 가람의 고어집을 비롯한 어휘를 총정리한 것으로 보아야 한다. 수록된 단어는 근 일천어이며, 수록된 인용문은 근 삼천이며, 그것을 또한 현대어로 해석하였으니 이것만으로도 국문해석의 요령을 체득할 수 있도록 하였다는 점에서 가람의 고어의 단어 정리를 보여주고 있으며, 고어집과 비교 연구할 필요가 있다.

가람 전집에 수록할 저술은 1차 원본을 수집하고 이를 수록하는 것을 원칙으로 한다. 따라서 『가람문선』은 해체하여 필요한 부분만 수록하고 『가람日記』(신구문화사, 1976)는 미발표본 가람일기를 새로 수록한다. 『어린이 역사』는 『동아일보』의 것으로 수록하고, 『조선역대여류문집』은 해설 부분만 수록하며, 『일사 · 가람문고 고서저자목록』은 가람문고 부분만 발췌하여 수록한다.

2) 신문 · 잡지 · 학술지 수록 자료의 총량과 특성

가람의 독서와 글쓰기는 일상 습관이었다. 가람은 3 · 1운동 이후 『동아일보』를 비롯한 신문과 잡지가 출간된 것을 매우 반겼으며, 이들 신문 잡지에 의한 저널리즘의 영향력을 일찍부터 감지하고 있었다.[24] 따라서 그는 쉬운 한글로 독자들에게 많은 것을 알릴 수 있다는 계몽주의적 입장에서 의도적으로 접근하고 대중화를 목적으로 신문과 잡지에 많은 원고를 게재하였음을 짐작할 수 있다.

신문과 잡지 및 학술지에 발표된 가람 저술은 현재까지 조사된 바로는 89종의 잡지와 학술지에 320편(371회), 29종의 신문에 334편(409회) 총 118종 지면에 654편(779회)을 게재하였다. 한편 『가람문선』에 수록한 아직 출전을 밝히지 못한 시조가 62편이다. 이것을 합하면 신문 잡지 전체 양은 716편(842회)이다.[25]

편수와 횟수를 구분하는 것은 한 회에 여러 수의 시조나 작품을 발표하는 경우도 있으며, 연재물의 경우 여러 회에 걸쳐 발표되었기 때문이다. 예를 들면 동아일보 1925년 7월 19일 발표한 「봉천행(구장)」(청천강/압록강/또/압록강건너서/봉황성/심양)은 작품 수는 6편이다.[26] 단행본 저술과 비교하여 보면 신문 잡지 1편의 양은 적다고 하지만 『문장』에 연재한 『한중록』(12회, 1939. 1~1940. 1) 『인현왕후전』(6회, 1940. 2~1940. 7)을 『동아일보』에 연재(83회)한 것을 『어린이 역사』(정음사, 1946)로 펴낸 것이다.

이러한 경우 이들을 발표 횟수에 따라 한 편으로 볼 것인가? 아니면

---

24 이병기, 앞의 책, 108-109면.

25 이렇게 본다면 가람 저술에 대한 총량은 다소 유동적일 수 있다.

26 이민희, 「동향 : 가람(嘉藍) 이병기(李秉岐) 저작물에 관한 기초연구」, 『민족문학사연구』 58권, 2015, 405면 참조.

제목으로 한 편으로 볼 것인가? 시조의 경우는 한 회에 여러 편을 발표한 경우 작품 제목에 따라 한 편으로 볼 수도 있다. 또한 신문 잡지에 발표한 글은 같은 글을 중복하여 발표한 것도 있으며 일부분만을 따로 중복하여 발표하기도 하였다. 따라서 지금까지 조사한 가람의 자료 수의 총량을 정확하게 확정지어 말하기는 어려우며, 또한 가람의 자료는 계속 발견되고 있어 언제까지 완벽하게 조사될 수 있을지 모른다. 다만 그 총량의 정도는 가늠할 수 있을 따름이다.

이들 신문・잡지・학술지 자료의 수는 다음 〈표 2〉와 같다.

〈표 2〉 가람 전집의 신문・잡지・학술지 자료(가나다순)

순	잡지명	편수/횟수	순	잡지명	편수/횟수	순	신문명	편수/횟수
1	가정지우	1/1	46	신세기	2/2	1	가정신문	1/1
2	가톨릭청년	6/11	47	신소설	1/1	2	경향신문	1/2
3	개벽	1/1	48	신시대	1/1	3	국도신문	2/2
4	공제	1/1	49	신인문학	1/1	4	국학대학보	1/1
5	국어국문	2/3	50	신조	2/2	5	대학신문	1/1
6	국어국문학	1/1	51	신천지	3/3	6	독립신보	1/1
7	국어문학	6/6	52	야담	5/5	7	동광신문	1/1
8	금융조합	1/1	53	여성	3/8	8	동아일보	180/231
9	농민생활	1/1	54	예술원보	1/1	9	매일신보	1/1
10	농업조선	2/15	55	원광문화	1/1	10	민중일보	2/2
11	대동아	1/1	56	일석회갑논문집	1/1	11	삼남일보	9/10
12	대조	1/1	57	자유문학	4/4	12	서울신문	5/5
13	대중공론	2/4	58	제일선	1/1	13	시대일보	15/12
14	동광	3/3	59	조광	7/7	14	신민일보	1/1
15	동방평론	1/1	60	조선강단	1/2	15	예술신문	1/1
16	동방학지	1/2	61	조선교육	1/1	16	자유신문	3/3
17	문예	2/2	62	조선문단	10/10	17	전북대학교보	24/24

18	문예공론	1/1	63	조선시단	2/1	18	전북일보	6/7
19	문장	26/41	64	조선어	1/1	19	제3특보	1/1
20	문학	1/1	65	중앙	7/7	20	조선사상통신	2/2
21	문학사상	4/1	66	중학생	1/1	21	조선일보	63/78
22	문화	1/1	67	지리산	1/1	22	조선중앙일보	4/4
23	민성	3/3	68	한국시인전집	2/4	23	조선통신	2/10
24	박문	3/3	69	진단학보	2/4	24	중앙일보	1/1
25	반도사화와 낙토만주	7/7	70	청년	7/7	25	중외일보	2/2
26	백민	1/1	71	춘추	6/6	26	태백신문	1/1
27	별건곤	14/14	72	풍문	1/1	27	태양신문	1/2
28	불교	5/5	73	평론	1/1	28	학도주보	1/1
29	사상계	1/1	74	학등	5/5	29	한국일보	1/1
30	사조	1/7	75	학생	1/13		신문 소계	334/ 409
31	삼천리	15/20	76	학호	1/1			
32	삼천리문학	2/2	77	한글(동인지)	6/6			
33	새교육	2/2	78	한글	10/10			
34	새벽	4/2	79	한얼	1/1			
35	새시대문학	1/1	80	해방기념시집	1/1			
36	소년조선	1/1	81	향토서울	1/1			
37	시조	1/1	82	혁명	1/1			
38	시조문학	1/1	83	현대	1/1			
39	시조연구	3/1	84	현대문학	15/15			
40	시학	1/2	85	현대평론	2/2			
41	신가정	8/8	86	협동	1/1			
42	신동아	7/10	87	혜성	1/1			
43	신문화	1/1	88	호남절의사	1/1			
44	신민	17/17	89	휘문	8/8			
45	신생	24/26		잡지 소계	320/ 371		총계	654/ 780

「시조란 무엇인고」(『동아일보』, 1926. 11. 24~12. 13)는 18회에 걸쳐 연재하였고, 『농업조선』에 연재(14회 1939. 8~1940. 2)한 「습수록」도 분량으로 보면 단행본 못지않게 많다. 『동아일보』에 게재한 원고는 185건으로 가람이 많은 기고를 한 신문이다. 『조선일보』는 61건, 『전북대학교보』도 28편에 이른다. 기간으로나 분량이 가장 긴 연재물은 『동아일보』에 실린 역사인물 전기인 『어린이역사』(83편)이다.

신문이나 잡지는 시기별 또는 신문 잡지의 성격에 따라 차이가 있다. 가람의 국어 문법 연구 자료는 『조선강단』과 『가톨릭 청년』, 『대중공론』에서 볼 수 있고, 조선어학회 활동과 연구는 한글지를 통해 볼 수 있으며, 『문장』을 통해 고전 부흥과 대중화, 현대시조의 대중화와 시조작가의 배출 등을 볼 수 있다. 이와 같이 시기별로 변화를 보이며 신문잡지에 발표된 가람의 글은 그 특성을 달리한다.

『별건곤別乾坤』은 취미와 실익을 위주로 한 대중잡지로 새로 지식층 청년을 대상으로 한 잡지에 당대의 유명 문인들의 시 · 소설 · 수필 등을 게재하여 문예지로서의 일면을 보인다. 가람은 여기에 「탈[假面]」, 「봄의 마을ㅅ집」, 「새벽길」, 「말, 소」, 「고물古物」, 「매화梅花」, 「수선화水仙花」, 평론 「세종대왕의 훈민정음반포」, 「정초의 행사와 관습」, 소설 「연재 장편강담, 연산주」를 실었다. 또한 『가톨릭 청년』은 신앙과 문화를 담은 잡지로 가람은 문법 「조선어강화」, 시조 「홍도紅桃」, 셍케비치의 단편 「어둠에 반짝이는 빛」 번역을 실었다.

가람은 시조부흥운동을 전개하였고 고시조 작품과 시조연구를 통해 시조 이론을 명쾌하고 가장 활발하게 전개하였으며, 시조 혁신을 주장하고 현대시조의 발전을 이루어냈다. 『동아일보』, 『조선일보』, 『학생』, 『삼천리』 등 다양한 잡지와 신문에 연재를 통해 발표한 시조론은 어느 누구보다도 가장 혁신적이며 깊이 있는 연구를 발표했다.

그는 신문 · 잡지 시조론 27편과 단행본 저술 2권을 발표했다. 1920년대 시조론 주요 발표지는 『동아일보』, 『조선일보』, 『신생』, 『신민』, 『학생』 이며, 1930~1940년대 주요 발표지는 『동아일보』, 『조선일보』, 『삼천리』, 『진단학보』 등이다. 가람의 시조나 시조론에 대한 연구는 많다. 그러나 아직 전체 규모를 대상으로 한 연구는 거의 없어 미흡한 편이다.

20년대 30년대 활발한 시조론 발표에 비해 50년 이후 시조론은 중복되는 내용이 많은 것으로 보아 이전 것의 반복과 종합임을 살필 수 있다. 「시조와 창작론」과 「시조창작론」은 「시조의 개설과 창작」에 중복되어 있으며 「시의 창작에 대한 작가로서의 교양」과 「시조창작론」도 서로 중복되는 글이며 최종 종합하여 편찬한 것이 『시조의 개설과 창작』 이다. 이와 같은 종합과 정리는 자료를 통해 가람 시조론의 총량과 규모를 헤아릴 수 있으며 시조론의 특징과 변화의 추이를 살펴볼 수 있어 그 의의를 지닌다.

또한 진단학회 회원이었던 가람은 『진단학보』 에 「송강가사의 연구」를 발표했으며, 학술지 『동방학지』 에 게재한 「한국서지의 연구」는 서지학 연구의 선구자의 저서로 중요한 의의가 있다[27].

가람은 순수 문예지가 아닌 『신가정』, 『농업조선』, 『금융조합』, 『협동』, 『여성』 등 일반 기관이나 대중 잡지 독자들을 대상으로 하는 성격에 맞는 글도 썼다. 그의 시조, 기행문, 평론들은 발표지의 성격과도 큰 연관성을 지닌다.

---

27 이와 관련된 서지 자료로 『서목』(이병기, 발행자불명, 1963), 「조선어문학명저해제」(『문장』 2권 8호, 1940. 8)와 「한국명저해제」(『사조』 1권1호-1권7호, 1958. 6-12) 등과 깊은 연관을 지닌다.

3) 교가 및 행사가

가람은 시조도 많이 발표했지만, 또한 중고등학교와 대학교에 교가 작사도 많은 분으로 유명하다. 우리나라 중고등학교들이 1920년에서 50년대에 개교된 학교들이 많다. 오랜 역사를 지닌 학교의 교가는 시대가 변하고 세월이 흘러도 졸업생과 동창들에게 잊혀지지 않는 결속력을 갖게 해준다. 그런 만큼 교가 작곡가와 작사가를 신중하게 선택하는 학교가 많은데 작사가로서 가람은 인기가 많았다. 가람의 일기에는 작사요청을 받아 사례를 받았다는 기록이 많기도 하다. 가람에게 이렇게 많은 교가를 지어달라고 요청한 이유는 그 시기의 시조시인으로 유명하기도 했거니와 그의 인품이 높았기 때문으로 보인다. 가람은 초등학교 교가 5편, 중고등학교 교가 28편, 대학교 교가 5편 외에 기념가나 행사가 9편 등 47편을 작사하였다.

교가의 가사는 대개의 경우 훌륭한 풍수 경관이나 기상이나 자랑거리를 붙인다. 그런데 가람은 자신의 고향 여산초등학교의 교가에는 "이렇다 할만한 자랑이 없다"는 가사를 붙여 특이하다. 이는 겸손하고 진솔하며 과장이 없는 그의 성품을 보여주는 것이기도 하다. 지금까지 조사한 가람 이병기 작사 교가 목록은 다음 〈표 3〉과 같다.

〈표 3〉 가람 이병기 작사 교가와 행사가

순	구분	학교명	편수
1	초등학교	여산초등학교, 군산중앙초등학교, 동광학교 교가와 운동가, 김제 중앙초	5
2	중학교	부산 경남중, 이리동중, 정읍중, 호남중, 김제 금산중, 삼례중, 부안 삼기중, 인천 박문여중, 경복중, 서울중학체육가, 진천 공립농업중학교, 군산 남중학교, 충남 아산중학교	13

3	고등학교	이리고, 이리공고, 정읍고, 정읍여고, 호남고, 김제 금산고, 삼례공고, 서울 경복고, 서울 경기고, 풍문여자고, 평화의 학원, 경기공업학교, 부산상고, 천안제일고, 충남 아산고등학교	15
4	대학교	전북대, 서울대, 국민대, 대구사범대(경북사범대), 수원농대	5
5	기타	독립청년단가, 호영강습원 노래, 학생의노래, 유관순처녀기념가, 부산 천일고무공업사 공장가, 해방기념가, 마라손환영가, 졸업가, 식목가	9

6. 가람 전집의 장르 구분

이 전집에 포함될 자료들은 가람 이병기 선생이 직접 관여하여 이루어진 문학작품 및 문학작품집, 연구서 및 각종 연구물, 편찬 자료 등을 모두 포함시켰다. 이 전집의 최상위 구분-분류는 창작물과 연구물로 구분하였다. 창작물은 다시 시 ·시조 ·소설 ·수필 ·전기·번역·일기 등 6개 분야로 나누어 정리하였다.

연구물은 다시 국문학(고전문학, 현대문학), 국어학, 구비문학-민속학, 교육학, 역사학, 문헌-서지학 등 6개 분야로 나누어 정리하였다. 창작물 및 연구물의 각 하위 영역들에서는, 먼저 해당 하위분야의 단행본/저술을 배치하고, 그 뒤에 낱개로 발표된 창작물 혹은 연구물들을 배치하였다. 그에 따라 이들은 아래 표에 보는 바와 같이 각 해당 분야별로 구분하였고, 하위구분 내에서의 글의 배치 순서는 소제목별 연도 순으로 하였다.

가람이 쓴 기행문 47편과 수필 69편을 따로 분류하였다. 가장 많은 것은 역시 시조 354편이며 평론이 172편이다. 평론은 국어학 평론, 국문학 평론, 시론, 독서 평론, 시조 평론, 역사 평론, 인물 평론, 세태 평론 등 다양하게 구분할 수 있다. 번역 19편(번역소설 1편, 한시번역 18편), 소설 1편, 심사평 13편, 전기 1편, 역사 이야기 94편, 서평 7편, 주해 19편, 일본어 저술 3편, 기타 잡문 등이 있다. 가람의 시조는 가람시조집에 72편, 현대시조삼인집 36편, 그 외에 중복되지 않은 잡지와 신문의 시조는 228편이며 출전이 밝혀지지 않은 시조는 『가람문선』의 62편 시조를 그대로 수록한다.

따라서 단행본 저술 이외의 논문집 · 신문 · 잡지 등에 실린 자료를 정리하면 다음 〈표 4〉와 같다.

〈표 4〉 가람 전집의 신문잡지 자료의 장르별 편수(단행본 제외)

<table>
<tr><th>부문</th><th>순</th><th colspan="2">장르</th><th>편수</th></tr>
<tr><td rowspan="6">창작</td><td>1</td><td colspan="2">시 · 신시 · 속요 · 시조</td><td>354</td></tr>
<tr><td>2</td><td colspan="2">번역(한시)</td><td>18</td></tr>
<tr><td>3</td><td colspan="2">번역(소설)</td><td>1</td></tr>
<tr><td>4</td><td colspan="2">수필</td><td>76</td></tr>
<tr><td>5</td><td colspan="2">기행</td><td>47</td></tr>
<tr><td>6</td><td colspan="2">일기</td><td>8</td></tr>
<tr><td rowspan="19">학술
저술</td><td>1</td><td>국어학 분야</td><td>논문 · 평론</td><td>56</td></tr>
<tr><td rowspan="7">2</td><td rowspan="7">국문학
(고전문학 · 현대문학)</td><td>주해</td><td>19</td></tr>
<tr><td>시조선</td><td>1</td></tr>
<tr><td>논문 · 평론</td><td>143</td></tr>
<tr><td>서평</td><td>7</td></tr>
<tr><td>심사평</td><td>24</td></tr>
<tr><td>기타</td><td>7</td></tr>
<tr><td>주해</td><td>1</td></tr>
<tr><td rowspan="2">3</td><td rowspan="2">구비문학-민속학
분야</td><td>주해</td><td>1</td></tr>
<tr><td>논문 · 평론</td><td>12</td></tr>
<tr><td rowspan="3">4</td><td rowspan="3">교육학 분야</td><td>평론</td><td>3</td></tr>
<tr><td>편지 작법</td><td>6</td></tr>
<tr><td>교가 · 행사가</td><td>43</td></tr>
<tr><td rowspan="2">5</td><td rowspan="2">역사학 분야</td><td>역사이야기</td><td>20</td></tr>
<tr><td>평론</td><td>20</td></tr>
<tr><td rowspan="2">6</td><td rowspan="2">문헌-서지학 분야</td><td>해제 · 논문 · 평론</td><td>12</td></tr>
<tr><td>기타</td><td>5</td></tr>
</table>

특히 가람의 수필과 평론의 경계 구분은 대단히 모호하여 이론의 여지가 매우 많다. 또한 고전문학, 현대문학, 시조론, 독서, 역사, 세태, 한글 관련 평론 등 다양한 내용들의 평론이 국어문학이나 진단학보, 동방평론 등의 학술적 논문에서부터 어린이를 위한 국어공부와 같이 가벼운 평론이나 잡문까지 매우 복잡한 양상을 보여준다. 본 전집에서는 이를 창작에서는 수필로 구분하고 학술 연구 분야에서는 편의상 각 학문의 특성과 부합되는 관련된 6개의 분야별로 정리하였다.

이를테면 진단학회 회원으로 활동한 가람은 문학과 긴밀한 관련을 지닌 역사 연구에 심취하였으며 역사 이야기는 가람 저술의 많은 소재가 되었다. 『동아일보』와 『조선일보』에 어린이를 대상으로 연재한 「어린이역사」(82편)와 「사상의 여걸찬」(10편)이 있으며 그 외에 「삼국시대의 무협전」, 「신라사의 정화 화랑도」, 「임진왜란을 취재한 국문학」, 「임진왜란과 의병의 궐기와 그 전국추이의 대개」, 「세종대왕과 한글」, 「세종대왕의 독서와 창작」, 「사상에 나타난 마공의 충용담」, 「을미년의 사적고찰」, 「경복궁중건과 민원」, 「난세에 이 성웅」, 「박연암선생」, 「안중근선생전」 등은 역사와 전기, 국문학이 함께 쓰여진 내용이다.

이들 잡지나 신문 자료의 장르 구분은 편의상 구분한 것이고 실제로 단행본 자료와 전집의 수록 순서나 배치와 이들을 혼합하여 이루어질 것이다.

7. 가람의 창작–학문적 업적과 의의

전집 자료의 총량을 보면 가람 학문의 특징을 '잡학성'[28]이라 한 표현

28 박성의, 「국문학의 시대별 연구사」, 『한국문학연구사』, 예그린출판사, 1978, 29면.

이 역설적이지만 다방면에 방대한 양의 특성을 집약적으로 드러낸다고 볼 수 있다. "가람의 학문은 이념만이 아니라 재야와 제도의 벽도 허무는[29] 통섭의 학문이며, 가람은 우리 시대 최고의 실천적 교양인"[30]이라고 하는 표현은 가람을 일방적으로 우상화하는 표현은 아니다.

가람의 학문을 종합하여 총체적으로 일러 이를 '가람학'[31]이라 명명하고, 그 학문적 성과를 바탕으로 그의 학문 세계를 본격적으로 논의할 때이다. 가람의 다양한 면모를 제대로 규명하려면 분야별 전문가들의 협업이 필수적이며, '가람학'이라는 줄기가 공유되고 분야별 연구가 그 줄기로부터 뻗어나온 가지들로 구성될 때 가람에 대한 종합적 연구가 가능할 것이다. 가람학의 범주는 서지학과 주석학을 아우르는 문헌학에 대한 이해가 선결되어야 할 것이며, 고전문학, 현대문학, 문헌-서지학, 국어학, 교육학, 역사학, 구비문학-민속학, 기타 창작 등의 분야로 크게 구분할 수 있을 것이다. 문화유산의 보존과 정리는 전통의 창조적 계승을 위해서 꼭 필요하다. 융합과 통섭의 정신이 주목되는 지금 가람학에 주목하는 이유는 가람학의 정립이 한국학 연구의 새 지평을 여는 연구이기 때문이다. 따라서 '가람학'의 정립은 가람의 학문 연구에 박차를 가하고 나아가 한국학의 재정립과 발전의 가능성을 한층 고양시킬 수 있는 활동이 될 것이다. 가람 전집은 이를 위한 기초 자료일 뿐이며, 이상의 자료를 정리하면서 가람학 정립의 방향을 가늠할 수 있다. 현대 한국학 지형도상에서의 가람학은 다음과 같이 다양한 분야에서 그 의의와 방향을 찾을 수 있다.

---

29 최원식, 「고전비평의 탄생-가람 이병기의 문학사적·지성사적 위치」, 『민족문학사연구』 49, 민족문학사학회, 2012, 74-76면.

30 최경봉, 『우리말의 탄생』, 책과 함께, 2005, 155-156면.

31 하정일 · 박태건, 앞의 책, 19면.

1) 국어학 분야

가람의 국어학은 학문적 활동과 실천적 활동 두 가지로 나누어 정리할 수 있다. 하나는 주시경의 영향 아래 이루어진 '조선어학회' 활동을 중심으로 전개된 일련의 과정과 그 결과물들이다. 다른 하나는, 가람의 어문 창작을 통한 어문학적 실천 활동이다. 이는 48권의 『가람일기』와 한글, 「조선어문법강화」, 「조선어강화」 등을 통해서 볼 수 있다. 『고어집』과 『국문단어의 종합적 정리』에서 가람의 국어사전 편찬의 의지와 그의 문법에 대한 견해를 살필 수 있다. 가람의 국어학 연구의 중요 자료가 될 것이다.

2) 국문학 분야

가람은 구태여 국어국문학의 구분을 크게 독립적으로 나누고자 하지 않았다. 그의 국어연구와 한글운동은 조선문학을 건설하기 위한 조선어연구로서의 의의를 지니며 그의 시조론은 고시조 연구를 통해서 현대시조의 혁신을 꾀한 점에서 고전과 현대문학의 분리보다는 융합의 원리를 추구했다. 그리하여 문헌-서지학 분야나 구비문학-민속학, 교육학, 역사학의 분야도 그 내용이 서로 긴밀하게 연결되어 있다. 그런 점에서 고전문학과 현대문학의 경계를 허무는 21세기형 통섭의 학문과 부합되는 매우 선구적인 역할을 하였다. 그의 국문학은 창작을 포함한 모든 연구가 다 포함될 수 있다. 따라서 고전문학과 현대문학의 구분이 대단히 모호하다. 여기서 국문학 분야는 고전문학과 현대문학을 묶어 함께 다루고 필요한 구분만을 하기로 한다.

(1) 고전문학

고전문학 연구는 관련 고문헌들의 수집과 이에 관한 주해 교주 작업과 고전문학과 관련한 본격적인 연구 작업 두 분야로 구분할 수 있다. 한중록, 인현왕후전, 요로원야화기, 의유당일기, 근조내간선, 계축일기, 어우야담 등의 고전의 주해와 시조선, 각종 국문학 관련 논문과 저술은 가람 학문의 가장 많은 분량을 차지하고 있다. 이들은 가람의 한문 실력과 고서 수집과 엄청난 독서에 의해 이루어졌다. 시조의 개설과 창작, 국문학전사, 국문학개론으로 종합되었다. 국문학자로서 가람의 학문 연구와 창의력은 매우 중요하다.

(2) 현대문학

현대문학 분야의 공적은 첫째, 가람의 문학 창작 활동이다. 이 분야는 시조창작을 중심으로, 수필 · 기행 · 일기 등으로 폭넓게 이루어졌다.

둘째, 고전문학의 현대적 계승을 위한 이론적 근거 마련을 위한 학문적 활동이다. 예를 들면 가람의 시조연구는 고시조의 현대화에 그 의의를 둔다. 시조란 무엇인고를 비롯하여 계속된 시조연구는 현대시조의 계승과 발전을 위한 노력이었다. 시조 연구를 통한 학문적 활동 이외에 많은 창작 시조를 발표하고, 시조 고선을 통한 추천제를 실시하여 심사 후 심사평을 지속적으로 발표한 것은 현대문학에서 시조의 활성화와 발전을 위해 이룬 큰 공적이었다.

셋째는 고전문학 혹은 전통문화의 정신-사상을 새로운 현대적 관점에서 창조적으로 계승하고자 한 노력이다.

넷째는 그가 몸소 실천적으로 실행해 나아간 시조, 수필, 기행 등 현대문학 작품 창작 활동 등을 들 수 있다. 이러한 가람의 정신을 계속 이어 가야 할 것이다.

3) 구비문학—민속학 분야

가람은 구비문학 · 민속학 분야에 탁월한 업적을 남겼다. 이는 민요 연구와 판소리 연구에서는 동리 신재효의 판소리 관련 자료들의 발굴 정리 및 해제 작업으로 전개되었다. 또한 민속학, 설화 등에도 관심을 보였다. 특히 이들 구비문학과 민속학의 분야는 민요 · 판소리 등에 나타나는 '서민정신'을 긍정적으로 재조명하였다. 가람은 이들을 통해서 한글문학과 여성문학의 우수성을 재평가하면서 우리 국어와 문학의 우수성을 강조하였다.

4) 교육학 분야

평생 국어 교육자였으며 해방 후 문교부 편수관 직을 맡아, 해방 후의 우리 중등교육 국어 교과서들을 직접 맡아 편수 집필하여, 이후 우리 국어교육의 기본 방향을 마련하였다. 또한 '국주한종國主漢從'의 기본 방향을 아주 분명하게 확립한 중요한 그의 업적은 오늘날까지 지속되어온다. 이러한 가람의 연구와 업적은 중요한 자료이다.

5) 역사학 분야

진단학회의 창시자이며 회원으로서 역사에도 관심이 많았던 가람은 일제 말 자유롭지 못했던 상황을 신문과 잡지의 역사물로 대변했다. 그리하여 우리 역사의 긍정적인 측면들을 일반교양인 및 학생들에게 제대로 인식시키고자 하는 노력, 곧 한국사 인물 평전들을 기회 있을 때마다 기술하여, 이를 발표 선양하였다.

6) 문헌-서지학 분야

가람은 평생 문헌을 수집하였다. 그는 문헌서지학 분야의 연구에 조예가 깊은 서지학자였으며, 그의 학문은 문헌-서지학을 기초로 하고 있다. 그는 국어학·국문학·민속학·국악학·역사학 분야의 주요 문헌자료들을 폭넓고 다양하게 수집하였으며 이러한 한국학 관련 고문헌들을 정리하고 해제하는 거대한 문헌 해제 작업을 직접 수행하였다. 이들을 바탕으로 깊고 폭넓은 국학 연구가 이루어졌던 것이다. 그가 수집한 도서의 목록은 서목으로 정리하였으며, 서울대 중앙도서관에 기증한 도서목록은 『일사·가람문고 고서목록』으로 정리되었으며, 그가 수집한 한국학 관련 주요 문헌들은 '가람문고'로 보관되어 있다. 이들은 모두 가람 연구의 주요 자료가 될 것이다.

가람시조집

嘉藍時調集

일러두기

1. 이 책은 李秉岐 著, 『嘉藍時調集』(文章社, 1939. 8. 15)을 원본으로 수록한 것이다.
2. 『가람시조집』은 원래 세로쓰기였으나 이를 가로쓰기로 편집하였다.
3. 본문의 한자어는 '한글漢字'식으로 표기하였다.
4. 본문에는 원래 마침표가 없으나 오늘날의 문법대로 마침표를 붙였다.
5. 띄어쓰기는 오늘날의 문법대로 하였다.

목차

一

二

三

四

五

一

계곡溪谷

맑은 시내 따러 그늘 짙은 소나무 숲
높은 가지들은 비껴드는 볕을 받어
가는 닢 은바늘처럼 어지러이 반작인다.

청靑기아 두어 장을 법당法堂에 이어 두고
앞뒤 비인 뜰엔 새도 날어 아니 오고
홈으로 나리는 물이 저나 저를 울린다.

헝기고 또 헝기어 알알이 닦인 모래
고운 옥玉과 같이 갈리고 갈린 바위
그려도 더러일가바 물이 씻어 흐른다.

폭포瀑布 소리 듣다 귀를 막어도 보다
돌을 베개 삼어 모래에 누어도 보고
한 손에 해를 가리고 푸른 허공虛空 바라본다.

바위 바위 우로 바위를 업고 안고
또는 넓다 좁다 이리저리 도는 골을
시름도 피로疲勞도 모르고 물을 밟어 오른다.

얼마나 험하다 하리 오르면 오르는 이 길
물 소리 끊어지고 흰 구름 일어나고
우럴어 보이든 봉오리 발아래로 놓인다.

대성암 大聖庵

경기도京畿道 양주군楊州郡 구리면九里面 아천리峨川里, 또는 광나루(廣津) 옆에 있는 아차산峨嵯山의 한 고찰古刹. 아차산峨嵯山은 백제百濟 고도古都의 한 요충要衝이었는데, 무슨 성지城址가 남어 있다.

고개 고개 넘어 호젓은 하다마는
풀섶 바위서리 밝안 딸기 패랑이꽃
가다가 닥어도 보며 휘휘한줄 모르겠다.

묵은 기아쪽이 발끝에 부드치고
성城을 고인 돌은 검은 버섯 돋아 나고
성그시 벌어진 틈엔 다람쥐나 넘나든다.

그리운 옛날 자최 물어도 알 이 없고
벍언 뫼 검은 바위 파란 물 하얀 모래
맑고도 고운 그 모양 눈에 모여 어린다 .

깊은 바위 굴에 솟아나는 맑은 샘을
우로 뚤린 구멍 나려오든 공양미供養米를
이제도 의상義湘을 더불어 신라시절新羅時節 말한다.

별이 쨍쨍하고 하늘도 맑왛더니
설레는 바람 끝에 구롬은 서들대고
검읏한 먼 산 머리에 비가 몰아 들온다.

도봉道峯

비로 젖은 옷을 바람에 말리도다.
한 고개 넘어 드니 숲 속에 절이 비고
그 앞에 바위 엉서리 물은 불어 흐른다.

돌고 도는 빙에 덤불과 바위서리
푸른 닢 욱어지고 히고 붉은 꽃도 피어
옮기는 발자옥마다 향긔 절로 일어라.

또 한 골 찾어드니 더욱이 안옥하다.
조고만 들 건너 에두른 뫼와 뫼히
나붓이 그 등을 숙이고 강이 또한 보인다.

만장봉萬丈峯 만장萬丈바위 천축天竺의 여러 폭포瀑布
이 돌 이 물이야 또 어대 없으리오.
내 마음 이곳에 드니 내 못 잊어 하여라.

천마산협 天磨山峽

곱게도 드는 단풍 봉마다 뺨어지고
으름과 다래 덩굴 아즉도 짙은 록음
으늑고 후미한 골에 물이 졸졸 흐른다.

나무 숲 침침하여 낮도 또한 밤과 같다.
풀섶에 우는 버래 행혀나 놀랠세라
발자옥 소리도 없이 조심조심 걷노라.

돌 바닥 험한 길에 발은 점점 부릍는다.
어둑한 숲 속으로 좁은 골을 벗어 나니
하얀 옥玉 깎아 세운 듯 봉 하나이 솟았네.

박연폭포 朴淵瀑布

이제 산山에 드니 산山에 정이 드는구나.
오르고 나리는 길 괴로움을 다 모르고
저절로 산인山人이 되어 비도 맞어 가노라.

이 골 저 골 물을 건느고 또 건느니
발밑에 우는 폭포 백百이오 천千이리니
박연朴淵을 이르고 보니 하나밖에 없어라.

봉머리 이든 구름 바람에 다 날리고
바위에 사긴 글발 메이고 이지러지고
다만, 이 흐르는 물이 긋지 아니 하도다.

가섭봉迦葉峯

— 금강산金剛山 한 봉오리 —

요리조리 돌아, 굴을 겨오 벗어나니
앙상한 백화白樺 서리 눈인 양 돌도 히고
트이는 깜언 허공虛空에 봉이 새로 솟는다.

서대는 다람쥐가 길을 자조 알리우고
잦인 서리 틈에 석남石楠은 연연하고
젓나무 석어진 뿌리 향은 그저 남었다.

날인 바위 끝이 발 아래 떨고 있고
봉마다 골마다 제여곰 다른 모양
한눈에 모여 드나니 다만 어질하여라.

만폭동萬瀑洞

골이 안옥하매 해도 별양 다스하다.
새로 드는 단풍丹楓 닢마다 밝안하고
바위도 히기도 히고 물은 몹시 프르다.

성긴 덤불 속에 머루 다래 드리우고
시드는 산초山草는 뿌리에 살오르고
미미히 이는 골바람 되오 상긋 하도다.

사긴 바독판이 그대로 남어 있다.
청학靑鶴은 어대 간고 신선神仙이 따로 없다.
바위에 고요히 앉어 물소리를 들어라.

총석정 叢石亭

때로 이는 물결 밀어오다 슬어진다.
눕고 앉고 서서 바다를 노려보고
아즉도 눅웃한 마음 태고太古런듯하도다.

한껏 고요하고 유리琉璃같이 맑은 바다
어두운 굴에 금란金幱이 빛이 나고
알섬에 알을 나 두고 갈며기도 날어오다.

해불암海佛庵

영광靈光 불갑산佛甲山에 있는 암자庵子. 낙조落照로 가장 이름났다.

해불암海佛庵 오른 뜻은 낙조落照를 보랏더니
구름이 깃을 나려 칠산七山바다 가려 있고
별 안은 초사흗 달이 구름 뚫고 나오드라.

연실봉蓮實峯 바위 틈에 바람 소리 들리더니
가렸든 저 구름이 살짝이 벗어지며
이제야 칠산七山바다이 아믈아믈 보이누나.

보이든 그 달빛도 다시는 안 보이고
오마든 그이도 어찌하여 못 오는고
창밖에 떨어지나니 빗소리만이로다.

월출산月出山

전남全南 영암군靈岩郡 영암면靈岩面, 작천면鵲川面 등지에 있는 명산名山. 족립簇立한 암봉岩峯이고 그 중中 최고봉最高峯인 천왕봉天王峯(일명一名 천황봉天皇峯)은 해발海拔 팔백사 미돌八百四米突이 되고 이 봉에서 지리산智異山, 한라산漢拏山, 다도해多島海 등이 다 바라다보인다.

금시 바위라도 굴어 나릴 듯한 강파로운 사태바기
노루와 묏도야지 새로 자옥이 나고
꽃나무 들어난 뿌리 발에 자조 걸린다.

멀리 가린 구름 다달러 보니 짙은 안개
풀이슬 옷에 젖어 다리 더욱 무거워지고
봉머리 반반한 바위 더 오를 곳 없어라.

엷어지는 안개, 해는 달처럼 히고
조각 조각이 파란 하늘 트이고
다투어 머리를 들고 봉이 솟아 나온다.

어둡든 굴과 골이 유리보다 투명하고
바위에 돋은 버섯 꽃처럼 혼란하고
한 머리 잦은 안개는 다시 일다 슬어진다.

들마다 에운 바다, 바다에도 뫼히로고
예는 어대이고 제는 또한 무엇이뇨.
손 들어 가리치는 곳에 다시 명산名山 보이도다.

二

난초 蘭草 (一)

한 손에 책冊을 들고 조오다 선뜻 깨니
드든 별 비껴 가고 서늘바람 일어 오고
난초蘭草는 두어 봉오리 바야흐로 벌어라.

난초 蘭草 (二)

새로 난 난초蘭草 닢을 바람이 휘젓는다.
깊이 잠이나 들어 모르면 모르려니와
눈 뜨고 꺾이는 양을 참아 어찌 보리아.

산듯한 아츰 볕이 발 틈에 비쳐 들고
난초蘭草 향긔는 물미듯 밀어 오다.
잠신들 이 곁을 두고 참아 어찌 뜨리아.

난초 蘭草 (三)

오날도 온종일 두고 비는 줄줄 나린다.
꽃이 지든 난초蘭草 다시 한대 피어 나며
고적孤寂한 나의 마음을 저기 위로 하여라.

나도 저를 못 잊거니 저도 나를 따르는지
외로 돌아앉어 책冊을 앞에 놓아 두고
장장張張히 넘길 때마다 향을 또한 일어라.

난초 蘭草 (四)

빼어난 가는 닢새 굳은 듯 보드롭고
자짓빛 굵은 대공 하얀한 꽃이 벌고
이슬은 구슬이 되어 마디마디 달렸다.

본대 그 마음은 깨끗함을 즐겨 하여
정한 모래 틈에 뿌리를 서려 두고
미진微塵도 가까히 않고 우로雨露 받어 사느니라.

매화 梅花

— 고목古木 된 야매화野梅花를 수년數年 기르다 얼려 죽이고 —

외로 더져 두어 미미히 숨을 지고
따듯한 봄날 돌아오기 기다리고
음음한 눈얼음 속에 잠을 자든 그 매화梅花.

손에 이아치고 바람으로 시달리다
곧고 급한 성ㅅ결 그 애를 못 석이고
맺었든 봉오리 하나 피도 못한 그 매화梅花.

닥어오는 치위 천지를 다 얼려도
찾어드는 볕은 방으로 하나 차다.
어느 뉘(世) 다시 보오리 자최 잃은 그 매화梅花.

수선화 水仙花

풍지風紙에 바람 일고 구들은 얼음이다.
조고만 책상冊床 하나 무릎 앞에 놓아 두고
그 우엔 한 두 숭어리 피어나는 수선화水仙花.

투술한 전북 껍질 발 달아 등에 대고
따듯한 볕을 지고 누어 있는 해형수선蟹形水仙
서리고 잠드든 닢도 굽이굽이 펴이네.

등燈에 비친 모양 더욱이 연연하다.
웃으며 수줍은 듯 고개 숙인 숭이숭이
하얀한 장지문 우에 그리나니 수묵화水墨畵를.

파초芭蕉

다시 옮겨 심어 문에 두고 보는 파초芭蕉
설레는 눈보라는 창문窓門을 치건마는
제 먼여 봄인 양하고 새움 돋아 나온다.

청동青銅 화로火爐 하나 앞에다 놓아 두고
파초芭蕉를 돌아보다 가만히 누었더니
꿈에도 따듯한 내 고향을 헤매이고 말었다.

서향瑞香

어두운 깊은 밤을 나는 홀로 앉었노니
별은 새초롬히 처마끝에 나려 보고
애연한 서향瑞香의 향은 흐를 대로 흐른다.

밤은 고요하고 천지天地도 한맘이다.
스미는 서향瑞香의 향에 몸은 더욱 곤하도다.
어드런 술을 마시어 이대도록 취하리.

오동梧桐꽃

담머리 넘어 드는 달빛은 은은하고
한 두 개 소리 없이 나려지는 오동梧桐꽃을
가랴다 발을 멈추고 다시 돌아보노라.

함박꽃

이제야 피는 양은 때가 늦어 그리는지
푸른 닢 사이사이 흰 숭이 붉은 숭이
제여곰 수줍은 듯이 고개 절로 숙인다.

유달리 풍성하고 화려한 그 얼굴을
욱어진 녹엽綠葉 속에 으늑히 숨겨 두고
행혀나 뉘라 알가바 향기香氣마자 없드라.

포도 葡萄

뜰을 헐어내고 포도葡萄를 심어 두니
좁은 처마 안에 오르고 서린 넌출
그나마 보이든 하늘마자 가려 버린다.

퍼런 닢 짙은 그늘 살고 있는 퍼런 버레
낮을 밤 삼어 곤히 든 잠 깨우치고
수없는 별 소리 같이 소나기는 지나간다.

옥잠화 玉簪花

빛나는 파란 닢새 파란 대공 하이한 꽃
꽃마다 동글동글 옥玉비녀 꽂아 놓은 듯
이 아니 아름다우랴 이름 또한 옥잠화玉簪花.

맵시며 차림차리 담장澹粧한 미인美人이다.
유달리 맑은 향긔 은은하게 움즉이고
서로히 대할 적마다 웃는 듯도 하구려.

수송垂松

이는 신촌역新村驛 부근附近에 있는 진귀珍貴한 소나문데 뉘 집 뒤 언덕에 서서 거의 죽어간다.

검고 영이 지고 늙고도 병든 몸이
청처짐 처진 어깨 팔은 무릎을 지나가고
쨍쨍한 볕을 이고 서서 숨은 거의 잦는다.

백송白松

일명一名 백피송白皮松, 백간송白幹松이라기도 하는데 중국中國 직례直隸, 협서陝西, 호북湖北 등지等地에 산産하고 조선에도 옛날부터 이식移植한바 이 경성京城에는 오륙五六 주株가 있으며 연령年齡이 오륙백五六百 년年 된 것도 있다.

저 건너 벍언 담머리 서었는 백송白松나무
홀로 우뚝하여 파란 닢 하얀 껍질
오백 년五百年 풍우風雨를 겪고도 변할 줄을 모르나다.

높은 그 가지마다 백학白鶴이 깃들이고
밋밋한 몸둥어리 서릿발 어리우고
칠팔월七八月 따가운 볕에 찬바람이 일어라.

三

젖

나의 무릎을 베고 마즈막 누우시든 날
쓰린 괴로움을 말도 참아 못하시고
매었든 옷고름 풀고 가슴 내어 뵈더이다.

깜안 젖꼭지는 옛날과 같으오이다.
나와 나의 동기 어리든 팔구八九 남매
따듯한 품안에 안겨 이 젖 물고 크더이다.

돌아가신 날

가시든 그날 밤은 해마다 돌아온다.
닭의 우는 소리 더욱이 서글프고
울고 난 그 눈과 같이 지는 달도 붉어라.

그리운 그날 (一)

병아리 어이 찾어 마당ㅅ가에 뱅뱅 돌고
실엉 위 어린 누에 한 잠을 자고 날 때
누나는 나를 다리고 뽕을 따러 나가오.

누나는 뽕을 따고 집으로 돌아가도
금모래 은모래 쥐었다 놓았다 하고
나 혼자 밭머리 앉어 해 지는 줄 모르오.

소나기 삼형제三兄弟가 차례로 지나가고
언덕 밑 옹당샘에 무지개 다리 노면
선녀仙女들 머리 감으러 나려옴을 바라오.

그리운 그날(二)

종달이 귀가 솔고 하루살이 눈에 드다.
진펄밭 옹곳 캐고 뫼를 올라 고사리 꺾고
방안에 오또기 앉어 글을 외기 싫어라.

풀도 없는 강변 쬐는 볕은 따가워라.
모래로 놀이 삼어 날마다 물에 살고
옷처럼 검은 몸둥이 빛은 아니 나드니라.

콩서리 하여다가 모닥불에 구어 먹고
밀방석 한 머리 신 삼는 늙은이 졸라
끝없는 옛날 이야기 밤을 짧어 하였다.

그 겨을 동지섯달 치위도 모르든지
눈 속에 발을 벗고 동모와 달음질치고
볏가리 고드름 따다 니를 서로 겨르다.

고토 故土

비는 개인 아츰, 볕이 산듯 비껴 난다.
가락닢 벌어지고 고사리 고개 들고
동산의 꿩 우는 소리 골을 자조 울린다.

지새는 골안개는 한 머리 잦어 가고
숲이 짙은 속에 바위도 후주근하고
수없이 나는 꾀꼬리 새벽부터 울어라.

용화산龍華山 구름 자고 천호天壺에 달오르다.
백련화白蓮花 곁에 두고 못가으로 거니노니
이따금 서늘한 바람 향을 불어 오도다.

논밭 한 모르엔 조고마한 모정이다.
때로 몸을 비겨 늘인 숨을 지우나니
잔 개울 졸졸거리고 머리맡을 돌아라.

한두 주株 감나무는 집마다 심어 두고
열매는 붉기 전에 저자로 다 나가고
고운 닢 남은 그 가지, 꽃을 아니 바꾸리.

저대로 자란 나무 울 지어 가리우다
울밀도 하든 그 닢 찬바람에 다 날리고
머언 뫼 껌언 바위도 옹기종기 보이다.

뒤에 기단 언덕 가득히 들어선 대
곧게 자란 마디 그 뜻을 아니 잊어
눈 지고 휘이든 몸도 바람 맞어 펴이다.

낮에 녹은 눈이 밤이면 도로 얼다.
앞뒤 잔 개울에 물소리 적어지고
반벽半壁에 흐린 등ㅅ불은 밤을 외로 밝힌다.

시름

그대로 괴로운 숨 지고 이어 가랴 하니
좁은 가슴 안에 나날이 돋는 시름
회도는 실꾸리 같이 감기기만 하여라.

아아 슬프단 말 차라리 말을 마라.
물도 아니고 돌도 또한 아닌 몸이
웃음을 잊어버리고 눈물마자 모르겠다.

쌀쌀한 되바람이 이따금 불어온다.
실낱만치도 볕은 아니 비쳐 든다.
찬 구들 외로히 앉어 못내 초조하노라.

백묵 白墨

몸을 담어 두니 마음은 돌과 같다.
봄이 오고 감도 아랑곳없을러니
바람에 날려든 꽃이 뜰 위 가득하구나.

뜰에 심은 나무 길이 남아 자랐도다.
새로 돋는 닢을 이윽히 바라보다
한 손에 백묵白墨을 들고 가슴 아퍼 하여라.

병석 病席

비인 마룻장에 해가 가득 비쳐 들고
후루루 나려 앉어 짹짹이는 참새들을
이놈과 저놈의 소리 들어 보고 알려라.

분에 옮긴 국화菊花 빼아 나온 두어 숭이
어인 병이 들어 찬바람은 이는 이때
피랴다 피들 못하고 시들시들 하느뇨.

그 뜻

외오 두고두고 그립어 하든 그대
다만 믿어 오기 고운 그 맘이러니
이제야 보는 얼굴도 맘과 다름 없고나.

그리 아오실 이 몇몇이나 있으리오.
머리를 조으고 간절히 비옵노니
처음에 맹서하시든 그 뜻 잊지 마오라.

고끔[瘧疾]

몸이 한가로우매 도로혀 병은 잦다.
보든 글 더져두고 상머리 홀로 누어
한 손을 이마에 대고 잔 시름만 하도다.

몸에 아픈 곳을 스스로 헬 수 없고
깃보다 가벼운 맘 허공虛空으로 떠오르노니
흐릿한 별과 구름은 머리맡에 어르이다.

시마 詩魔

그 넓고 넓은 속이 유달리 으스름하고
한낱 반딧불처럼 밝았다 꺼졌다 하여
성급히 그의 모양을 찾어내기 어렵다.

펴든 책冊 도로 덮고 들은 붓 더져 두고
말 없이 홀로 앉어 그 한 낮을 다 보내고
이 밤도 그를 끌리어 곤한 잠을 잊는다.

깃브나 슬프거나 가장 나를 따르노니
이생의 영과 욕과 모든 것을 다 버려도
오로지 그 하나만은 어이할 수 없고나.

四

주시경 선생周時經先生의 묻엄

해마다 이곳에도 봄은 돌아 오지 마는
벍언 모래 비알 풀 한 닢 아니 나고
서글픈 개구리 소리 재를 넘어 들리오.

한 손에 모래알을 움켰다 뿌려도 보다
고개를 숙이고 잠자코 서서도 보다
발 밑에 엉기어 드는 개아미를 놀리오.

해마다 봄은 와도 풀 한 닢 아니 나고
표를 하여 세운 돌 한 개 있고 없고
남기어 주신 그 뜻을 맘에 사겨 두리다.

광릉光陵

깊고 깊은 뫼히 숲도 그리 그윽하다.
반히 트인 곳이 저 아니 광릉光陵인가.
허울한 양마석羊馬石 머리 지는 해는 잦었다.

외롭고 쓸쓸하기 영월寧越과 어떠하리.
해마다 봄이 오면 자규子規야 울지마는
오르고 눈물을 지울 누대樓臺 하나 없도다.

석굴암 石窟庵

한 고개 또 한 고개 고개를 헤어 오다
토함산吐含山 넘어 서서 동해東海 바다 바라보고
저믄 날 돌아갈 길이 밭븐 줄을 모르네.

보고 보고지어 이곳에 석굴암石窟庵이
험궂은 고개 넘어 굽이굽이 도는 길을
잦은 숨 잰걸음 치며 오고 오고 하누나.

부소산 扶蘇山

충남忠南 부여읍扶餘邑 뒷산. 백제百濟 말엽末葉 일백이십여 년一百二十餘年 동안 국도國都의 궁성宮城이 있든 곳.

궁성宮城 비인 터이 새벽은 음울陰鬱하다.
지는 풀이슬은 느꺼운 눈물 같고
고목古木에 우는 가마귀 저도 맘을 죄나브다.

자옥히 가린 안개 어느덧 잦어 지고
햇살이 쏘는 곳에 붉언한 봉이 솟고
골마다 한 모양으로 흰 바다이 되었다.

송광사 松廣寺

전남全南 순천군順天郡 송광면松光面 신평리新坪里에 있는 거찰巨刹, 신라승新羅僧 혜린慧鄰이 초창初創하고 고려高麗 명종明宗 때 보조국사普照國師가 크게 중창重創하고 십육국사十六國師가 나고 원불願佛, 조각품彫刻品, 능견난사能見難思 등 보물과 고아古雅, 거대巨大한 전당殿堂 등이 그대로 있고, 그 중中 설법당說法堂에는 고려高麗 숙종肅宗 4년四年[서기西紀 1099] 대각국사大覺國師 의천義天이 교감校勘한『대반열반경소大般涅槃經疏』일부一部가 남아 가장 귀중貴重한 고본古本으로 비장秘藏되었다.

보성강寶城江 십오 리十五里를 거슬러 오르다가
그 강江을 다시 건너 산山으로 돌아 드니
깊은 숲 으늑한 골에 종경鍾磬소리 들리어라.

나무와 바위 틈에 물소리 졸졸이고
금벽金碧을 뒤에 두고 청심문淸心門 높이 서서
이 문門을 드는 이로 하여 시름 잊어 하여라.

합장合掌 배례拜禮하고 가부跏趺를 겻고 앉어
보조국사普照國師의 원불願佛을 우럴어 보고
이윽고 고요한 밤을 선삼매禪三昧에 드노라.

새벽 예불禮佛 소리 곤하든 잠을 깨어
한 옆에 비어 있는 설법당說法堂을 들고 보니
고려판高麗板 대반열반경大般涅槃經은 홀로 남어 있도다.

매창梅窓 뜸

매창梅窓은 그 호號, 이름은 계생桂生, 자字는 천향天香, 또는 향금香今인데 부안현리扶安賢吏 이양종李陽從[32]의 서녀庶女로 명기名妓가 되어 시가금詩歌琴을 잘하였다. 그 묻엄이 지금 부안군扶安郡 부령면扶寧面 봉덕리奉德里 장제萇堤 서간원西間原 매창梅窓뜸에 있고 부풍시사扶風詩社에서 수호守護를 하여준다. 그의 시가詩歌에는 「이화우梨花雨 흩날릴 제 울며 잡고 이별離別한 님 추풍낙엽秋風落葉에 저도 날을 생각는지 천리千里에 외로운 꿈만 오락가락하더라」와 「醉客執羅衫 羅衫隨手裂 不惜一羅衫 但恐恩情絶」이라는 명작名作이 있다.

돌비는 낡어지고 금잔디 새로워라.
덧없이 비와 바람 오고 가고 하지마는
한 줌의 향긔로운 이 흙 헐리지를 않는다.

이화우梨花雨 부르다가 거믄고 비껴 두고
등 아래 홀로 앉어 그 누구를 생각는지
두 뺨에 젖은 눈물이 흐르는 듯하구나.

나삼羅衫을 손에 잡혀 몇 번이나 찢겼으리
그리든 운우雲雨도 슬어진 꿈이 되고
그 고운 글발 그대로 정은 살어 남었다.

32 이탕종(李湯從)의 오자로 보임.

노석老石의 열반涅槃

— 고故 김확金钁 선생先生 —

일생一生을 닦으신 도道, 왕생往生을 하시리까.
사바娑婆를 떠나오니 미타彌陀로 가시리까.
두어 권 경전經典을 두고 님을 보듯 보리다.

화장장火葬場 마당ㅅ가에 단풍丹楓ㅅ가지 피는 닢을
타는 불보다도 더욱이 타는 그 빛을
어리는 눈물을 씻고 참아 볼 수 없나이다.

정산鼎汕을 보내며

— 고故 백우용白禹鏞 군君 —

벌서 가시는가 가면 다시 못 올 길을
살으시라 살으시라 빌어 오든 마음이야
남산南山의 솔닢을 헤어 그보다도 더하오리.

쉬 일어나실 줄만 나날히 믿은 마음
병석病席에 누우실 때 자조나 가 뵈올 걸
그 또한 후회가 되어 더욱 슳어하노라.

꽃숭이 영구차靈柩車에 양악대洋樂隊 뒤에 서서
지나는 거리 거리 이리도 처량하리
보내며 눈물 지는 이 나 홀로만 아니네.

빠고다 구층탑九增塔아 너도 또한 모르느냐.
으늑한 녹음綠陰 속에 흐르든 월광곡月光曲을
다시는 너로 더불어 내 못 들어 하여라.

서해曙海를 묻고

— 고故 최학송崔鶴松 군君 —

만사萬事가 허망함을 이제 과연 알으리다.
눈 같은 모래 비알 솔은 항시 푸르리다.
이 세상世上 마즈막으로 편안하게 누우시오.

별과 바람 끝에 검을대로 검은 그 손
잡은 광이 두고 붓을 다시 드시리까.
상 머리 혈흔血痕과 홍염紅焰 맘을 되오 태오이다.

추도 追悼 (一)

— 고故 이중건李重乾 군君 —

사니 산가 하여 살음에 조이는 마음
괴오든 오누도 벙그러이 지내는 이 날
이곳에 님을 뫼심이 다행하다 하려니.

비인 손을 들고 궂은 길을 홀로 나서
이 고비 저 고비 어려운 고비 넘어
보람이 보이려 할 제 어이 여혀 가신고.

남기신 그 자최에 피와 땀은 잦었느니
쓰리고 저리고 느꺼움만이리오.
다시금 그 길을 밟아 이으실 이 없으료.

추도 追悼 (二)

— 고故 이갑李鉀 군君 —

서로 손을 잡고 동무 삼아 가랴더니
뒤에 오든 걸음 앞을 서서 가시는가.
비바람 소란한 이 날 그때 더욱 그립어라.

푸른 뫼와 숲을 해골이 거의로다.
보낸 설흔네 해 하잔흠이 아니리라.
다만 그 바라든 뜻을 못 이루어 하리라.

죽음

— 어느 젊은이가 스스로 죽었다 함을 듣고 —

항시 이 우주宇宙를 바늘귀처럼 보이노니
겨오 진힌 목숨 실낱보다 더 가늘고
태양太陽도 너의 앞에는 빛을 아조 잃는다.

오오 이 세상世上은 괴로움도 그만이다.
가장 사랑하는 그 육신을 벗어나서
외로운 너의 령혼은 그 어대로 가랴느뇨.

五

괴석 怪石

그 얼굴 그 모양을 누가 탐탁다 하리.
앞뒤로 돌보아도 연연한 곳이 없고
그 속은 얼음과 같이 차고 담박澹泊하도다.

차고 담박澹泊함을 누가 귀엽다 하리.
다만 헌 신같이 초개草芥에 버렸으니
때 묻고 이지러짐이 저의 탓은 아니로다.

뜰

저른 처마 안에 드는 해는 되오 길다.
뜰에 시든 수국水菊 그늘도 엷어지고
모이를 찾는 병아리 가다 발을 머믄다.

포도葡萄 익은 날에 벗을 불러 노랴더니
가득 일은 버레, 줄기마자 다 마르고
거믜는 줄을 늘이고 나고 들고 하노나.

나무는 담을 넘어 가지를 드리우다
뒤에 좁은 언덕 그늘이 먼여 들고
말매미 쓰르라미는 때로 와서 울어라.

바람

난데 없는 바람 거리를 휩쓸고 몰아 온다.
쓰든 모자帽子를 쓰면 다시 떨어치고
분주奔走히 오고 가는 이를 기롱欺弄하듯 하여라.

가로 선 애나무들 싱싱히 푸르도다.
시들고 병든 닢만 날린다고 믿지 마라.
덧없는 바람에 불려 꺾일 줄을 어이 알리.

별

바람이 서늘도 하여 뜰앞에 나섰더니
서산西山 머리에 하늘은 구름을 벗어나고
산듯한 초사흘 달이 별과 함께 나오드라.

달은 넘어가고 별만 서로 반작인다.
저 별은 뉘 별이며 내 별 또한 어느 게오.
잠자코 호올로 서서 별을 헤어 보노라.

구름

새벽 동쪽 하늘 저녁은 서쪽 하늘
피어나는 구름 그 빛과 그 모양을
꽃이란 꽃이라 한들 그와 같이 고우리.

그 구름 나도 되어 허공虛空에 뜨고 싶다.
바람을 타고 동東으로 가다 서西으로 가다
아무런 자취가 없이 슬어져도 좋으리.

바다

바다를 들어 오니 뭍이 도로 그립어라.
피로疲勞도 하였노니 곤히 한잠 자고 나서
섬이나 다시 보일가 하고 갑판甲板 우로 오르다.

연연한 햇살 아래 바람은 아른거리고
비단보다 고운 잔잔한 파란 물결
저대로 뛰노는 고기 그도 실로 부러워라.

급작이 이는 구름 비를 뿌려 지나가고
고래 같은 물결 배보다 높이 솟고
다다를 나의 항구港口는 아즉 멀고 멀어라.

낙엽 落葉

담머리 굴참나무 그늘도 짙을러니
높은 가지 끝에 한두 닢 달려 있고
소소리바람이 치는 벌서 가을이구려.

지는 닢 너도 어이 갈 바를 모르고서
바람에 흩날리어 이리저리 헤매느냐.
그러다 발에 밟히어 흙이 되고 마느냐.

날어드는 닢이 뜰 앞에 가득하다.
바람이 자고 달은 고히 비쳐 들고
밤마다 서리는 나려 하얗게도 덮는다.

밤 [栗]

— 고향故鄕에서 보낸 밤을 받고 —

그 봄날 심은 그 밤 이리도 굵었으리.
가을바람에 외오 굴어 들은 알암
잊었든 옛날 그 맛을 다시 알려 주어라.

그리 보배로운 과일은 아니라도
이나마 나의 고향 그립든 풍물風物이니
한두 개 상머리 남겨 두어 두고 보리라.

풀버레

해만 설풋하면 우는 풀버레 그 밤을 다하도록 울고 운다.

가까히 멀리 예서 제서 쌍져 울다 외로 울다 연달어 울다 뚝 끈쳤다 다시 운다. 그 소리 단조하고 같은 양해도 자세 들으면 이놈의 소리 저놈의 소리 다 다르구나.

남몰래 겨우는 시름 누어도 잠 아니 올 때 이런 소리도 없었은들 내 또한 어이 하리.

소나기

구름이 밀려들고 굵은 비가 쏟아진다.
앞뒤 처마 끝에 낙수落水마다 폭포 되고
한 마당 좁웃한 곳이 강을 문득 이루다.

비는 몰려 가고 바람이 불어 온다.
우럴어 바라보니 허공虛空은 씻은 듯하고
은은한 우렛소리는 먼 곳에서 들리다.

담 모르 굴어오는 매미 소리 더욱 맑고
뜰엉 한 머리 분마다 물이 괴고
시드든 수구화繡毬花 닢도 다시 생기生氣 얻었다.

비 (一)

모종의 오뉴월이 가믈고 더위러니
시원한 비 한 번에 만인萬人이 웃음이네.
마르든 삼천리三千里 안의 산山도 들도 다 웃네.

다만 빗소리오 저녁은 고요하다.
어느 때 날어왔나 실엉에 앉은 제비
고개를 자옥어리며 젖은 깃을 다듬네.

비는 오다 마다 구름은 갈어들고
이따금 왜가리는 북北으로 날어가니
장마나 아닌가 하고 다시 하늘 바라보네.

모긔는 한두 마리 전등電燈에 부드치고
비인 마루 우에 괴앙이 자옥이다.
누어도 잠이나 오랴 내 무엇이 그립어.

비 (二)

짐을 매어 놓고 떠나려 하시는 이날
어둔 새벽부터 시름없이 나리는 비
내일來日도 나리오소서 연일連日 두고 오소서.

부디 머나먼 길 떠나지 마오시라.
날이 저물도록 시름없이 나리는 비
저으기 말리는 정은 날보다도 더하오.

잡었든 그 소매를 뿌리치고 떠나신다.
갑작이 꿈을 깨니 반가운 빗소리라.
매어둔 짐을 보고는 눈을 도로 감으오.

비 (三)

고운 돌과 물은 이르는 골마다로라.
보고 잠착하여 저믈어 돌아 오다
급작이 비를 맞으며 선방禪房 찾어 드노라.

선방禪房 한 모르에 승은 조을고 있고
가늘게 나리든 비소리 점점 굵어지고
나무숲 울밀한 속에 어둔 빛은 짙어라.

우레

한껏 찌고 우리고 나무닢 하나 까땍없고 돋는 달 연홍시 같고 마른번개는 오락가락 하다.

짓궂은 바람 급작이 일며 굵은 비 마구 뿌려 앞뒤 창을 두드리고 우루룽우루룽 벼락이 나려치고 뻔쩍뻔쩍 불칼을 휘날린다.

책상冊床 한 머리 등은 자조 깜박이노니 보든 글도 두고 묵묵히 외로 앉어 나는 나의 한적閒寂을 깨닫노라.

밤(一)

어스름 저므는 날 누가 나를 부르노라.
으슥한 골을 찾어 성 모르로 돌아 가니
재 넘어 달은 오르다 구름 새로 숨어라.

날마다 조이든 몸 피로도 피로하리.
다행히 오날이야 시름 잊고 드는 그 잠
어린듯 고운 숨ㅅ결이 밤을 홀로 울린다.

밤(二)

점읏한 서산西山 머리 달은 이미 넘어가고
거리에 어린 안개 등ㅅ불은 조을고 있고
발자옥 헤뜨는 소리 가지온듯 멀어라.

버들과 소나무 사이 으늑고 휘임한 그곳
서로 속살이며 쌍쌍히 오고 가고
등 하나 아니 비치고 밤은 정히 깊었다.

그립든 그이 하나 오날이나 맞나려니
험한 고개 넘어 어두운 골을 들어
온 밤을 헤매이다가 도로 집을 드노라.

봄 (一)

길도 없는 골을 숲으로 찾어 드니
눈에 덮인 가지 눌렀다 일어나고
간간한 다스한 바람 품안으로 들어라.

어린 잠을 깨어 버들 눈 먼여 뜨고
나비는 너울거리고 개나리 웃음을 띠고
얼뜨인 개구리마자 몸을 떨고 둥개인다.

봄 (二)

봄날 궁궐宮闕 안은 고요도 고요하다.
어원御苑 넓은 언덕 버들은 푸르르고
소복素服한 궁인宮人은 홀로 하염없이 거닐어라.

석은 고목 아래 전각殿閣은 비어 있고
파란 못물 우에 비오리 한 자웅雌雄이
온종일 서로 따르며 한가로히 떠돈다.

여름

집은 좁고 낮어 바람 한 점 아니 오고
달고 다는 돌담 그대로 우리노니
오날도 기나긴 해를 어이하여 보내리.

옷을 풀어치고 일어서 거닐다가
등을 들어 내고 오또기 앉어도 보니
흐리고 터분한 머리 무겁기만 하여라.

벼루 잦은 먹엔 파리가 날어드다.
쫓고 쫓아도 또 다시 날어드다.
그 배를 채우려 하여 죽을 줄을 모르나다.

화초花草 주려는 물 독에 미리 담아 두니
모긔는 알을 슬고 밤을 타서 찾어 들어
얄프시 드려는 잠을 앵앵거려 깨운다.

손에 호미 잡고 밭에 풀을 매어 보라.
나려쬐는 불볕 괴롬 또한 어떠하리.
도리어 일없는 이 몸 부끄러움이어라.

저므는 가을

들마다 늦은 가을 찬바람이 움즉이네.
벼 이삭 수수 이삭 으슬으슬 속살이고
밭머리 해그림자도 바쁜 듯이 가누나.

무 배추 밭머리에 바구니 던져두고
젖 먹는 어린 아이 안고 앉은 어미 마음
늦가을 저믄 날에도 바쁜 줄을 모르네.

겨울밤

밤에도 겨울밤은 더구나 쓸쓸하다.
종묘宗廟 숲 이울더니 바람도 잠을 자고
창경원昌慶苑 두루미 소리나 들릴 법도 하여라.

벗고 주린 몸들 치위를 어이하리.
얼은 파초芭蕉 같이 그 속마자 석을세라.
피려는 매화梅花와 함께 봄은 다시 돌아온다.

희제 戱題(一)

— 어느 대가大家의 산정山亭 —

익랑翼廊 월랑月廊을 돌아, 들고 보니 비인 정자亭子
한 옆에 비껴 서서 장미薔薇는 저대로 웃고
화석化石이 주인主人이 되어 쪼그리고 앉었다.

훤칠한 그 뒤안을 산山으로 둘러 있고
엄숙嚴肅히 솟은 숲에 밤꽃이 서리 같고
연연히 드든 햇살은 봉머리로 잦는다.

희제 戲題(二)

— 운현천문대雲峴天文臺 —

불재 한 모롱이 남어 있는 천문대天文臺
풍상風霜을 하도 겪어 키가 도로 졸아 들고
허루히 초개草芥에 숨겨 찾는 이도 없도다.

그 옆에 늙은 금호金虎 수심을 겨우는 가을
모악母岳의 해보내고 낙타駱駝등 달을 맞으며
담장이 화관花冠을 쓰고 절로 빛을 내도다.

희제 戱題 (三)

— 어느 겨울, 뉘 집에서 얼려 죽인 난초蘭草를 보고 —

검은 방ㅅ장 안에 밤은 고히 가려 있다.
구들은 훈훈하여 꿈은 점점 길어가고
창밖에 치운 난초蘭草는 얼을 대로 얼는다.

밤은 깊어가고 눈보라 더욱 차다.
높은 난간欄干에 난초蘭草는 서글프다.
피려든 꽃방울마다 시들대로 시든다.

그의 끝이 없는 질거운 꿈의 나라
때를 옮겨 가며 잊음성 많은 사랑
난초蘭草는 시달리다가 그 자취를 감초인다.

희제 戱題(四)

— 어린이와 꽃 —

가는 비는 나려 마르든 흙 축여지다.
어린 꽃모 옮겨 앞뒤 뜰에 심어 두고
나날히 자라나옴을 서로 새워 보노니.

— 꽃모종

꽃과 닢을 따다 손끝에 매어 두고
고운 그 물빛이 행혀나 덜어들가
밤에도 조심스러히 잠을 사려 드느니라.

— 봉숭화

언제나 입으로는 나팔소리 알윌는지
기다란 팔구비를 제 마냥 들어내어
이 안이 좁은 줄 모르고 부질없이 벋어치다.

— 나팔꽃

그늘 짙은 속에 으늑이 숨어 있어
몹시 얽은 얼굴 푸르고 누르지만
벌리는 그 입술 안은 연연히도 붉어라.

— 여지茘芰[33]

33 '荔枝'의 오기임.

몸매와 차림차림 어설프며 엉성궂고
키는 너무 자라 담머리 솟아 나고
그 둥근 얼굴을 들어 해나 바라보도다.

— 해바라기

빩앙이 노랑이로 어엿비 단장하고
게으른 잠을 자다 저녁밥 지으랼 제
살포시 그 잠을 깨어 방글방글 웃는다.

— 분꽃

모진 시어머니 며누리 배를 골렸나니
그는 죽어도 오히려 한이 남어
입에다 밥풀을 물고 그 이름이 되었네.

— 밥풀꽃

곱게 자라난다 맨드람 맨드람이
머리에 돋은 계관鷄冠 일어나는 불꽃 같어
욱어진 파란 닢들을 사르랸 듯하여라.

— 맨드람이

나리는 찬 이슬 맞고 늦이 피는 백도라지
홀로 높이 서서 괴괴는 할지언정
무단한 번화로움을 아여 싫여하드라.

— 도라지꽃

발跋

귀한 시조집時調集을 꾸미어 놓고 다시 보니 하도 정精하고 조찰하고 품品이 높기를 향기香氣가 풍기는 듯하여 무슨 말이고 덧붙이기가 송구悚懼하기까지 하다. 어늬 부문部門의 예술藝術이고 그것이 완벽完璧에까지 이른 것이고 보면 조금도 변해辯解다운 말이 맞득지 않다. 시가詩歌를 들어 볼지라도 그것이 잘 되었고 못 되었고를 고누기보다는 그것이 진정 시가詩歌로 태어나온 것이냐 희지부지 조잔히 만들어진 것이냐 라는 것이 결정적決定的으로 들어날 것이 아닌가. 눈을 바로 가춘 사람은 진짜를 알어낸다. 안다고 하는 것도 층층層層이지마는 알만한 이는 알고 몰으는 사람은 모르고 말 것이니 시가詩歌를 아는 이께 맡기고 기쁨을 사는 외에 무슨 도리가 있겠는가. 아는 것도 타고난 복福이라. 이래서 가람嘉藍이 시조時調 원고原稿만 내맡기고 말슴 한 마디 없는 것인지 나로서는 궁거워 몇 마디 아니 붙힐 수 없는 노릇이다.

우리 문단文壇의 나히가 삼십 년三十年이라고 보면 가람시조嘉藍時調 나히도 이와 못지않게 연부年富한 편이다.

시조時調를 사적史的으로 추구追求한, 이 이론理論으로 분석分析한 이 비평批評에 기준基準을 세운 정녕叮寧 한 주석가註釋家요, 계몽적啓蒙的으로 보급普及시킨 이가 바로 가람嘉藍이다. 시조학時調學이 설 수가 있는 것이고 보면 가람嘉藍으로서부터 비로소다.

시조時調 제작製作에 있어서 양量과 질質로써 가람嘉藍의 오른 편에 앉을 이가 아즉 없다. 천성天成의 시인詩人으로서 넘치는 정공精功을 타고난 것이 더욱이 가람嘉藍과 맞서기 어려울 점인가 하노니 한참 드날리던 시조인時調人들의 행방行方조차 알 길이 아득한 이 즈음 가람嘉藍의 거름은 바야흐로 밀림密林을 헺어나온 코키리의 보법步法이 아닐 수 없다. 예전 어른을 들어 비교比較할 것은 흉한 노릇일지 모르겠으나 송강松江 이후에 가람嘉藍이 솟아오른 것이 아닐가 한다. 송강松江의 패기覇氣를 당할 이 고금古今에 없겠으나 가람嘉藍의 섬밀섬세纖密纖細한 점이 아즉 어떤 이가 그만한 지를 모를 일이다. 송강松江은 얼마쯤 지으신 시조時調 수首도 많으신 편이시요 수수首首마다 천고千古에 빛날만한 천재적天才的인 것이기는 하나 혹或은 한학漢學의 부업副業으로 취여醉餘에 (송강가사松江歌詞를 그렇게 뵈일 수는 도저히 없는 일이나) 일기가성一氣呵成으로 된 것이 다분多分인 것으로 살필 수 있고 전傳하는 것이 칠팔십 수七八十首에 지나지 않고 보니 송강松江께서도 시조時調에 구타여 심혈心血을 다하여 정진精進하셨다고는 생각되지 않는다. 시조문학時調文學의 최고수일最高秀逸이신 송강松江이 이러하셨거니 그 외에 역대歷代로 사도斯道에 손을 대다가 말은 수백數百을 헤일 수 있는 분들이야 그야말로 문학文學의 의기意氣와 예술藝術의 혼담魂膽으로써 시조時調에 대對하였다고 할 분이 누구 누구실고! 인생人生의 의기義氣와 부세浮世의 허망虛妄을 느낀 나머지에 이를 가형삼장歌形三章에 탁의서회托意敘懷한 것이 대부분大部分이겠으나 일률一律로 한시조漢時調에 토吐를 단 것이 아니면 거리距離가 당當치도 않은 요순문무堯舜文武의 회고취미懷古趣味나 강호풍월江湖風月의 당황唐荒한 영탄벽咏嘆癖 이외에 보잘것이 실상 없다. 간혹間或 아기자기한 인생人生 정한情恨의 실마리를 시조時調로 감고 풀고 하야 조선적朝鮮的 리리시즘을 후세後世 사람으로 따서 쓸 것이 과연果然 없지 아니하니 면앙정俛仰亭 같으신 어른이나 진이眞伊 외에 유명무명有名無名의 규수가인閨秀歌人들의 끼치고 간 노래가 이것이다. 그러나 모조리 옮아 놓아야 집대성集大成 되기에 너무도 하잔하다. 요要컨대 예전 어른들은 시詩를 달리 하느라고 시詩를 시조時調로 하기에 별別로 성의誠意를 베풀지 않었던 것이 사실事實이 아닐 수 없었던 것이다. 그러나 순수純粹 조선적朝鮮的 포에지를 담기에 가장 맞가룹고 읊을 수 있고 불을 수 있는 정형시整形詩로서 악기樂器로 치면 단소短簫와 같이 신묘神妙한 시형詩形이 시조삼장時調三章 외에 없었던 것이다.

문단文壇에 새로운 문학文學이 발흥勃興되기 비롯한 삼십년래三十年來로 몇몇 유지有志한 분들이 다시 이 시형詩形의 새로운 가치價値를 알어 시작試作하여 보았으나 마침내 새로운 시詩가 담기어야 할 말이 아닌가? 시詩랄 것이 없었다. 진부陳腐한 상투적常套的인 것 천연天然한 성정性情의 유로流露가 아닌 무리無理한 시상詩想의 허구虛構에다 군색窘塞한 글자 채움에 급급汲汲하였을 뿐이다. 시조時調가 자수字數 장수章數에 제한制限이 있어서 무슨 장정적章程的인 가치價値가 있는 것이 아니라 시형詩形의 제약적制約的 부자유不自由를 통通하야 시詩의 절조적節調的 자유自由를 추구追求할 수 있는 유구悠久한 기악적器樂的 성능性能을 가춘 것이 특색特色일 것이다. 모든 정형시整形詩의 미덕美德이 조선朝鮮에서는 삼장三章 시조형時調形으로 현양顯揚된 것이니 조선적朝鮮的 정형시整形詩는 아직까지 시조시時調詩 이외에 타당妥當한 시형詩形이 발명發明되지 않은 것이니 전통적傳統的 시형詩形을 추존追尊하야 이에 시詩의 기식氣息을 불어 넣기란 월래 시인詩人의

대업大業이 아닐 수 없었던 것을 시인詩人이 아닌 문필가文筆家가 맡는 댓자 제소리가 날 리가 없었다. 발발勃勃한 시적詩的 지원자志願者들이 시조時調를 경원敬遠하고 돌아서는 것은 시조時調에서 시詩를 얻을 수 없었던 것이 한 가지 이유理由가 아닐 수 없었던 것이다. 새로운 세대世代가 진부陳腐와 상투常套에서 더욱이 고전古典이란 존대尊大한 명목하名目下에 고행苦行할 의무義務가 없는 것이 아닌가. 이리하야 시조時調가 극도極度의 빈혈적貧血的 존재存在를 계속繼續하던 것이 마침내 위기危期에 직면直面한 것이니, 마치 서도書道가 추사秋史 전후前後에 아조 엄암奄庵한 상태狀態에 빠졌던 것과 달을 게 없었던 것이다.

온전히 기우러진 사직社稷을 일개一個 각상各相으로서 붓돋아 이르킬 수야 없지마는 예도藝道의 명맥命脈은 일개一個 천재天才만으로서 혈행血行을 이을 수 있는 것이니, 이제 시조문학사상時調文學史上의 가람嘉藍의 위치位置를 조증助證하기에 우리는 인색히 굴 필요心要가 없이 되었다.

마침내 시조時調들이 시인詩人을 맞나서 시인詩人한테로 돌아오게 되었다. 비로소 감성感性의 섬세纖細와 신경神經의 예리銳利와 관조觀照의 총혜聰慧를 가춘 천성天成의 시인詩人을 만나서 시조時調가 제 소리를 낳게 된 것이니, 가람시조嘉藍時調가 성공成功한 것은 시인 가람詩人嘉藍으로서 성공成功한 것이라. 결론結論을 빨리 하면 시인詩人으로 태여나지 않았던들 아이에 시조時調 한 수首 쯤이야…… 하는 부당不當한 자신自信을 가질 수 없었던 것이다.

더욱이 확호確乎한 어학적語學的 토대土臺와 고가요古歌謠의 조예造詣가 가람嘉藍으로 하여금 시조時調 제작製作에 힘과 빛을 아울러 얻게 한 것이니 그의 시조時調는 경건敬虔하고 진실眞實함이 이를 읽는 이가 평생平生 교과敎科로 삼을만한 것이요, 전래傳來시조時調에서 찾기 어려운 자연自然과 리알리티에 철저徹底한 점으로서는 차라리 근대적近代的 시정신詩精神으로써 시조時調 재건再建의 열렬熱烈한 의도意圖에 경복敬服케 하는 바가 있다. 이리하야 가람嘉藍이 전통傳統에서 출발出發하야 그와 몌별袂別하고 다시 시류時流에 초월超越한 시조時調 중흥中興의 영예榮譽로운 위치位置에 선 것이다.

소화昭和 기묘己卯 칠월七月

정지용鄭芝溶

가람시조집 완嘉藍時調集完

昭和十四年八月 一 日　印刷
昭和十四年八月十五日　發行
正價　一圓 五 十 錢
郵料 九 錢

著 作 者　李 秉 岐
京城府桂洞町　七九之一三
發 行 者　金 鍊 萬
京城府鍾路　二丁目一○○
印 刷 者　金 容 圭
京城府堅志町　一一一
印 刷 所 株式會社　大同出版社
京城府堅志町　一一一

發 行 所　文 章 社
京城府鍾路韓青七八丙
振替京城二五○七○番

현대시조삼인집

現代時調三人集

曺南嶺
曺雲
李秉岐

일러두기

1. 이 시집은 가람 이병기, 조운, 조남령 삼인의 미발표 시집이다.
2. 『가람일기』(1951년 10월 15일 기록)에 '삼인시조집 원고가 없다' 하였으나 2017년 발견되어 이 전집에 수록한다.
3. 서序와 발跋은 원본의 차례에는 있으나 본문에는 없다.
4. 원문의 한자어는 가독성을 위하여 '한글漢字' 형태로 하였다.

유실된 줄 알았던 이병기, 조운, 조남령 『현대시조삼인집現代時調三人集』 발견

1951년 10월 15일 가람은 하루 종일 서적을 정리하면서 "조운朝雲, 남령南嶺, 가람嘉藍 『삼인시조집三人時調集』 원고가 없다."고 애타게 찾았으나 그 후 발견되지 않았다. 그렇게 유실된 줄 알았던 『삼인시조집三人時調集』의 원고가 드디어 67년 만에 발견되어 『가람 이병기 전집』에 함께 수록한다.

『현대시조삼인집現代時調三人集』이라 제목을 붙인 삼인시조집은 가람 시조 36수, 조운 시조 29수, 조남령 시조 15수 총 80수가 실려 있다. 그 중 새롭게 발견된 미발표 시조는 가람 16수, 조운 7수, 조남령 9수이다.

가람과 조운, 조남령은 시조를 통해 서로 가깝게 교류하였다. 가람은 조운이 창립한 '추인회'의 초청으로 전남 영광을 내왕하는데, 1927년 조운은 가람 이병기를 초청, 영광 읍내와 불갑사 등지를 탐승하며 한글강습회와 시조강좌를 개최하였으며, 그 후로도 깊은 교분이 이루어졌다. 또한 함께 신재효의 판소리에도 관심을 가졌었다. 조남령 역시 영광 출신으로 가람으로부터 『문장』지에 3회 추천 시조시인이 되어 등단했다. 이들의 교류는 가람의 일기와 수필을 통해 자세히 살펴볼 수 있다.

그와 같이 교분이 깊은 세 시조시인들이 함께 엮은 『현대시조삼인집』의 발견으로 그들의 시조를 더욱 풍부하게 살필 수 있게 되었다. 또한, 그들의 교류 관계나 영향 등을 살필 수 있다. 특히 조운과 조남령은 월북 시조시인으로(조운은 1949년, 조남령은 6.25 무렵 월북함) 이들의 월북 전 미발표 작품이 전해지게 되어 더욱 의의가 크다.

– 편집자 주

목차

II. 홍원洪原

조운 편篇

Ⅰ. 채송화菜松花

Ⅱ. 얼굴의 바다

남령 편 南嶺篇

Ⅰ. 종달새

* 서(序)와 발(跋)은 미발표 원고의 목차에는 있으나 본문에는 없음.

가람 편篇

I. 난초蘭草

난초蘭草

한 손에 책冊을 들고 조오다 선뜻 깨니
드던 볕 비껴 가고 서늘바람 일어 오고
난초蘭草는 두어 봉오리 바야흐로 벌어라.

오동梧桐꽃

담머리 넘어 드는 달빛은 은은하고
한두 개 소리 없이 나려지는 오동梧桐꽃을
가랴다 발을 멈추고 다시 돌아 보노라.

천마산협 天磨山峽

곱게도 드는 단풍 봉마다 빩어지고
으름과 다래덩굴 아즉도 짙은 녹음
으늑고 후미한 골에 물이 졸졸 흐른다.

나무숲 침침하여 낮도 또한 밤과 같다.
풀섶에 우는 버레 행여나 놀랠세라
발자옥 소리도 없이 조심조심 걷노라.

돌바닥 험한 길에 발은 점점 부릍는다.
어둑한 숲속으로 좁은 골을 벗어 나니
하얀 옥玉 깎아 세운 듯 봉 하나이 솟았네.

가섭봉 迦葉峯

요리조리 돌아 굴을 겨오 벗어나니
앙상한 백화白樺 서리 눈인양 돌도 희고
트이는 까만 허공虛空에 봉이 새로 솟는다.

서대는 다람쥐가 길을 자조 알리우고
잦은 서리 틈에 석남石楠은 연연하고
젓나무 석어진 뿌리 향은 그저 남었다.

날인 바위 끝이 발 아래 떨고 있고
봉마다 골마다 제여곰 다른 모양
한눈에 모여 드나니 다만 어질하여라.

총석정叢石亭

때로 이는 물결 밀어 오다 슬어 진다.
눕고 앉고 서서 바다를 노려 보고
아즉도 누긋한 마음 태고太古런 듯하도다.

한껏 고요하고 유리琉璃 같이 맑은 바다
어두운 굴에 금란金幱이 빛이 나고
알섬에 알을 나 두고 갈며기도 날어오다.

부소산 扶蘇山

궁성宮城 비인 터이 새벽은 음울陰鬱하다.
지는 풀이슬은 느꺼운 눈물 같고
고목古木에 우는 가마귀 저도 맘을 죄나브나.

자옥히 가린 안개 어느덧 잦여지고
햇살이 쏘는 곳에 벍언한 봉이 솟고
골마다 한 모양으로 흰 바다이 되었다.

매창梅窓뜸

매창梅窓은 기생妓生 계생桂生의 호號. 전북全北 부안扶安에 그 무덤이 있다.

이화우梨花雨 흩날릴 제 울며잡고 이별離別한 임
추풍秋風 낙엽落葉에 저도 나를 생각는지
천리千里에 외로운 꿈만 오락가락 하더라.

이것은 그의 시조時調,

醉客執羅衫 羅衫隨手裂 不惜一羅衫 但恐恩情絶

이것은 그의 한시漢詩.

돌비는 낡어지고 금잔디 새로워라.
덧없이 비와 바람 오고 가고 하지마는
한 줌의 향기로운 이 흙 헐리지를 않는다.

이화우梨花雨 부르다가 거문고 비껴 두고
등 아래 홀로 앉어 그 누구를 생각는지
두 뺨에 젖은 눈물이 흐르는 듯하구나.

나삼羅衫을 손에 잡혀 몇 번이나 찢겼으리.
그리든 운우雲雨도 슬어진 꿈이 되고
그 고운 글발 그대로 정은 살어 남었다.

석굴암 石窟庵

한 고개 또 한 고개 고개를 헤어 오다
토함산吐含山 넘어 서서 동해東海바다 바라보고
저문 날 돌아갈 길이 바쁜 줄을 모르네.

보고 보고지어 이곳에 석굴암石窟庵이
험궂은 고개 넘어 굽이굽이 도는 길을
잦은 숨 잰걸음 치며 오고 오고 하누나.

돌아가신 날

가시든 그날 밤은 해마다 돌아 온다.
닭의 우는 소리 더욱이 서글프고
울고난 그 눈과 같이 지는 달도 붉어라.

봄

봄날 궁궐宮闕 안은 고요도 고요하다.
어원御苑 넓은 언덕 버들은 푸르르고
소복素服한 궁인宮人은 홀로 하염없이 거닐어라.

석은 고목 아래 전각殿閣은 비어 있고
파란 못물 우에 비오리 한 자웅雌雄이
온종일 서로 따르며 한가로히 떠돈다.

별

바람이 서늘도 하여 뜰앞에 나섰더니
서산西山 머리에 하늘은 구름을 벗어 나고
산뜻한 초사흗달이 별과 함께 나오더라.

달은 넘어가고 별만 서로 반작인다.
저 별은 뉘 별이며 내 별 또한 어느 게오.
잠자코 호올로 서서 별을 헤어 보노라.

비

짐을 매어 놓고 떠나려 하시는 이날
어둔 새벽부터 시름없이 나리는 비
내일來日도 내리오소서 연일連日 두고 오소서.

부디 머나먼 길 떠나지 마오시라.
날이 저물도록 시름없이 내리는 비
저윽이 말리는 정은 날보다도 더하오.

잡었던 그 소매를 뿌리치고 떠나신다.
갑작이 꿈을 깨니 반가운 빗소리라.
매어둔 짐을 보고는 눈을 도로 감으오.

그리운 그날

병아리 어이 찾어 마당가에 뱅뱅 돌고
실영위 어린 누에 한 잠을 자고 날 때
누나는 나를 데리고 뽕을 따러 나가오.

누나는 뽕을 따고 집으로 돌아가도
금모래 은모래 쥐었다 놓았다 하고
나 혼자 밭머리 앉어 해 지는 줄 모르오.

소나기 삼형제三兄弟가 차례로 지나가고
언덕 밑 옹달샘에 무지개 다리 노면
선녀仙女들 머리 감으려 내려옴을 바라오.

시마 詩魔

그 넓고 넓은 속이 유달리 으스름하고
한낱 반딧불처럼 밝았다 꺼졌다 하여
성급히 그의 모양을 찾어 내기 어렵다.

펴든 책冊 도로 덮고 들은 붓 더져두고
말 없이 홀로 앉어 그 한 낮을 다 보내고
이 밤도 그를 끌리어 곤한 잠을 잊는다.

기쁘나 슬프거나 가장 나를 따르노니
이생의 영과 욕을 모든 것을 다 버려도
오로지 그 하나만은 어이할 수 없고나.

병석病席

비인 마룻장에 해가 가득 비쳐들고
후루루 내려 앉어 짹짹이는 참새들을
이놈과 저놈의 소리 들어 보고 알러라.

분에 옮긴 국화菊花 빼아 나온 두어 숭이
어인 병이 들어 찬바람은 이는 이때
피랴다 피들 못하고 시들시들 하느뇨.

방房

옆집 솟은 벽壁이 처마보다 더 높아라.
몇 분盆 난蘭과 함께 매화梅花를 방에 두고
비끼는 별이나 보려 창窓을 새로 갈았다.

가람 편篇

II. 홍원洪原

비소리

- 옥중獄中 -

이불 반퉈 덮고 숨도 죽이고 누워
맘도 움실움실 이와 함께 설레다가
이 밤도 겨오 든 잠을 비가 도로 깨운다.

매도 한 번 두 번

매도 한 번 두 번 맞어보면 시들하고
이러고 저러고 그날그날 겪고 나니
무섭던 지옥地獄살이도 다반茶飯인 양하여라.

쌀낱

겨오 자고 나면 반기고 바라던 그 밥
썩은 콩깨묵을 저로 헤져겨 보다
쌀낱을 입안에 두고 차마 아니 넘긴다.

샐녘

등은 깜박하고 가마귀 소리 난다.
창을 열뜨리고 반공을 바라보며
누긋한 호흡을 하여 새 기운을 흐루다.

설청 雪晴

조올다 깨고 보니 산뜻한 볕이 난다.
한나잘 오던 눈이 지붕마다 소복하고
흐리던 구름 걷히며 파란 하늘 돋는다.

석조 夕照

파란 하늘가에 빨간 노을이 돋고
가마귀 두어 마리 소리 없이 지내가고
앞지붕 지붕머리로 저녁별은 잦었다.

제야 除夜

다만 등 우로 더불어 눈결음을 하여 보다.
지낸 모든 일이 낱낱이 생각 나며
쉰 두 번 보내는 중에 가장 쓰린 밤이로고.

아버지

몹시 기다리다 아이들 편지 보니
팔순八旬 된 아버지 주야로 염려하시며
차디찬 방에 겨오셔 이 겨울을 나신다고.

아들들

눈이 길로 쌔고 바람은 뼈를 에이는데
꾸러미 손에 들고 찾어드는 아들 따님
머나먼 그 험한 길을 문턱처럼 여기오.

봄볕

닥어오는 볕뉘 점점 두터워지고
발에 짓밟히던 냉이도 돋아나고
그 멀리 갔었던 제비 알을 나러 돌아온다.

파적 破寂

손을 꼽자거려 사주四住 팔자八字도 보고
종이를 접어 개고리도 만들어 보고
콩고물 찹쌀 가루로 큰 잔치를 베푸다.

가을

뜰에 나던 별이 창으로 도로 오다.
하로를 보내기 한해도곤 더디더니
어느덧 제 돌을 이어 또 가을이 되었다.

마음

눈언덕 다 꺼지고 볼은 옴폭 들어가고
뼈다귀 비어져 나무나 돌 같으되
맑고도 찰찰한 마음 전생前生 일도 다 헬레.

파랑새

파랑새 날어 오면 그이도 온다더니
파랑새 날어 가도 그이는 아니 온다.
오늘도 아니 오시니 내일이나 올는가.

기둘려 지는 마음 하루가 백년 같다.
새로 이가 나고 흰 머리 다시 검어라.
그이가 오신 뒤에야 나는 죽어 가리라.

고故 호산湖山 형兄

고요한 밤을 타서 찾어 오신 그를 보고
하려 하던 말 하려다 도로 잊고
묵묵히 서로 있다가 깨고 보니 꿈이로라.

고故 육제陸弟

비록 병이 들어 앓는다고 다 이러냐.
백 년도 하잖은데 앞을 서서 가느냐.
네 간 곳 내 가기 전에 이 설음을 어이리.

살풍경殺風景

— 1945년一九四五年 정월正月

갊어 두었던 붓이 거의 다 좀이 먹고
난蘭은 향香을 잊고 수선水仙은 자최 없고
상牀머리 거문고마자 귀가 절로 어둬라.

화분花盆을 테를 메어 불 담어 곁에 두고
보든 책冊을 뜯어 문門틈과 구녁을 막고
설레는 바람소리나 반겨 자조 듣노라.

길

종일 피로하여 걸음이 아니 걸린다.
그려도 발은 아직 멈출 수 없다.
가다가 쓰러져 버리면 넋이라도 가리라.

벌써 돌이 되어도

— 1946년一九四六年

벌써 돌이 되어도 돌아를 아니 온다.
마자 마자 하여도 생각이 절로 난다.
성한듯 석는 안이야 누가 알아 보리오.

밤중에 일어 앉어 이렇게도 생각난다.
과연 죽었는가 죽어 다시 살어 올까.
그려도 바라는 마음 바늘귀 처럼 트인다.

횃불

지루한 그밤 다 가고 먼동이 트이더니
구름이 밀려 오고 도로 컴컴하여라.
나가려 나가려 하다 허둥지둥 하누나.

우리를 사랑하는 거룩한 임이시여.
우리를 사랑하는 거룩한 임이시여.
해같은 횃불을 잡고 앞을 서어지어다.

조운 편篇

I. 채송화菜松花

시조時調 한 장章

손가락 모돠 쥐고
비비다 꼬다 못해

질항을 버쩍 들어
메부치는 마음으로

훤한 들 바라다 보며
시조 한 장章
부른다.

갈매기

갈매기
갈매기처럼
허옇게 무리 지어

마음 대로 좀
쑤어려 보았으면

파아란 물결을 치며
훨훨 날아도 보고.

파초芭蕉

펴이어도
펴이어도 다 못 펴고
남은 뜻은

고국故國이 그리워서냐
노상 맘은 감기이고

바듯이 펴인 잎은
갈갈이
이내 찢어만지고.

채송화菜松花

불볕이 호도독호독
내려쬐는 담머리에

한 올기 채송화菜松花
발돋움 하고 서서

드높은 하늘을 우러러
빨가장히 피었다.

석류 石榴

투박한 나의 얼굴
두툴한 나의 입술

알알이 붉은 뜻을
내가 어이 이르리까.

보소라 임아 보소라.
빠개 젖친
이 가슴.

부엉이

꾀꼬리 사설
두견의 목청
좋은 줄을 누가 몰라.

도지개 지내간 후
쪼각달이 걸리면은

나는야
부엉부엉 울어야만
풀어지니 그러지.

한창 寒窓

두부장수 외는 소리
골목으로 잦아지자

뻘건 창窓볕이
어슨듯 그므러져

쪼이던 화로를 뒤지니 불은 벌서
꺼지고.

노도 怒濤

돌틈에 솟은 샘물
산山골이 갑갑해라.

천 리千里 만 리萬里 길을 밤낮 없이
울어 와선

바다도
갑갑해라고
이리 노해 하노니.

누이를 보내고

— 1932년 一九三二年 가을 서해曙海가 죽은 해

새도록 퍼붓고도 머질 줄을 모르는고.
가는 네 마음이 보내는 나 같게드면
세우細雨도 핑계를 삼아 하루 묵어 갈랐다.

큰놈은 신을 벗겨 담요 위에 앉치우고
업힌 애 돌쳐 안으며 흑흑 느껴 쓰러지니
내 고개 굳어진 듯이 강江 건너만 보인다.

북간도北間島 이삿군은 그대로 호강이야
남편의 무쇠 같은 팔뚝에나 매달리지
어린애 늙은 어머니를 약한 네가 어쩔레.

어느덧 청량리淸凉里라 나는 예서 내릴란다.
회령會寧이 천팔백 리千八百里 일주야一晝夜를 간다건만
이렇듯 잠깐이면야 낮 안에는 못가리.

빗발은 내 뺨을 치며 차창車窓을 또 두드린다.
기적汽笛이 멎자마자 애고 오빠 나는 소리
머리가 쭈뼛하더니 오스르르 떨린다.

차라리 못할 말로 죽어 가는 길이라면
이렇듯 쓰리게 안 잊히든 않을지며
손우의 누이만 되어도 이닥지는 않으리.

돌쳐서 터벅터벅 비 맞으며 걸어 오니
「옵빠 못가겠소」 울부짖으며 따르는 듯
무심코 돌아다보고 헛기침만 하였다.

비도 얄도궂지 떠나자 곧 개더니만
여관旅館 찬방에 밤 깊으자 쏟아진다.
성진城津을 지날 때쯤은 제발 오지 말아다오.

내 하루가 이리 길 제 얼마나 너는 머냐?
기차汽車 시간표時間表와 시계時計를 곁에 놓고
지금은 여기쯤이나 하며 뜬 채 밤을 새웠다.

이십팔일二十八日 상오上午 8시八時 삼십사분三十四分
지금은 네가 부령역富寧驛에 다었으리라.

출범 出帆

해문海門에 진陣을 치는
큰 돛대
작은 돛대

빨건 아침별을
떠받으며
떠나간다.

지난 밤 모진 비바람
죄들 잊어버린 듯.

망명아亡命兒들

그네는 어디로들 떠돌아
다니는고.

이런 항구港口에나
혹或 머물러 있잖는가.

사람들 모여 선 곳이면
끼웃거려지노나.

별을 지고 앉아

별을 지고 앉아
신문新聞을 보노라니

「운雲아!」
부르는 소리 건넌 산山 마루에서

하이얀 두루마기 자락이
가벼웁게 날린다.

고향故鄕 하늘

등에 비친 햇볕
다사도 한저이고.

고향 하늘을
바라지도 못하느니

오늘은
어이런 구름이
떠 흐르고 있는지.

여서女書를 받고

너도 밤마다
꿈에
나를 본다 하니

오고
가는 길에
만날 법도 하건마는

둘이 다 바쁜 마음에
서로 몰라 보는가.

바람아 부지 마라.
눈보라 치지 마라.

어여쁜 우리 딸의
어리고 연한 꿈이

날 찾아
이밤을 타고 이백 리二百里를
온단다.

(옥중獄中에서)

한야 寒夜

한 번 눕혀 노면
옆에 사람 어려워라.

돌아도 잘못 눕고
자다 보면
그저 그 밤

파랗게
유리창窓에 찬 서리
반짝이고 있고나.

나올 제 바라봐도

구름은 월출산月出山에
끊이락
또 이으락

그저 한 양으로
나올 제 바라봐도

조수潮水는 오르랑 내리랑
영산강구榮山江口로구나.

(목포木浦 옥문獄門에서)

불갑사佛甲寺 일광당一光堂

창窓을 열뜨리니
와락 달려 들을 듯이

만장萬丈 초록草綠이
뭉게뭉게 피어나고

꾀꼬리
부르며
따르며
새이새이 건는다.

해불암海佛庵 낙조落照

빨건 해
끓는 바다에
재롱부리듯 노니다가

도로 숫굴 듯이 깜박 그만
지고 마니

골마다 구름이 일고
쇠북소리 들린다.

수영水營 울돌목

벽파정碧波亭이 어디메오.
울돌목 여기로다.

당년當年에 못다 편 뜻
상기도 남아 있어

오늘도 워러렁충청
울며 돌아 가누나.

구룡폭포九龍瀑布

사람이 몇 생生이나 땎아야 물이 되며, 몇 겁劫이나 전화轉化해야 금강金剛에 물이 되나! 금강金剛에 물이 되나!

샘도 강江도 바다도 말고, 옥류玉流 수렴水簾 진주담眞珠潭과 만폭동萬瀑洞 다 고만 두고, 구름 비 눈과 서리 비로봉峰 새벽안개, 풀 끝에 이슬 되어 구슬구슬 맺혔다가 연주팔담連珠八潭 함께 흘러

구룡연九龍淵 천척절애千尺絶崖에 한번 굴러 보느냐!

조운 편篇

II. 얼굴의 바다

금만경金萬頃 들

들이 바다두곤 넓어 눈이 모자라 못 보겠다.
이게 우리 거지! 꿈 같은 일이로다.
동진수東津水 구백九百 구비쳐 흰 젖처럼 흐르고.

황혼黃昏은 밀려오잖아 따에서 솟나부다.
온 들에 저녁 연기煙氣, 연기煙氣 속에 등불일다.
남양南洋서 북지北支에서들 다들 돌아왔는지.

-1945一九四五 가을-

고부古阜 두성산斗星山

두성산斗星山이 예연마는 녹두집이 그 어딘고.
뒤엄 진 늙은이 대답은 하자 않고
고개를 배토소롬하고 묻는 나만 보누나.

솔잎 댓잎 푸릇푸릇 봄철만 여기고서
일 나와 패敗했다고 설거운 노래 마라.
오늘은 백만百萬 농군農軍이 죄다 봉준奉準이로다.

낙화암落花岩

낙화암落花岩에 지는 궁녀宮女 하나씩 안고 못지더냐.
당병唐兵 삼천三千이면 사자수泗沘水도 메히리라.
아무리 울며울며 진다 막어내진 못하지.

논개論介

사자수泗沘水에 궁녀宮女 삼천三千이 낙화洛花처럼 진 백제百濟는
부소산扶蘇山 흙 속에 화미火米만을 남겼건만
논개論介는 왜장倭將을 안고 남강南江에 가 지니라.

내 땅

몽근 흙 굵은 덩이 촉촉하고 상기한 내
부조父祖의 살과 뼈와 땀과 피와 눈물방울
어째서 이게 어째서 놈들꺼란 말이냐.

만져 봐도 내 흙일다 누어 봐도 내 땅일다.
내가 너를 위해 싸워 죽다 한 있으리.
싸와서 싸와서 죽어도 네게 묻힐 내여든!

얼굴의 바다

얼굴
얼굴의 바다
늠실거리는 이 얼굴들.

모두 모르는 얼굴
허나 모두 미쁜 얼굴.

시선視線이 마주칠 젠 그만
끼어 안고 싶고나.

전에 아는 얼굴
오— 너도
동지同志더냐!

쪼차가 손을 잡어
꽉 쥐고 흔들었다.

그리고
눈으로 눈으로
앓던 말을 다 했다.

제삼추석第三秋夕

저게 뉘 무덤고
안악이 풀을 벤다.

일가 친지親知에
소식이 죄 끊졌으니

상기도
산山에 있는지
붙들려 가 맞는지?

고향 소식

고향서 온 이 있어
집 소식을 물었더니

몇 해 더 백여야
아들 곁에 죽는다고

여든 셋, 자네 어머님
몸조심을 하시네.

청춘青春은커녕

인젠 마구 한번 살아보자 외치다가
펄썩 주저앉어 땅바닥을 두드렸다.
청춘青春이 간 내 청춘青春이 아까웠다 말이다.

당장만 여겼더니 지긋지긋한 삼년三年일다.
콩가루 죽일망정 먹으명 떠먹이명
제 집에 이 설을 쇠는 이 그 몇이나 되느뇨.

아으 청춘青春은커녕 백발白髮도 아낄 나위 없다.
자유自由냐 죽엄이냐 자진 고패치는 꼬두막에
털보다 헌신짝보다 이 목숨이 가볍다.

남령 편篇

I. 종달새

종달새

남풍南風이 날 부르네.
나는 간다.
잘 있거라.

겨우살이 죄 벗었다.
비비종 지리종종.

나는야 종달새란다.
철은 5월五月 양5월陽五月.

보아라.
천리千里 만리萬里
푸른 하늘이 내 고향.

굴러 솟고 질러 솟고
비비종 지리종종.

나는야 종달새란다.
철은 5월五月
양5월陽五月.

고원 高原

호오호 꾀꼬리루
오른 쪽 수풀이다.

백근白槿 상상가지에서
호오호 꾀꼬리루

비비비 비비빗 쪼잇
너도 누굴 찾느냐.

하늘은 쪽빛이다.
지평선地平線 아스라이

아득히 하얀 솜떨기에
까만 봉峯이 뾰족뾰족

비빗쪼 비삣 쪼비삣
인젠 그만 울어라.

풀버레

날 저물어 한나절
별이 나서 한밤내

이슬이라 마시고
우는 버레 풀버레.

솔솔이 바람은 불어
아으
가을이어라.

한숨도 아스라히
오늘 하늘 푸르러

젊어서 나그네
낯도 설은 고장에

들섶에 우는 풀버레
가을이야
설어라.

고향 하늘

하늘은 푸르렀다.
고향 하늘은 푸르렀다.
간밤 비바람에
어슨덧 이룬 꿈에
잊었던 고향 하늘이
파르랗게 폈었다.

싹 트고 필 무렵
그 무렵은 어린 날
철이야 어린대로
가슴에 품은 꿈은
열구름 흰구름처럼
파르랗게 탔니라.

이제야 꿈은 타고
구름에 구름처럼
풍상에 의지가지
헤매는 이 가슴이
외롬과 괴롬 속에서
파르랗게 질렸다.

살구꽃

지나는 마을마다
살구꽃 반가워라.

울타리 울타리에
보라는 듯 엿는 모양

우리집
장광 뒷 놈은
어이 어이 됐느니.

제비

올봄은 어느 도리에
어드런 집 지었느냐.

앞마당 빨랫줄엔
뉘뉘 옷이 널렸더냐.

제비면
다 내골서 온 양
대고 묻고 싶어라.

하루살이

하잖은 목숨테기
우스깡스러워도

찾은 빛 하나
그 아래서 죽는구나.

책장을 젖기려다가
한참 바라 보았다.

일야 一夜

어이나
어디멘고 새 한 마리 울고 간다.

물 건너 불어 오는
비 품은 마파람에

나뭇잎 소곤거리는
이역異域
하룻밤이다.

가뭄[旱魃]

울타리 쭉나무에
청개구리 비 부르면

새터 열 마지기 하늘
먼저 살피시던

아버지
이 여름 들어
소식 없으시어라.

외할머니

초추잠初秋蠶 한밥 때라고
외할머니 또 오셨다,

이만,
그만저만 떠나야지 하시면서

엄마와
추석秋夕 다드미
마주 앉으시었다.

낙엽 落葉

푸득 지는 잎이
손에 얼핏 잡히누나.

안개 어린 거리
해는 아직 아니 돋고

헤어진 소맷자락이
눈에
선뜻 뜨인다.

어머니

밤새 쌓인 눈이
장독대 자이는데

부엌 뒷문부터
조심스런 발자욱들

아침상
동치미 맛을
내가 짐작합니다.

불국사佛國寺의 밤

송뢰松籟 잔잔하고
백운교白雲橋 깃들였다.

별빛 말곳말곳
무영탑無影塔 말이 없이

섬돌에 자욱 발자욱
천 년千年
밤은 고요히.

황룡사지皇龍寺趾에 서서

동짓달 엷은 해도
먼 산에 잦소이다.
하늘은 눈구름
휘저은 듯 갈겨 있고
칙칙한 거칠바람은
고목古木 휘휘 칩니다.

거칠다 하오리까
논이오 밭이오다.
나그네 선 자리는
큰나라 서울 절터
어마한 큰집 모습은
주춧돌 뿐이라오.

주춧돌 딛고 서서
말 차마 없소이다.
가마귀 소리 없이
스치는 바람맞이
기와쪽 발에 채이매
떠나지를 못하오.

내사 날이 날마다
헤매는 몸이외다.
발이 부릍어도
아랑곳 없지만도
들섶에 쌓인 돌조각
마음 아퍼하외다.

토함산吐含山 고개

바람은 한의바람
토함산吐含山 고개라네.

그리워 찾던 길
못 잊어서 또 오는 길

아랫골 그림자 못에
내 그림자 비칠레.

너머는 동해東海바다
토함산吐含山 고개라네.

잡목雜木은 헐벗어
떨고 섰는 겨울 날도

석석석 석굴石窟석굴암石窟庵
잰걸음친 길일레.

가람 이병기 전집 ❶

시조

지은이 이병기, 조운, 조남령
펴낸이 이남호
펴낸곳 전북대학교출판문화원

초판 1쇄 인쇄 2017. 9. 25
초판 1쇄 발행 2017. 10. 13

전북대학교출판문화원 전라북도 전주시 완산구 어진길 32 (풍남동2가)
전화 (063) 219-5321~2
FAX (063) 219-5323
출판등록 2012년 8월 20일 제465-2012-000021호

값 18,000원

ISBN 979-11-87892-63-2 04810
ISBN 979-11-87892-59-5(세트) 04810

이 도서의 국립중앙도서관 출판예정도서목록(CIP)은 서지정보유통지원시스템 홈페이지(http://seoji.nl.go.kr)와 국가자료공동목록시스템(http://www.nl.go.kr/kolisnet)에서 이용하실 수 있습니다. (CIP제어번호 : CIP2017024902)